【名师工程】西南大学教育学一流学科建设学术文库

教研提升系列　主编｜朱德全　罗生全

西南大学创新研究2035先导计划"智慧育人——未来教学与全人发展理论设计及验证团队"［SWU Pilot Plan001］研究成果

劳动教育课程设计与实践

罗生全　张良／著

西南大学出版社
SWUP
国家一级出版社　全国百佳图书出版单位

图书在版编目(CIP)数据

劳动教育课程设计与实践 / 罗生全, 张良著. -- 重庆：西南大学出版社, 2024.5
 ISBN 978-7-5697-2012-9

Ⅰ.①劳… Ⅱ.①罗… ②张… Ⅲ.①劳动教育－课程设计－研究 Ⅳ.①G40-015

中国国家版本馆CIP数据核字(2023)第201918号

劳动教育课程设计与实践
LAODONG JIAOYU KECHENG SHEJI YU SHIJIAN

罗生全　张　良　著

责任编辑：张　庆
责任校对：时曼卿
排　　版：杨建华
出版发行　西南大学出版社（原西南师范大学出版社）
　　　　　地址：重庆市北碚区天生路2号
　　　　　市场营销部：023-68868624
　　　　　邮编：400715
印　　刷　重庆市合川区书香印务有限公司
成品尺寸：185 mm×260 mm
印　　张：11
字　　数：230千字
版　　次：2024年5月　第1版
印　　次：2024年5月　第1次印刷
书　　号：ISBN 978-7-5697-2012-9
定　　价：49.00元

前　言

2018年9月10日，习近平总书记在全国教育大会上发表重要讲话，明确提出了培养德智体美劳全面发展的社会主义建设者和接班人的总要求。这一论述将劳动教育纳入全面培养的教育体系，与德育、智育、体育、美育并驾齐驱，为劳动教育课程体系的构建设定了新的目标和要求。

2020年3月20日，中共中央、国务院联合发布《关于全面加强新时代大中小学劳动教育的意见》，为新时代的劳动教育提供了宏观指导和全面规划。该文件特别指出："要整体优化学校课程设置，确保大中小学均设置劳动教育必修课程。"这一决策将劳动教育课程正式纳入国家课程框架，标志着我国劳动教育正式迈入了一个崭新的历史阶段。

劳动是青少年成长成才、创造幸福生活的关键途径。新时代的劳动教育应立足新的历史起点，更加重视青少年劳动精神的塑造、劳动价值观的形成以及劳动素养的培育。这不仅是教育的使命，更是社会的期待，是每一个青少年应该承担的责任和担当。

《劳动教育课程设计与实践》从课程基本原理的角度深入论述劳动教育，形成劳动教育本质、劳动教育课程价值、课程目标、课程内容、课程资源开发与利用、课程实施、课程评价等相互关联、相互衔接的劳动教育课程体系。本书旨在扎根中华优秀传统文化，紧跟科技发展和产业变革，有效促进传统基因的承续和优秀文化的创新，通过劳动教育课程化推动劳动教育高水平、高质量发展，发挥劳动教育树德、增智、强体、育美的综合育人价值。本书可以说是顺应新时代要求的、构建新时代劳动教育课程体系的匠心力作，对新时代劳动教育课程的建设与发展有重要的启发和借鉴作用。

本书共有七章。第一章主要依循"历史·比较·实践"的分析框架，论述劳动教育的本质及定位。首先从内涵、基本特征、现实异化几个方面探讨劳动教育的本质；其次是回顾劳动教育的发展历程并总结凝练出五个发展阶段，包括概念初创时期（1919—1948年）、曲折探索时期（1949—1977年）、辩证审视时期（1978—1999年）、丰富拓展时期（2000—2012年）和特色发展时期（2013年至今）；最后是总结劳动教育的发展经验,并进一步阐明劳动教育的发展定位。

第二章从三个方面论述劳动教育课程价值。在促进人的全面发展方面,劳动教育课程助力于实现我国"两个一百年"奋斗目标和中华民族伟大复兴中国梦,深化马克思主义教劳结合思想,促进人的全面发展;在中国教育现代化发展方面,劳动教育课程助力于培养新一代社会主义建设者和接班人,促进我国各级教育高水平高质量发展;在传承中华优秀传统文化方面,劳动教育课程扎根中华优秀传统文化,兼顾使用新知识、新技术等,为中国教育现代化承续传统基因和文化创新。

第三章论述劳动教育课程目标。本章从分析劳动教育课程目标的内涵、价值取向与价值定位入手,具体阐述劳动教育课程目标的确定(包括劳动教育课程目标的来源、劳动教育课程总体目标的确定以及劳动教育课程的阶段目标),强调劳动教育课程要做到以劳树德、以劳增智、以劳强体、以劳育美、以劳创新,培养受教育者的综合能力,实现真正意义上的"五育融合"。

第四章论述劳动教育课程内容。劳动教育的课程内容必须立足时代发展与产业结构的调整,体现21世纪劳动教育的时代特征。本章主要从劳动教育课程内容的设计理念、设计框架、设计策略三方面详细阐释,强调劳动教育课程内容的选择要注重科技发展、产业调整以及劳动工具变革等,并要将新劳动形态纳入现代劳动教育的课程内容之中。

第五章论述劳动教育课程资源的开发及利用。课程资源的开发及利用是构建课程体系的基础和关键环节。本章首先从概念、特征、分类、价值等方面对劳动教育课程资源进行理论解释,其次论述劳动教育课程资源开发的原则与途径,最后说明劳动教育课程资源的利用策略以及在利用过程中应注意的问题。

第六章论述劳动教育课程实施。首先,从内涵、特点、作用等方面对劳动教育课程的实施进行宏观概述;其次,阐述劳动教育课程实施的几种途径,包括落实国家课程和地方课程中的劳动教育、实施专门的劳动教育校本课程、学科教学中渗透劳动教育内容、结合灵活多样的校园活动开展劳动教育、家庭中实施劳动教育以及整合利用社会资源开展劳动教育;再次,论述劳动教育课程实施的条件,包括劳动教育课程的开展常态化、学校内部人员的理解和践行、校外资源的合理利用与开发、家校协作的切实开展以及社会媒介宣传的有力推动;最后,总结劳动教育课程实施需要注意的问题,为广大劳动教育实践者提供参考。

第七章论述劳动教育课程评价。在劳动教育课程评价的理念与原则方面,从价值、过程、主体、技术、内容、结果几个维度阐述劳动教育课程评价的理念,随后论述劳动教育课程评价需遵循的四项原则;在劳动教育课程评价的实践逻辑方面,着重阐释劳动教育课程评价的主体、内容、方略等内容；在劳动教育课程评价的指标初探方面，对劳动教育课程评价指标的确立依据，劳动教育课程评价指标的形成过程展开了详细论述。

本书是国家重点学科西南大学课程与教学论学科部分教授、副教授的集体研究成果，由罗生全教授拟定大纲并提出撰写要求，其余成员分别撰写各部分内容。各章执笔人是：第一章——罗生全、杨柳；第二章——罗生全、杨馨洁；第三章——艾兴；第四章——张良、师雨；第五章——张良、卞含嫣、王克志；第六章——王天平；第七章——张铭凯、随国栋。最后由主编审定书稿，副主编协助完成相关工作。

对书中的不足之处和错误，诚恳地欢迎各位读者批评、指正。

目录 contents

第一章 劳动教育的本质及定位 1
第一节 劳动教育的本质 2
第二节 劳动教育的发展历程 8
第三节 劳动教育的发展经验 15
第四节 劳动教育的发展定位 20

第二章 劳动教育课程价值 23
第一节 劳动教育课程与人的全面发展 24
第二节 劳动教育课程与中国教育现代化发展 34
第三节 劳动教育课程与中华优秀传统文化传承 39

第三章 劳动教育课程目标 47
第一节 劳动教育课程目标的内涵 48
第二节 劳动教育课程目标的价值取向与价值定位 58
第三节 劳动教育课程目标的确定 66

第四章　劳动教育课程内容　75

第一节　劳动教育课程内容的设计理念　76

第二节　劳动教育课程内容的设计框架　83

第三节　劳动教育课程内容的设计策略　89

第五章　劳动教育课程资源的开发及利用　95

第一节　劳动教育课程资源的理论解释　96

第二节　劳动教育课程资源的开发　103

第三节　劳动教育课程资源的利用　110

第六章　劳动教育课程实施　117

第一节　劳动教育课程实施概述　118

第二节　劳动教育课程实施的途径　122

第三节　劳动教育课程实施的条件　128

第四节　劳动教育课程实施需要注意的问题　132

第七章　劳动教育课程评价　137

第一节　劳动教育课程评价的理念与原则　138

第二节　劳动教育课程评价的实践逻辑　145

第三节　劳动教育课程评价的指标初探　152

参考文献　163

第一章

劳动教育的本质及定位

劳动教育是人类社会思想文化谱系构建历程中的重大发现，也是各国全面发展教育不可或缺的关键要素。自19世纪60年代以来，中国劳动教育的发展主要面临着"如何寻求与确立自我"的问题，这一现代化主张是与中国社会的现代化发展一起发生的，其逻辑本质上是对自身历史进程的理解。对中国劳动教育发展历程的考察应与特定的时空背景相联系，依循"历史·比较·实践"的分析框架进行全景审视。从历史的角度看，中国历史特别是近代史的精神特质、语言方式深刻影响着中国劳动教育的发展，将中国劳动教育放在近代之后的历史画像中加以审查，既符合马克思历史唯物主义发展观的逻辑要求，也是考察中国劳动教育应有的价值立场与行为准则。从比较的角度看，中国劳动教育的百年发展深受马克思主义"教劳结合"思想的影响，进而输入性地引介到现代中国。对中国劳动教育的反思不仅要与中国文明演进的社会根基紧密联系在一起，而且要与中西文化的交流，以及以何种态度处理因文化基因不同而产生的文化张力和思想区隔紧密联系在一起。从实践的角度看，劳动教育是否发挥其价值并作用于自身进步，关键在于劳动教育是否具有处理、解决时代问题的有效性。中国劳动教育的百年发展历程彰显了实践的哲学意蕴，且这种"实践感"仍将继续作用于劳动教育的未来发展，助力中国特色劳动教育体系的科学构建。

中国劳动教育的发展总是伴随特殊历史时期主流价值主张的重大特殊事件的发生而演变。站在新的历史节点，对中国劳动教育的本质、发展历程、基本经验和发展定位的观照，既是肯定劳动教育在建设教育强国、构建中国特色教育体系、培养德智体美劳全面发展的社会主义建设者和接班人方面的重要价值与意义，又是对党和国家在百年未有之大变局中何以发展中国教育所做的整体布局和细节设计的一种主动回应。

第一节　劳动教育的本质

劳动教育在构建中国特色教育体系中具有基础性、全局性地位。如何让青年一代明白何谓劳动观、劳动价值观和劳动教育观，将影响一个国家的方方面面。对劳动教育本质的关注就是对孩子们未来的关注，也是对我们自己未来的关注。

一、劳动教育的内涵

现实生活中对劳动的认识源于对劳动概念本身的理解和把握，而对劳动这一最基本的人类实践活动形式的认识，更是直接影响关于劳动的价值判断。中国的汉字是象形文字，汉字中的"劳"始见于甲骨文，季旭昇先生认为其本义为烛火下缝缀衣服的辛劳；现用字形，从其结构中能感受到农业社会生产生活中的辛苦耕作。汉字中的"动"尚未发现其甲骨文,现知最早的字形为金文。因而"劳动"一词从字源、词源的角度理解,意味着在劳动过程中体力的巨大付出,劳动的结果是所从事活动的完成以及可能造成的身体疲惫和劳累。根据马克思主义的基本观点,劳动就是人有目的地用自己的体力和智力改变自然物,使之成为满足人类生活所需物品的活动,具体可分为体力劳动与脑力劳动、简单劳动与复杂劳动、物质生产劳动与精神生产劳动、生产性劳动与服务性劳动。[1]一般而论,劳动不同于短暂的工作,劳动是为了生命的延续,工作则是为了超越人的必死性,创造自然生命之外的意义世界。由于在现代条件下每个职业都必须证明它自己对社会整体的"有用性",同时由于社会对劳动的赞美,脑力职业的有用性就变得更加可疑,从而自然地,知识分子渴望成为工人大众中的一员。[2]直至马克思主义劳动观的出现,打破了将"劳动"定义为耗费大量体力的奴性活动的传统认识,进而生成"劳动成人"的本质论断。步入新时代,由于劳动形式的日益变化、劳动内涵的抽象性和象征性日益增强,以及劳动关系的复杂多样性,劳动的概念范畴也在随之改变。

在劳动释义的基础上,劳动教育产生了多个概念体系,且在各个时期,劳动教育的概念范畴及其表征各有不同。《教育大辞典》认为劳动教育即劳动、生产、技术和劳动素养方面的教育,旨在培养学生正确的劳动观点、劳动态度、劳动习惯,使学生获得工农业生产基本知识和技能;《中国大百科全书·教育》认为劳动教育是德育的内容之一,目的是使学生树立正确的劳动观点和劳动态度,热爱劳动和劳动人民,养成劳动习惯。由于劳动教育是以提升学生的劳动素养进而实现自我全面发展的教育活动,因此劳动教育自然而然地也可被认为是以促进学生形成劳动价值观(确立正确的劳动观点、积极的劳动态度,热爱劳动和劳动人民等)和养成良好劳动素养(形成劳动习惯、有一定劳动知识与技能、有能力开展创造性劳动等)为目的的教育活动。[3]

马克思、恩格斯曾从历史唯物主义、政治经济学和教育学原理三个维度对劳动价值观、劳动教育观进行过十分重要的、精彩的理论解释。[4]其中,历史唯物主义认为,世界图示、人类社会及人类自身的创造与发展源于劳动,这种以物质生产为主要形式的劳动模式形成了具有"物"的典型特性的劳动史观;政治经济学则从劳动创造商品价值的唯一属性出发,强调了劳动剥削和按劳分配的各自立场及其因此而产生的不同阵营;教育学原理是以劳动的本质为根本出发点来阐述劳动与人的关系,它不仅认同了劳动是人全面而自由发展的重要途径,而且肯定了教劳结合作为社会主义教育观重要原则的经典价值。

三种不同的劳动价值观为我们深入理解并掌握马克思主义学说提供了重要的认识

---

[1] 文新华.论劳动、劳动素质与劳动教育[J].教育研究,1995(5):9.
[2] 汉娜·阿伦特.人的境况[M].王寅丽,译.上海:上海人民出版社,2009:67.
[3] 檀传宝.劳动教育的概念理解——如何认识劳动教育概念的基本内涵与基本特征[J].中国教育学刊,2019(2):84.
[4] 胡君进,檀传宝.马克思主义的劳动价值观与劳动教育观——经典文献的研析[J].教育研究,2018(5):9.

方向,而这种相异的认识取向同时也为社会主义劳动教育观的生成奠定了坚实基础。在相当长的一个历史时期内,对任何教育问题或教育现象不断问询,就是因为这一问题或现象拥有或大或小的价值,以及能够通过这种价值的印证来推动教育研究的深入开展,而对这种价值的判定,决定着教育研究边界的拓展及其研究共同体的搭建与效益增进。从这个角度而言,对马克思主义劳动观及劳动价值观的肯定,能够为我们认识并树立正确的社会主义劳动教育观提供重要启示。也就是说,马克思主义倡导下的劳动观、劳动价值观决定了社会主义劳动教育观的理论基础与实践样态,其最终目的就是为了促进学习者形成正确的劳动价值观。也正是由于劳动价值观具有多重意蕴——本源性价值、经济性价值、教育性价值,因而在马克思主义者看来,劳动教育的本质目标是,也只能是:通过适当的教育途径培养具有健康的劳动价值观、追求社会正义、实现体力脑力结合,以及养成具有自由个性的"全面发展的人"。[①]

中国共产党继承和发展了马克思主义思想,并在此进程中不断根据社会变化和时代需求,对劳动、劳动价值和劳动教育等内容做出相应的重要决策和关键论断,以保证马克思主义劳动观中国化的创新与发展。党的十八大以来,全国大力营造以"尊重劳动"为首的"四个尊重"发展格局,积极倡导劳动光荣的时代新理念。另外,习近平总书记在2015年庆祝"五一"国际劳动节暨表彰全国劳动模范和先进工作者大会的重要讲话中分别对劳动、劳动者及劳动价值观进行了肯定。为进一步加强劳动教育,形成正确的劳动教育观,教育部联合共青团中央、全国少工委在2015年印发了《关于加强中小学劳动教育的意见》,其中指出:"通过劳动教育,提高广大中小学生的劳动素养,促进他们形成良好的劳动习惯和积极的劳动态度,使他们明白'生活靠劳动创造,人生也靠劳动创造'的道理,培养他们勤奋学习、自觉劳动、勇于创造的精神,为他们终身发展和人生幸福奠定基础。"劳动教育虽在《关于加强中小学劳动教育的意见》中被认为是一门课程、一种实践活动、校外公益劳动和志愿服务、家务劳动,但总的来说,劳动教育是教育与生产劳动相结合的一种典型的实践形式,旨在培养学生符合具有社会主义核心价值观的劳动态度,满足社会主义建设要求和自身发展需求的实践动手能力,养成尊重劳动、热爱劳动、珍惜劳动、善于劳动等良好习惯,为实现社会的健康发展、构建终身教育体系、促进个人的全面自由发展而服务。

二、劳动教育的基本特征

劳动教育作为人的素养提升和全面发展的特殊实践活动,包含如下几个基本特征。

一是自然性。劳动是人类存续的特有标志。马克思认为,人类为了吃饭就必须劳动,这是普遍的自然规律。人类存在的形式、路径与意义得益于劳动作为关键变量的中

[①] 檀传宝.劳动教育的本质在于培养劳动价值观[J].人民教育,2017(9):47.

介作用。因有了劳动,人类自身得以发展,并最终走向美好的理想生活状态,同时又以这种生活状态推动社会的改革与发展,使劳动成为能够满足和适应人的主体发展需要。也就是说,为了生存,劳动是自然的,劳动教育也是自然的,且这种自然是一种自觉的自然状态,是一种由内向外的和谐状态。由此可见,自然性是劳动教育的首要特征。这一特征从本质上肯定了劳动教育对于人的全面自由发展的重要性,证明了劳动教育作为"五育"育人学科体系的组成部分对于人的全面自由发展的不可或缺性。

二是目标指向性。劳动教育具有明确的目标指向性,即通过劳动教育提高劳动者的素养以满足和适应社会快速发展的现实需求。劳动者的素养对一个国家、一个民族发展至关重要。劳动者的知识和才能积累越多,创造能力就越大。提高包括广大劳动者在内的全民族文明素质,是民族发展的长远大计。当前,我国正处于百年未有之大变局之中,经济全球化和数字技术的高速发展,可能引发新一轮的道德危机和伦理缺失,人们期望通过劳动教育思考人类的存在、反思人性的养成,以此来消解新时代形成的道德焦虑。因而,新时代理念下的劳动教育,不仅具备能使劳动者快速适应社会的劳动知识和劳动技能,而且更强调劳动者劳动价值观的养成,即一种通过劳动能够改变社会、发展社会、促进社会的良好道德习惯,而这种道德习惯,是受教育者的学习力和思维力与劳动所具有的道德性之间的一种美好相遇、主动交融和完美转化。当前出现劳动观念与劳动实践之间的异化表现,就是因为劳动教育的目标指向与人的具体实践之间缺失深层次的交互和价值统一,而消弭目标与行动之间的隐秘鸿沟,必然要借助劳动教育的顶层设计和具体细化,在教育目标层面探究人的发展的根源及现实需求,进而在具体行动中纠正、改造和对应性展开,以此生成鲜活、真实的人性面孔,实现社会健康有序的发展。

三是概念变迁性。劳动是人类有目的地利用自己的智力和体力改变自然物,进而使其满足人类社会生活所需的活动。从劳动的角度而言,人类社会的发展史,就是人类不断适应自然、改造自然的劳动发展史。在这过程中,人类得益于劳动这一实践形式带来的诸多改变,从原始状态逐步步入现代状态。即使是在劳动高度机械化、智能化的将来,形式简单的劳动也不是以往的简单劳动的回归,而是一种更深意义上的复杂劳动。[①]也就是说,随着人类社会的不断进步,劳动的概念范畴也会随之改变,进而形成一种主动适应不同主体与情境需求的动态发展规律。劳动教育在劳动概念范畴演变的基础上也逐渐附着上位概念变迁的特性,且这种发展不断更新着人们对劳动教育的理解与期待,劳动教育的概念就这样被不断发展、不断丰富。新中国成立以来,劳动教育概念从体力劳动、服务生产与思想改造演变为手脑并用、全面发展与重技轻劳,进而转变为对劳动技术教育"功"与"过"的概念争辩,以及对劳动素养、创新创造与综合实践的新概念摸索,最后停留在对情感、体验与劳动价值观这一概念新解的不断体认之中。所以,对劳动教育的

[①] 文新华.论劳动、劳动素质与劳动教育[J].教育研究,1995(5):9.

理解不能偏狭于固定情境和单一时段,要从动态发展的历时态视域去审视劳动教育在各个时期的概念变化及其意义演变,进而去尝试理解不同时期劳动教育的时代内涵,以及在此基础上去构建劳动教育新的概念体系。

四是意义统领性。劳动是形成人的本质所在,是人类社会深层次变革的核心力量,离开劳动与创造的人类社会,既无法实现人类自身的人性塑造、精神认同和物质获取,也无法推动整个社会走向更高层次的文明。劳动是存在方式,也是社会良知,更是精神内涵和文明传承。因劳动而出现的劳动教育虽无法占据学校教育的核心位置,更不能提供认识社会的整体知识,但在人的全面发展过程中却具有统领意义。新时代倡导劳动教育,并非因为新的发展契机需要一种新的教育形式作为育人体系的重要组成部分,而在于劳动教育本身就蕴含在各科教学之中,体现在学校教育的点点滴滴之中,潜藏于教育教学过程的始终。教师的教与学生的学都具备一种在场的"劳动性",这种在场的"劳动性"可以给予人们对劳动更真实的触及及更宽泛意义上的体验。因而对劳动教育的关注及解读,要深入到对劳动教育本身所具有的育人效力的实践关切之中,使人们及时发现并体悟劳动教育在各科教学中所附着的"劳动性",改变纯粹"劳动力"认知的单向度劳动价值观,进而帮助人们在劳动中发现自己、发展自己、完善自己。

五是内容关联性。劳动教育中强调劳动能够为我们带来什么或许并不是我们最为关切的现实问题,从劳动教育所具有的核心价值而言,借助劳动教育中的劳动能够实现什么,也许才是我们亟须思考的紧迫性话题。劳动所具有的实践特性,是源于实践又高于实践的发展过程,其在复杂情境中通过内容关联表现出来的实践意义,是高于在学科内或学科间所呈现的内容关联度及其意义生成效果的。劳动是个体与自然界相互作用的实践过程,人类通过劳动发现自我、完善自我,这种实践性不同于学习者在其他教育过程中的参与、体验,它是一种指向更深层次的自我认知和自我养成的德行养成、智力构建、体魄塑造、美感追求。[①]劳动及其相应的教育形式,可以打开学生的视野,跨越学科、场域架设的组织边界,使学生能够主动畅游于自然世界与社会世界、学科世界与生活世界之间,最终在多维空间中构建多元素养体系,实现自我全面而健康的发展。

六是教育适应性。马克思主义将劳动教育作为培养全面发展之人的关键途径,这足以说明劳动教育命题的着眼点在于培养脑力与体力均获得全面发展的人。劳动教育有立德、益智、健体、育美等功能,且这些功能的展现适应不同教育类型的教育形态,涉及大中小幼不同学段的教育、普通教育、职业教育,就此而言,劳动教育具有极强的适应性,能够为不同学段学生的发展带来助益。同时,劳动教育的适应性还反映其教育内容和形式需满足学生的身心发展认知规律,以合乎学生实际需求的教育方式来实现人的全面发

---

① 王连照.论劳动教育的特征与实施[J].中国教育学刊,2016(7):91.

展。因而,在劳动教育过程中,要根据学生年龄特征、性别差异、身体状况等特点,选择合适的劳动项目和内容,安排适度的劳动时间和强度,做好劳动保护,确保学生人身安全。

七是价值召唤性。马克思、恩格斯的劳动价值观反映在历史唯物主义、政治经济学和教育学原理三个维度之中,且每一种相对应的劳动价值观有着重要意蕴,能对学生劳动价值观的培养产生重要影响,即让学生认识到劳动是创造物质世界和人类历史的根本动力,劳动、劳动者是神圣光荣的;劳动是一切社会财富的源泉,按劳分配是合乎正义的分配原则,不劳而获、少劳多得是可耻不义的;劳动具有教育性价值,教育与生产劳动相结合不仅体现社会主义教育的本质,而且热爱劳动、参加劳动才能实现个人的健康成长,不愿劳动、不爱劳动则会阻碍个人的全面发展。[1]新时代倡导劳动教育,其实质是"召唤"长期被功利主义色彩压制从而难以有所发展甚至被忽视的劳动价值观,目的在于通过劳动教育唤醒人们的劳动意识,提高人们的劳动能力,增强人们的劳动素养,使人们养成劳动习惯,最终以健康的劳动价值观推动中国特色社会主义的长远发展。

八是评价即时性。劳动教育的"劳动性"和"价值性"体现在学校教育的方方面面,通过参与劳动能够以最直接的方式接近真实的评价,从而借助经过不断调适的心态去感知及获取劳动的真实价值。与其他教育实践场所不同,劳动教育的场所就是自我评价的场所,就是能够通过即时的劳动表现来反馈内心真实的劳动感受和劳动愿景的场所,这不仅表现在受教育者能够通过劳动对自身进行适度的评价,而且体现在其对社会的整体认识的合理程度。

三、劳动教育的现实异化

劳动教育有丰富的内涵,有价值观塑造的本质追求,但在现实发展中,劳动教育却有概念曲解、实践形态变异、思想异化等风险。

一是将劳动教育等同于劳动技术学习。劳动技术又称劳动技艺、劳动技能,它是劳动教育范畴的应有之义,但不是劳动教育本身。劳动教育的本质在于培养受教育者的劳动价值观,以健康的劳动价值观实现人的全面自由发展。然而,当前诸多学校开展的劳动教育却出现对劳动教育本质遮蔽的现象,表现为劳动技术学习大行其道。如在部分中小学的劳动教育展区布满了学生的手工艺品(如陶艺、手工、剪纸等),产品琳琅满目,蔚为壮观。从教育的角度来说,学生动手制作手工艺品是在充分挖掘其兴趣的基础上进行的动脑、动手活动,这既是一种劳动教育,也是一种审美教育,对于学生的全面发展具有重要的作用。但问题在于劳动教育不是单纯的劳动技术学习,如在学习劳动技术之余忽略对勤俭节约劳动意识的培养、忽视对劳动价值的养成以及对劳动者的尊重,劳动教育

---

[1] 胡君进,檀传宝.马克思主义的劳动价值观与劳动教育观——经典文献的研析[J].教育研究,2018(5):14.

的本质将不复存在。因此,扭曲的劳动教育价值观也将影响学生的劳动认识观,一方面助长了部分学生因动手能力强而自豪的"能力至上"情绪,另一方面导致部分学生走向"劳动艰辛而远离劳动"的逆向之路,进而使其树立错误的劳动价值观和认识观。

二是将劳动教育等同于思想政治教育工具。在马克思看来,"体力劳动是防止一切社会病毒的伟大的消毒剂",而这一口号也被我国奉为圭臬,将劳动视为根除好逸恶劳、不劳而获、贪图享乐等剥削阶级思想的改造利器。[1]尽管在后来对这一思想进行了批判,但将劳动作为学校在教育教学过程中塑造学生政治思想观念和道德品质的一种道德教育手段的思想仍存续至今。劳动教育的本质在于培养学生健全的人格,塑造健康的劳动价值观,将劳动教育等同于单一的思想政治教育工具,是对劳动教育内涵的一种曲解。这种强调体力劳动锻炼而生成的道德教化手段,是德育内容的狭义表达,割裂了劳动教育与其他四育的内在联系,忽视了其在人的全面发展中的本真价值意蕴。

三是将劳动教育视作惩罚手段。劳动虽有劳累、辛苦之意,但在教育领域却出现"劳动"概念窄化的现象,将其等同于限制学生自由、规训学生行为进而使学生向善的教化手段,这主要表现在教师将"劳动"作为惩罚方式去作用部分犯错的学生,如打扫卫生、擦黑板、清理厕所等,通过具有劳累性质的劳动方式让学生感到不适,进而防止被禁止行为的反复发生,从而达到规训学生行为方式的目的。然而这种将劳动内涵和教育意蕴污名化为惩罚手段的做法,阻隔了儿童与劳动之间的深层次交互,加剧了儿童对劳动的排斥心理,影响了儿童劳动价值观和认识观的正确树立。劳动被畸化地误读为消极的、耻辱性的行为,可能是目前对劳动所做的最为恶劣的曲解,且这种观念的长期存在必然会扰乱儿童心灵的合理生长秩序,从而导致劳动教育走向污名化、边缘化,无法正常发挥其应有之义。

第二节 劳动教育的发展历程

百年来,究竟建构何种品格和样态的劳动教育是中国几代人一直思考并致力解答的问题,也正是对该问题的持续性探索,中国劳动教育的发展史演变成一部理解与解释中国劳动教育的"效果史"。五四运动至新中国成立之前,对中国传统教育的反思与改进,对西方先进教育理念的学习与模仿,是当时教育界的主流思潮与行动共识。一批教育学人致力通过劳动教育改变社会积贫积弱、教育观念滞后、国民知识与能力缺失的旧有现状,以及借由劳动教育为革命战争服务来实现民族独立,由此诞生劳动教育中国化的概

---

[1] 徐海娇,柳海民.遮蔽与祛蔽:劳动的教育意蕴——基于马克思劳动概念的价值澄明[J].湖北社会科学,2017(6):14.

念。中华人民共和国成立之后的30年,劳动教育以各种实践形态助力新中国教育事业的恢复与改造,正当劳动教育中国化步入新的历史进程,"文化大革命"的爆发改变了其发展的既定行程,使其陷入"为政治单向度服务"的误区。改革开放至20世纪末,纠偏与纠正过往的错误认知后,中国劳动教育发展再次步入清晰审辩的关键时期。21世纪初期,新的发展阶段让中国劳动教育在内涵与外延上有了新的变化,对劳动教育"应如何"的实践构想以及对劳动者的人本关怀逐渐成为中国共产党治国理政的核心理念。党的十八大以来,中国特色社会主义进入新时代,社会主要矛盾的变化也让教育领域对未来的发展思路和建设格局进行了重新勘定。而"以人为本"公平劳动观的树立,不仅开创了新时代中国特色社会主义劳动价值观和认识观的新境界,也为中国劳动教育发展提供了行动指南。

一、概念初创时期(1919—1948年)

劳动教育是中国语言体系中的一种特有表达,是以培养学生正确的劳动观和养成良好的劳动素养为目的的教育活动。作为一个特定概念,"劳动教育"在我国古代耕读文化中就已出现,但就当时的社会环境而言,现代意义上的劳动教育概念并未明确提出,更未受到知识阶层的关注,更没有被纳入主流的教育体系之中。[①]历史演进总是伴随思想的更迭而不断生成新的时代画像,现代意义上的"劳动教育"概念的诞生及发展同样经历了新思想的引进、调适与创化。

五四运动前后,"实业救国""科技救国""教育救国"是当时社会的真实"呐喊"。多所学校为适应社会改革诉求,主动学习西方教育模式和理念;众多民间教育社团相继诞生以推动新思想融入;一大批仁人志士致力于通过各种教育实践来实现"启民智与开思想"的"救国"目的。1917年,中华职业教育社成立并宣言,方今吾国最重要最困难的问题,无过于生计,而其根本解决,惟有沟通教育与职业。其目的在于为个人谋生之准备,为个人服务社会之准备,为国家及世界增进生产力之准备。从某种程度而言,这一时期盛行的职业教育已有劳动教育的雏形。1923年,晏阳初提出,平民教育的目的就是教人做人。做什么人?做整个的人,即第一要有知识力,第二要有生产力,第三要有公共心。平民教育思潮虽然在后期经历了分化,但一部分倡导者主动深入到劳动群众中,在教授基础知识的同时唤醒了工农群众的革命觉悟,为随后革命战争中劳动教育的发展做出了巨大贡献。另外,"工"和"读"结合起来的"工读"思潮,实际上是近代中国教育史上早期教育与生产劳动相结合(以下简称"教劳结合")思想的一种典型的思想实验,其成为革命根据地实施劳动教育的基本思想教育内容。第一次国共合作期间,虽然新学制改革和学校

---

① 李珂.嬗变与审视:劳动教育的历史逻辑与现实重构[M].北京:社会科学文献出版社,2019:17.

教育发展有了初步成效,但仍不能满足广大工农群众对知识学习的要求。在延续"工读"思想的基础上,中国共产党先后创办一批农民学习、工人补习和培养革命干部的教育单位,并积极探索劳动教育的具体实践形式。

1934年,苏区文化教育总方针中明确提出,文化教育为革命战争与阶级斗争服务,在于使教育与生产劳动联系起来。"教育为革命战争服务"和"教劳结合"意在提升苏区干部文化素养,促进知识分子与劳动者合为一体,为将来完全消灭智力劳动与体力劳动之间的分别和对立创造条件。在此方针指导下,苏区列宁小学采用半天来校学习、半天在家劳动的教育制度,且在整个课程设置方面,也贯彻知识教育、劳动教育和政治思想教育相结合的原则。这种从培养学生劳动观点,学习劳动知识和劳动实践(形成劳动技能)出发的教育形式,不仅有助于当时革命战争的现实需求,也为丰富新时代劳动教育形式提供了经验借鉴。此外,工农业余教育、师范教育、农业学校也都以不同方式倡导进行劳动教育理念与具体实践形式的尝试性探索。1941年,中共中央颁布的文件中规定,凡带专门性质的学校(如师范教育)应以学用一致为原则,课程设置要重视联系实际,安排校外各种实习活动。为此,延安大学规定教员和职员必须参加开荒种地、养猪、织布等生产劳动,学员参加生产劳动的时间不少于学习总时数的20%。1948年,山东省的教育会议指出,中学应继续实行"半工半读"和"以生产养学",普遍地组织学生或种菜、养猪,或开办各种手工作坊,或设购销门市部。

总的来说,中华人民共和国成立之前30年的劳动教育探索是以"教育救国走向革命救国"的认识觉醒和现实需求为发展主线的,是带有尝试性和革命性的不确定心理与散点记忆,这在早期"民间"组织教育改革、赴法勤工俭学运动、工农补习学校等方面表现尤为突出。尽管此间"救亡图存"的主旋律中有劳动的身影,但这一时期的"劳动教育"更多的是职业教育的概念替代和体脑结合的概念泛化,并没有真正涉及劳动教育"是什么"的问题。进一步而言,中国共产党成立之后,迫于革命战争的需要,劳动教育成为从事体力劳动,培养革命意志,发展生产力的单一指向性活动,表现为"劳动"与"教育"的一种机械结合。而这种知识分子走向劳动,与工农结合从而发生劳动教育的单边化取向,显然弱解了劳动教育概念本身的意蕴。不过,相较于传统耕读文化中的"劳动教育",该时期的劳动教育已开始步入现代化教育体系探索征程之中,具有典型的社会本位意蕴。

二、曲折探索时期(1949—1977年)

中华人民共和国成立之后,恢复和建设人民教育事业成为重要任务,劳动教育也在重建教育系统的过程中得到进一步发展。从关键事件与时间流变的双重维度来划分,可将中华人民共和国成立之后近30年的劳动教育发展历程划分为两个阶段:一是新民主主义向社会主义过渡时期的劳动教育,主要以工具理性为实践遵循;二是社会主义建设探索时期的劳动教育,表现为工具理性与价值理性的共存。

中华人民共和国成立前夕,革命家和教育家徐特立就对将"爱劳动"作为国民公德给予了肯定。1950年,时任教育部副部长钱俊瑞在《当前教育建设的方针》中提出,为工农服务,为生产建设服务,这就是当前实行新民主主义教育的中心方针。教育建设方针的明确,为这一时期开展劳动教育提供了根本遵循,但透过1950年之后颁布的《大中小学暂行规程(草案)》等文件,可发现劳动教育在各类高等教育机构和中等技术学校中的主要表现形式是专业实习,在中学(含工农速成中学)、小学和文化补习学校中,劳动教育则未被列入正式教学计划。[1] 1953年,我国经济建设得到一定程度恢复和发展,但同时也出现了部分地区中小学毕业生不能按时升学的问题,中共中央针对忽视劳动教育的倾向,提出各级部门要有序组织不能升学的毕业生参加生产劳动,创设多样化的劳动教育活动。1955年,教育部党组在有关工作报告中提出,中小学必须进一步加强劳动教育,既要培养劳动观点和劳动习惯,还应进行综合技术教育,使学生从理论上和实践上懂得一些工农业生产的基础知识。此后,加强劳动教育和逐步实施综合技术教育的方案被列入教育部工作计划之中,生产技术教育从而得到关注。

"三大改造"促进了我国教育事业的快速发展,大中小学校在校生数均有所增加。为缓解大规模在校学生造成的财政压力,1957年伊始,党中央倡导勤工俭学,以自己的劳动报酬作为部分学习和生活的费用。随后,国家多个部门出台文件肯定劳动教育是建设社会主义的重要途径。当全国贯彻劳动教育之于社会主义建设积极作用的精神同时,劳动教育已经被打上了泛政治化和实用技术化的烙印。1958年,时任教育部部长陆定一在全国教育工作会议上强调,教育工作中全面发展的根本问题,还是政治与教育的结合,教育与劳动的结合。同年8月,陆定一发表《教育必须与生产劳动相结合》一文,再次阐明中国共产党主张的教育是为工人阶级的政治服务,教育必须与生产劳动相结合,这是同资产阶级教育"为教育而教育"的虚伪主张不同的观点。可以说,劳动教育在此时是被当作一种消除体脑分离现象,为阶级斗争所服务的政治手段而存在的。同时,劳动教育还有着解决理论与实践相脱离问题的关键作用。此外,关注师生在劳动中的身心健康发展,亦是劳动教育发展的重心所在,这在1958年颁发的《关于教育问题的几个建议》中有所体现。

劳动教育既是为社会主义建设培养有文化的劳动者的有效途径,也是控辍保学、缓解教育财政压力的可行路径。其不但成为消除体脑分离现象、注重理论联系实际的重要桥梁,而且是落实教劳结合教育方针、为阶级斗争服务的关键举措。同时,该时期的劳动教育仍然延续前一时期知识分子走向劳动的"单边化"取向,且演变成绝对化的机械结合,甚至出现了"弱教育强劳动"的倾向。总的来看,这两个阶段的劳动教育是在艰辛探

---

[1] 李珂,曲霞.1949年以来劳动教育在党的教育方针中的历史演变与省思[J].教育学报,2018,14(5):64.

索中的曲折发展,其原因既在于中华人民共和国成立之初教育事业恢复、改造与发展的经验不足,又源于"左"倾思想的错误引导。与前一时期劳动教育的初具雏形不同,这一时期的劳动教育有了更加具体的价值立场与实践指向。

三、辩证审视时期(1978—1999年)

十一届三中全会以后,我国各个领域迎来了新的发展契机,步入了改革开放的全新阶段,教育事业也在该时期成为社会主义现代化建设的工作重点。然而,由于历史遗留的关于教劳结合的错误认识,这一时期我国毕业生普遍存在专业知识与技能缺失等问题,进而影响了整个社会主义现代化建设的进展。在此背景下,学界展开了对"是否需要以及如何坚持教劳结合"问题的激烈讨论,而对这些问题的回答同样关乎劳动教育存在与发展的合理与否。

1978年,第五届全国人民代表大会第一次会议通过的《中华人民共和国宪法》对教劳结合作出了明确规定。随后,邓小平同志在全国教育工作会议上就教劳结合的地位作用,以及教育如何推进"四个现代化"的实现做了全面部署,再一次从国家层面肯定了坚持教劳结合教育方针的正确性与必要性。为适应"四个现代化"建设要求,1981年,中国共产党重申要坚持德智体全面发展、又红又专、知识分子与工人农民相结合、脑力劳动与体力劳动相结合的教育方针。同年,教育部颁布的《全日制五年制小学教学计划(修订草案)》中规定,小学一、二、三年级学生可在课外时间适当安排一些力所能及的自我服务性劳动;四、五年级每周安排劳动1课时,组织学生参加公益劳动或简易生产劳动。[1]1989年,国家继续延续前一时期勤工俭学政策,认为劳动教育是中小学生进行勤工俭学活动的重要途径,劳动所得可为集体与个人增加财富。改革开放后的前十年,虽然各界对教育方针、教劳结合地位及作用,以及劳动教育形式进行了深入讨论,但其仍处在争辩与论证的不确定状态。若我们仔细研读政策文本,可发现在1983—1989年间的中央文件和重要领导人讲话中很少见到教劳结合的表述,更多的则是"知识分子与工农群众相结合、脑力劳动与体力劳动相结合",其带来的直接后果便是劳动教育也在这种不确定的话语表述中曲折发展与艰难适应。

1993年,《中国教育改革和发展纲要》将教劳结合再次确定为教育方针内容,并要求各级各类学校都要把劳动教育列入教学计划。1994年,江泽民同志指出,忽视劳动教育,会让学生疏离劳动人民感情,不利于他们健康成长和全面发展,生产劳动应成为一门必修课。1995年,国家教委就中学德育工作作出指示,明确了中学阶段劳动教育的目标,也肯定了劳动教育作为实施德育的重要内容和途径的价值。1998年,《面向21世纪

---

[1] 课程教材研究所.20世纪中国中小学课程标准·教学大纲汇编:课程(教学)计划卷[M].北京:人民教育出版社,1999:334.

教育振兴行动计划》中明确要通过实施劳动技能教育来培养学生的道德情操。至此,劳动教育发展已从阶级论的工具取向走向注重道德品质培养的价值理性范畴。1999年,《中共中央国务院关于深化教育改革全面推进素质教育的决定》中提出:"各级各类学校要从实际出发,加强和改进对学生的生产劳动和实践教育……社会各方面要为学校开展生产劳动、科技劳动和其他社会实践劳动提供必要的条件。"为此,劳动教育在20世纪末又被赋予"发展学生综合素质"这一新的功能与使命。

总体而言,改革开放至20世纪末的二十多年间,以经济建设为中心是社会发展的主旋律,劳动教育也在这个主旋律下重塑使命——与国民经济发展相适应,培养德智体美劳全面发展的建设者和接班人。经济为先的发展背景决定了我国教育事业的前进方向,但同时也促使劳动教育从体脑结合的二重合奏走向脑力劳动的独白专场。其实,不管这一时期对教劳结合与体脑结合有多少争论与正名,都不能否认劳动教育在社会主义现代化建设及人才培养工作中的重要作用,特别是20世纪末期将劳动教育视为培养全面发展人才的重要环节,并开启了劳动教育"以人为本"的发展序幕。不过,这一序幕的开启,也为21世纪初的劳动教育发展带来了诸多挑战。

四、丰富拓展时期(2000—2012年)

21世纪是我国社会主义现代化建设朝向新高度、新面貌、新样态发展的新阶段。2000年,教育部印发的《全日制普通高级中学课程计划(试验修订稿)》中把"社会实践和劳动技术教育"列为学生综合素质发展所需的必修课程之一,并明确培养目标,即使学生具有与社会生活相适应的职业意识、创业精神和一定的择业能力,形成一定的劳动技能和现代生活技能。2001年,《国务院关于基础教育改革与发展的决定》和《基础教育课程改革纲要(试行)》相继颁布,二者均提出要在中小学普遍设置综合实践活动课程,将劳动技术课归到综合实践活动课程加以审视。此后几年,引导和组织学生参与生产劳动、社会实践和公益活动,培养学生尊重劳动的观念,成为劳动教育发展在学科地位及作用上的一个关键转变。从现代化发展的诉求而言,丰富劳动教育在新时期的内涵,是发展现代化教育,培养现代化人才的本质需求,但将劳动教育的课程实施作为综合实践活动内容的一部分列入,显然是忽略了劳动教育作为上位概念、学科概念和独立课程概念的价值地位。[①]

即便是对劳动教育概念及学科地位缺失科学研判,但仍不能因之否认劳动教育在整个人才培养体系中的价值表现。2010年颁布的《国家中长期教育改革和发展规划纲要(2010—2020年)》中提到,要全面加强和改进德育、智育、体育、美育,加强劳动教育,培养学生热爱劳动、热爱劳动人民的情感。同年9月,胡锦涛同志在全国教育工作会议中再

---

① 徐长发.新时代劳动教育再发展的逻辑[J].教育研究,2018(11):13.

次将劳动教育上升到中央工作的战略高度,并强调要促进学生全面发展,优化知识结构,丰富社会实践,加强劳动教育,着力提高学习能力、实践能力、创新能力,提高综合素质,加快改变学生创新能力培养不足状况。因此,劳动教育作为一种途径或方式,意在培养学生的劳动观和劳动情感、实现学生全面发展的目标和解决学生创新能力培养不足等问题。

总而言之,在寻求新世纪中国教育现代化发展方向的十字路口,劳动教育有着回归价值理性的发展动向,其发展空间也不再局限于政治视域下的唯一论和经济视域下的统领论,具体表现在:一是"为人民服务"成为该时期教育方针中的新内容,这意味着新时期的劳动教育会以指向人民实际需求为发展宗旨,以教育与生产劳动和社会实践相结合为抓手,拓宽劳动教育的发展空间,实现劳动育人的教育目的;二是"融通综合"成为这一时期劳动教育发展的主要实践形态,特别是劳动与技术的融合,凸显了劳动教育新的时代走向,但在其具体落实过程中,劳动教育似乎又走入了重技术轻人文的价值取向阵营,这不利于劳动教育人本观与公平观的理念形塑;三是劳动教育课程的设置有了"生活、生命与生存"的气息,这是劳动教育划清范畴与边界,回归劳动教育实然的本真诉求,同时,劳动教育课程更加关注学生作为自由生命体的实践品性和文化性格,并从课程精神世界的寻求与确证来探寻劳动教育发展的应然走向。

五、特色发展时期(2013年至今)

党的十八大以来,我国进入了社会主义现代化发展的新时代,劳动教育也在新时代的全新样态中迎来了新的发展契机。2013年,习近平总书记在全国劳动模范代表座谈会上指出,劳动是推动人类社会进步的根本力量。实现我们的奋斗目标,开创我们的美好未来,必须紧紧依靠人民、始终为了人民,必须依靠辛勤劳动、诚实劳动、创造性劳动。2014年,国务院印发的《关于深化考试招生制度改革的实施意见》强调要规范高中学生综合素质评价,把创新精神和实践能力、社会实践等内容纳入学生综合素质档案之中。2015年,教育部印发的《关于加强中小学劳动教育的意见》旨在通过改变部分地区出现的劳动教育在学校中被弱化,在家庭中被异化,在社会中被淡化,中小学生劳动机会减少、劳动意识缺乏、轻视劳动、不会劳动、不珍惜劳动成果现象,培养学生良好的劳动习惯和积极的劳动态度,为他们终身发展和人生幸福奠定基础。2017年,中共中央办公厅、国务院办公厅印发的《关于深化教育体制机制改革的意见》提到,要培养学生职业能力,践行知行合一,深入开展劳动教育,以实际行动解决现实问题。

2018年,习近平总书记在全国教育大会上提到,要在学生中弘扬劳动精神,教育引导学生崇尚劳动、尊重劳动,懂得劳动最光荣、劳动最崇高、劳动最伟大、劳动最美丽的道理,长大后能够辛勤劳动、诚实劳动、创造性劳动。从国家战略方针的高度对劳动教育育人铸魂的重要作用给予肯定,是新时代党和国家优先发展教育的理性自觉,也是劳动教育自身价值的新诠释。2019年,《中共中央 国务院关于深化教育教学改革全面提高义务教育质量的意见》中提到,要充分发挥劳动综合育人功能,制定劳动教育指导纲要,加强学生生活实践、劳动技术和职业体验教育。在优化综合实践活动课程结构,确保劳动教育课时的基础上,家庭、学校、社区也要充分创设劳动教育环境,保证学生劳动的即时性和教育性;城镇与农村地区可根据实际情况创建一批劳动教育实验区,以多元劳动形式的创设,让学生真正养成"热爱劳动,劳动育人"的劳动观、人生观和认识观。2020年,中共中央、国务院颁布《关于全面加强新时代大中小学劳动教育的意见》(以下简称《意见》),这一涵盖面广、针对性强的劳动教育政策文本,具有里程碑式的社会意义和教育意义。同年7月,教育部印发《大中小学劳动教育指导纲要(试行)》(以下简称《指导纲要》),其主要是就学校层面讨论劳动教育是什么、教什么、怎么教等问题展开讨论,目的在于加快构建德智体美劳全面培养的教育体系。

总的来说,在政府顶层设计、基层落地推进的基础上,新时代的劳动教育已经进入新的全面发展阶段(新的劳动教育思想逐步确立,劳动教育落实机制不断健全),同时构建指向人的自由发展和终身教育学习理念的劳动教育现代化的话语体系也逐渐完成。另外,一个旨在融通"有教育的劳动"和"有劳动的教育"理念,包含劳动教育现代化的概念、内容、实施、评价的完整系统也应运而生。至此,中国劳动教育百年发展的历史图示活现于我们眼前,展现了中国教育发展的基本脉络及其相应的文化记忆,而经过百余年风雨洗礼的劳动教育,更是在特殊场景及重要事件的经验沉淀与唤醒之中,不断助力中国特色教育现代化之路的寻求与确立。

第三节 劳动教育的发展经验

回顾中国劳动教育百年发展历程可见,中国共产党在领导中国革命、建设和改革的伟大事业中,始终把"社会现代化、教育现代化与人的现代化"作为劳动教育发展的核心目标,而劳动教育地位及作用的变化始终又以服务教育强国与立德树人的战略规划为逻辑预设。尽管在不同历史时期,劳动教育的内涵、形式、作用等存在着很大不同,但"劳动为国、劳动为公、劳动为民"的思想认识无疑是中国教育现代化发展的真实写照。劳动教育是一个开放的体系,其在不同社会历史发展阶段展现出的精神面貌,既是马克思主义关于教劳结合思想的中国化体现,又是中国社会发展及教育进步的具体任务在各个阶段的生动诠释,内在统一又与时俱进。

一、马克思主义教劳结合的理论指导是劳动教育的根本遵循

百年回眸,悠悠岁月。在中国共产党领导与建设社会主义事业的伟大征程中,教劳结合作为我党教育事业发展的重要指导方针,始终为党的教育工作及立德树人伟大事业服务。教劳结合是思考劳动教育时不能回避的一个经典命题。马克思认为,教劳结合是要使教育和生产劳动这两个相互独立的过程在科学教育的基础上联系和结合起来,以便从理论上和实践上培养现代生产和现代科学发展所需要的、全面发展的生产工作者和社会生活成员。[①]劳动教育作为教劳结合思想的一种实施路径,它有着极强的理论优势,且在中国共产党发展的几个关键时期,这一优势在实践场域中不断生成、演绎与创化,其性质始终生动反映着教劳结合思想中国化的发展本质。可以说,坚持马克思主义教劳结合思想的指导,是中国劳动教育特色发展的根本遵循。

新民主主义革命时期,中国共产党的成立和马克思主义的广泛传播,加速了中国社会的思想转型和文明演进,教劳结合思想也在这一大背景下得到迅速传播。中国共产党成立早期,教劳结合是以职业教育的蓬勃发展为主要表现,但随着社会主要矛盾的激化,以"教育救国"为主旨的劳动教育取代了以"实业救国"为标榜的职业教育,这时教劳结合思想才真正成为中国革命、社会改革与教育发展的重要指导思想。20世纪三四十年代,根据地、解放区的教育方针始终把教劳结合思想同革命教育发展相结合,致力培养大多数工农阶层的知识分子,消灭离开生产劳动的寄生虫式的教育制度,锻造对于劳动有坚强意志的新人物。[②]为此,根据地、解放区中的红军教育、干部教育、社会教育和小学教育等教育形态,不断创新劳动教育新形式,探索劳动教育中国化的实践新样态,落实中国教劳结合的思想方案。社会主义革命与建设时期,我党继续坚持教劳结合作为教育方针的思想信条,把教劳结合思想落实到中国广大劳动教育实践中去。毛泽东同志关于教劳结合的重要论述是这一时期劳动教育发展的指导思想和主要内容。特别是"教育必须为无产阶级政治服务,必须同生产劳动相结合。劳动人民要知识化,知识分子要劳动化"[③]的经典论调的提出,奠定了劳动教育发展的总体基调。尽管20世纪60年代教劳结合思想受"左"的严重干扰,出现了重体力轻脑力的认识误区,劳动教育也因之产生"有劳动无教育"的实践困境,但短暂的思想禁锢并不能掩盖教劳结合思想本身蕴含的价值及其对劳动教育发展的指导意义。改革开放至党的十八大召开,其间虽经历了对"教劳结合正误问题及是否作为教育方针","劳动教育是独立全面发展教育体系之外,还是应与德智体美相并列"等问题的深入讨论,但教劳结合思想作为教育方针从未缺位,且一直指导劳动教育不断创新实践、拓展范畴和重塑理念。党的十八大以来,习近平总书记就新时代劳

---

① 成有信.论教育和生产劳动相结合的实质[J].中国社会科学,1982(1):171.
② 杨天平,黄宝春.中国共产党教育方针90年发展研究[M].重庆:重庆大学出版社,2015:31.
③ 人民教育出版社.毛泽东论教育(第三版)[M].北京:人民教育出版社,2007:291.

动教育的发展思路及方向做了一系列重要论断,且在多个重要场合讲话中明确肯定劳动教育的地位与作用,最终马克思主义教劳结合思想中国化的理论成果和实践方案得以形成。

二、寻证中国教育现代化的精神实在是劳动教育的核心内容

中国教育发展是一个未竟的事业,从根本上讲这是一个不断寻求、确立和超越现代性的问题。中国的所有教育问题在这一意义上都是教育的中国问题,而教育的中国问题,近代以后主要是拥抱现代化、开展现代化的问题。[1]劳动教育对中国教育问题的致思方式、实践关切和经验总结,无不以中国现代化问题的思考与回答为主线曲折展开。现代化作为贯穿与支配中国劳动教育发展的主导力量,自身也将成为一种价值标准,规范与约束劳动教育的发展动向及其效果反思。教育现代化是现代化在教育领域的一个具象表现,是传统教育向现代教育转变的过程,也包括学历教育向终身教育的转变,其发展理路理应服务我国处于第一次现代化时期的实际国情,打造适合工业社会的现代教育。有学者指出,中国教育现代化的模式属于"后发外生型",需注意"二次现代化"进程中的两个关键点:一是由农业社会迈向工业社会的过程中表现出的以教育提高科学技术水平来推进国家的现代化;二是由工业社会迈向信息社会的过程中体现出的以更加多元化和个性化的教育来实现人的现代化。[2]事实上,中国教育现代化有着过程性的发展样态,具有为国家和为人民的双重属性。劳动教育作为中国教育现代化确证过程中的一个重要课题,有着现代化在教育领域的作用印记,同时劳动教育也见证了中国教育现代化的变迁历程。

在中国共产党发展劳动教育的百年实践历程中,各个历史片段呈现出的劳动教育发展样态、范式和目的,始终与寻证中国教育现代化发展的精神实在密切关联。首先,从发展样态而言,五四运动发端至20世纪60年代,中国劳动教育从实业教育、职业教育发轫,进而演变成为革命战争和阶级斗争服务的体力劳动单一化形式。改革开放之后,劳动教育由为政治服务转变成为新时期现代化建设服务,开始重视体脑结合,开设劳动技术教育课,推行综合实践活动课程,强调劳动教育为人的全面发展服务。党的十八大以来,劳动教育被赋予了特有的育人价值,从关注劳动知识与技能培养转为劳动价值观塑造,劳动教育落实机制和实践体系愈加健全。其次,从发展范式来看,各个时期劳动教育的发展事实上是在总结前一阶段经验的基础上而来,虽在延续历程上遭遇了一些错误思想的阻碍,但总体是遵循现代化变革的基本规律,表现为劳动观念与理念的现代性重塑,如教劳结合思想的继承、发展与创新,以及新时代辩证审视劳动教育与综合实践活动课程关

---

[1] 高伟.自我的寻求:中国教育哲学的自我认同[J].教育研究,2020(5):31.
[2] 程天君,陈南.中国教育现代化的百年书写[J].教育研究,2020(1):131.

系等。最后,从发展目的来看,中国共产党成立至改革开放之前,劳动教育有着鲜明的国家本位取向和政治建设立场。从改革开放到党的十八大召开,劳动教育与国民经济建设协调统一,更加关注社会现代化的建设议程。新时代的劳动教育走向了以人为本的全面发展目的,强调人的自由发展及人的现代化价值取向。总之,中国劳动教育发展的核心议题始终嵌套在对中国教育现代化自我寻求与认同的时代语境中,在为中国教育现代化发展提供知识系统和价值辩护的同时,也在不断建构符合自身实际的现代性方案。

三、探索与总结社会主义教育规律是劳动教育的首要任务

人们总是习惯用定义去界定某一研究对象"是什么",但往往又出现定义无法认识或了解其真正内涵的情况。对教育规律的定义似乎也难逃这一情况的限制,常常形成教育规律概念界定泛化或认识模糊的现象。科学教育学一百多年的发展历史表明,对教育规律性的认识,与人类对世界运动规律的认识一样,总是由点到面、由表及里、由浅入深从而不断前进的。[①]若从形式切换到内容,教育规律是以整个教育系统为研究对象,揭示教育系统中各要素之间的本质联系,同时也是教育活动的一种必然演变过程。[②]就此而言,社会主义国家下的教育规律也有鲜明的属性特征,是从社会主义本质论和发展论立场对整个教育系统及其内部要素本质联系进行的属己界定。探索与总结社会主义教育规律是中国劳动教育百年发展的应有之义,也是中国教育现代化发展的支配性力量。对中国劳动教育百年发展历程的审视,事实上也是对中国特色社会主义教育规律的形成与发展的微观透视。

纵观中国共产党领导下的劳动教育发展史,其在各个时期的发展状态及地位作用反映社会主义教育规律形成的动力机制和基本路向,最终以系统存在的实然状态诠释中国特色社会主义教育规律的权力边界。五四运动以来的百余年间,人们对中国劳动教育的认识走过了从主要手段、唯一方法、重要途径再到教育内容的过程,实践走过了从职业设科、统领强化、融通综合再到系统提高的过程,地位作用经历了从实业救国、实践育人、技术素养再到五育并举的过程,发展方向依循了从为革命战争和苏维埃政权服务、为无产阶级专政服务、为社会主义现代化建设服务再到为人的自由发展服务的进程。可以说,一个世纪以来,受教育内外环境变化的影响,人们从本体论、方法论、认识论和价值论对劳动教育进行了全方位解读,显示出对中国特色社会主义教育规律认识的升华,反映出落实立德树人根本任务的创新,从中折射出教育逻辑和实践逻辑的统一。[③]

---

① 袁振国.教育规律与教育规律研究[J].华东师范大学学报(教育科学版),2020,38(9):13.
② 侯怀银,刘泽."教育规律"解析[J].大学教育科学,2018(4):6.
③ 曾天山.我国劳动教育的前世今生[N].人民政协报,2019-05-08(10).

四、培养具有现代性的社会主义公民是劳动教育的价值依归

现代化通常来说是社会转型的一种过程或状态,它虽依赖于物质的供给、经济的发展,依赖于民主、法治的建设,依赖于现代文化和人与自然和谐的良好生态,但这些在根本上都依赖于人的现代化。[1]现代化的核心是人的现代性。现代性起始于现代生产逻辑而发生的现代化运动,直接构造了一个复杂的现代社会结构,而这个结构的展开过程又衍生出不同于前现代而为现代所特有的属性。[2]在这个复杂的"现代化"运动中,人作为其中的主导力量,有着难以替代的经典作用。中国劳动教育发展课题是将人的现代性提升作为核心要义,以培养适应中国特色社会主义发展需要的现代性公民为己任,这一主线蕴含的时间性概念和价值性概念相互交织,暗隐但从未消退。

新民主主义革命时期,中国共产党将教育作为革命斗争的武器,以现代思想的注入来打破前现代社会习俗的思维禁锢。20世纪二三十年代,中国共产党召开的六次全国代表大会均就劳动大众和社会青年的教育问题进行了讨论,意在提高他们的知识和社会觉悟。

随后,毛泽东同志先后提出了"苏区政府文化教育总方针的目的之一在于使广大人民成为享受文明幸福的人"和"新民主主义文化教育总方针是民族的、科学的、大众的"的重要论断。虽然论断旨在提高广大劳苦大众的政治觉悟和文化水平,是"有劳动的教育"的单向度阐释,但我们仍然不能否定劳动教育在培养具有现代性社会主义公民时拥有的进步意义。社会主义革命和建设时期,教育实践最迫切的任务是清除资本主义和封建思想的影响,构筑统一的无产阶级政权思想和话语体系[3],以"劳动与享用的直接对等性"的自然打破来确立现代生产逻辑,借助教劳结合中国化的实践探索和经验总结,提高广大人民群众思想行为的现代性,培养有社会主义觉悟的有文化的劳动者。改革开放以来,教育领域的思想纠偏与意识觉醒肯定了"教劳结合是培养人的根本途径"这一主张,而"培养中国现代化发展所需要的建设者和接班人"成为这一时期劳动教育发展的价值统摄。进入新时代,在培养社会主义公民劳动知识和技能的同时,劳动教育更加关注劳动价值观和道德情操的精神唤醒,其范畴和功能的拓展是以人的现代性的重新认识为前提,也以匡正和引导人的现代性的健康发展为目的。总之,中国劳动教育的发展是以社会主义公民现代性如何提升为价值依归的,其最终目的是要实现马克思所预期的建立在个人全面发展和他们共同的、社会的生产能力成为从属于他们的社会财富这一基础上的自由个性。[4]

---

[1] 冯建军.超越"现代性"的中国教育现代化:人的现代化视角[J].南京社会科学,2019(9):134.
[2] 晏辉.现代性的哲学面孔[J].现代哲学,2020(2):10.
[3] 王鉴,姜纪垒."立德树人"知识体系的百年演进及其经验总结[J].东北师大学报(哲学社会科学版),2020(6):20.
[4] 中共中央马克思恩格斯列宁斯大林著作编译局.马克思恩格斯文集(第八卷)[M].北京:人民出版社,2009:52.

第四节　劳动教育的发展定位

百年来,中国劳动教育是在自我寻求、自我形塑与自我认同的多重意象中逐步发展而来的,其中既有知识生产和话语体系如何适应现代性的问题,又包括劳动教育以何种姿态调和内外部需求及其各自发展的规律问题。站在通往未来的新起点,更好地规避这些复杂交织问题,就需要中国劳动教育建立"跳出来"与"走进去"的双向思维,遵循中国教育现代化发展的基本规律,以"传承·融通·创新"的中国方式,书写自己的故事。

一、继续坚持马克思主义教劳结合思想的指导与创化

任何真正的哲学都是各自时代精神的精华,其内涵不仅有着历史发展的时代性,呈现为一种进步与局限的复杂交织,而且超越自己的时代揭示出人类总体与个体有关的一些常议常新主题的永恒性。教劳结合作为马克思主义的经典命题,内在反映了其作为"真正哲学"的二重属性,而且通过对中国教育现代化发展"何为"方式的阐释,可构成对当下中国劳动教育的发展"作为"及发展的可能筹划有所"作为"的价值诠释。中国劳动教育发展仍是一个未书写完的方案,对其完善应从时代精神的科学获取与坚守出发,继续坚持马克思主义教劳结合思想的指导与创化。

一方面,要以正确的认识论和历史唯物主义观对马克思主义的教劳结合思想进行科学解读,明晰教劳结合产生的历史背景、理论基础、现实意义和具体任务,防止掉入片面截取充当行动准则的思想泥淖和极端思维的干扰;另一方面,教劳结合的真正实现,必须通过在生产过程之中和生产过程之外与生产劳动的结合两种"结合"形式的相互支持才能得以完成。[①]这意味着未来劳动教育的发展,必须重视学校、社会和家庭等多场域中"劳动"因素与"教育"因素紧密结合的重要性,正视马克思主义的教劳结合思想与中国传统耕读文化的结合及其在此基础上创造性转化的动力与方向,同时还要关注劳动教育之于教劳结合中国化思想汇聚与凝结的中介地位,以及关注消费性劳动、创造性劳动、复合型劳动等新劳动形态和劳动教育的"教育新形态",进而以多种教育形式开发和教育理念落实的常态化助力劳动教育的新发展。

二、构建具有内在生命旨趣的中国特色劳动教育体系

从中国劳动教育发展的经验而言,构建指向内在生命旨趣的中国特色劳动教育体系是未来劳动教育发展应该坚持也必须坚持的一个重要命题。百余年劳动教育发展的轨迹告诉我们,若不将培养人的自由全面发展置于劳动教育的核心地带,劳动教育很容易

---

① 檀传宝.何谓"教育与生产劳动相结合"——经典论述的时代诠释[J].课程·教材·教法,2020(1):8.

异化为"妖魔化"的惩罚手段,扭曲为改造学生思想的工具,窄化为培养学生技能的训练,遮蔽劳动的本真教育意蕴。①

首先,要在劳动教育中体会和感知真善美的本质表现及作用于人的自由全面发展的精神逻辑。劳动与教育密不可分,但二者又不是简单机械的拼接组合,劳动教育的合理运行是基于人的现代性发展这一逻辑基点。就此而言,劳动教育不能也不应该被定义为简单的谋生手段,劳动在人与自然、社会和自身的关系上的地位作用不应相同——人与自然关系视域下的劳动具有天生的认知求真意蕴;人与社会关系联系下的劳动含有伦理求善的道德追问;人与自身关系场域中的劳动有着成人求美的具身意象。基于此,劳动教育可从人与社会等多维空间的交互着手,通过普职衔接与大中小学一体化建设方案,形成具有方向性、时代性、整合性、实践性、开放性、针对性的特色劳动教育课程体系。此外,还须注意校内与校外、课内与课外、学科间与学科内等几重关系的科学序定和资源的整合统一,从而形成全社会尊重劳动、热爱劳动、弘扬劳动的大环境。

其次,要正确处理劳动教育与德智体美四育的关系。尽管学界至今仍然存在关于劳动教育是否与德智体美四育并列或独立发展的争论,但这并不能掩盖劳动之于人的德智体美发展的重要性,也不能就此简单地将劳动教育的地位作用做主观上的随意切割或错置使用。劳动教育具有独特的社会性和教育性,在劳动实践过程中能够综合作用于人的全面发展,有着其他四育难以替代的基础性作用。未来劳动教育发展需在新时代五育融合的大教育概念的基础上,正确认识劳动教育在国民教育体系中的地位表现,充分发挥劳动教育的综合育人价值,使智育、体育、德育、劳动教育和审美教育深入地相互渗透和互相交织,使这几方面的教育呈现为一个统一的完整过程,共同作用劳动生成的实践场域,最终以新的理论体系和实践形态实现人的全面且有质量的发展。

最后,要重视学生劳动价值观的科学培养与调适。我们必须以一种新思维和新态度去重构劳动教育的发展方案。就劳动教育发展的本真而言,社会主义劳动教育的核心目标是让学生养成正确的劳动价值观,即让学生认识到劳动具有本源性价值、经济性价值和教育性价值的马克思主义劳动观。然而,当下劳动教育却普遍存在弱化、异化和淡化等现象,劳动的社会意义和教育意义正在被消解。回归劳动之于社会发展和人生进步的意义范畴,亟需学校、家庭和社会等多维主体的有机联动,摒弃"体力劳动"和"劳动改造"的旧有观念,积极营造"以劳动托起中国梦"的劳动文化,引导学生在"身体力行"的劳动中形成劳动的理性自觉,树立正确的劳动价值观。与此同时,面对人工智能时代生产方式与分工机制的虚拟化常态,劳动教育还应当与时俱进开展劳动教育,矫正虚拟劳动形塑的利益至上和文化扭曲心理,回归学生属己的"生产性身体",让劳动教育具有更多的当代性、创新性、主动性,助力孩子们的全面发展。

---

① 徐海娇,柳海民.遮蔽与祛蔽:劳动的教育意蕴——基于马克思劳动概念的价值澄明[J].湖北社会科学,2017(6):13.

三、自觉推进劳动教育科学方法论体系的设计与完善

新时代劳动教育发展的根基既源自马克思及现当代马克思主义唯物辩证法的指导，又在于劳动教育能以积极的实践态度正确对待时代变迁可能造成的本体式微与认识桎梏。未来劳动教育的发展除继续对理论与实践等本源性问题探讨之外，还需对劳动教育的方法论体系进行科学设计与完善。一个科学且完善的劳动教育方法论体系，能够确保劳动教育在未来不确定的社会进程中的基本立场和价值取向不偏离。就目前大中小学劳动教育实施现状而言，将劳动教育错误地理解为体力劳动的现象仍然存在，且劳动教育形式及实施方法也是五花八门。方法本身是客观中立且价值无涉的，劳动教育实施方法之所以乱象丛生，是因为方法适切性背后隐含的方法论存在逻辑误区或认识失范。因此，科学设计与完善劳动教育方法论体系就显得尤为必要。

首先，劳动教育整体布局要形成方法论特色意识。中国劳动教育是在百余年实践探索中逐步形成的特色育人方式。若将这种带有中国特色的育人方式实现系统建构，就需要继续坚持习近平新时代中国特色社会主义思想，注重从全局观察和判断劳动教育发展形势，着眼破解发展中的"精神放逐"问题，以历史智慧和底线思维实现马克思主义教劳结合哲学思想中国化的发展目的，形成劳动教育发展布局的中国特色方法论。

其次，劳动教育科学研究要形成方法论自觉意识。未来劳动教育发展若跨越理论与实践相脱离问题的思维区隔，就需将二者作为一个事实进行整体研判。一个理论的合理性和进步性并不与该理论的确证或否证紧密相关，而是与该理论解决问题的有效性紧密相关。[①]劳动教育以实践指向为根本旨趣，但这并不意味着劳动教育失去对理论研究的观照。相反，在劳动教育实践和经验中生产的观念和思想，本身就有追问理论是否对重大问题解决有适切性回答的哲学意味。从二者内在关联的实质对劳动教育可能的发展图景进行描绘，是历史唯物主义观下教育发展的一种思想解放，而这也将促成劳动教育方法论从自发走向自觉。

最后，劳动教育考评体系要形成方法论反思意识。劳动教育不仅要在质和量上做足功夫，而且要摒弃实施形式的弄虚作假和走过场，完善自己特有的考评办法及其相应准则。新时代劳动教育的概念与范畴将更加丰富，其背后隐含的一套价值诉求也愈加多样化与现代化，而与之相应的便是思考怎样建立、建立怎样的适应人的全面发展的劳动教育考评体系。在思考这一现实性问题的间隙，对劳动教育考评体系建立与完善的方法也应给予适切性的即时反思，跳出"劳动教育与方法论"机械拼接的认识误区，以"劳动教育的方法论"助力中国劳动教育的特色发展。

---

① 拉里·劳丹.进步及其问题——科学增长理论刍议[M].方在庆，译.上海：上海译文出版社，1991：8.

第二章

劳动教育课程价值

劳动是青少年成长成才、创造幸福人生的重要途径。而当代青少年劳动精神面貌的塑造、劳动价值观的形成、劳动素养的培育将决定国家和民族的未来。劳动教育是人生第一教育,劳动托起中国梦。站在新的历史方位,加强和发展劳动教育具有重要的时代意义。2020年3月20日,中共中央、国务院印发《意见》,标志着我国劳动教育进入了一个崭新时代。《意见》提出要全面构建体现时代特征的劳动教育体系,家庭、学校、社会协同开展劳动教育实践活动,多方面、多渠道保障和支持劳动教育的实施。这些部署和规划为今后大中小学组织和开展劳动教育指明了方向。该《意见》还突出强调整体优化学校课程设置,在大中小学设立劳动教育必修课程。这使新时代劳动教育的独立学科和课程地位在政策文件中得以确立和保障,使劳动课程正式被纳入国家课程框架。课程是教育内容的重要载体,是实现教育目标的主要渠道,其功能的系统性和科学性是其他教育形式不可比拟、不可替代的。[①]在马克思主义教劳结合理论指导下的劳动教育课程追求中国教育现代化的精神,肩负总结社会主义教育规律的首要任务,兼具培养具有现代性的社会主义公民,传承中华优秀传统文化和实现人的全面发展的重责大任,可以说,新时代劳动教育课程的价值也是其他课程不可比拟、不可替代的。

第一节 劳动教育课程与人的全面发展

新时代我国社会主要矛盾发生了变化,党的十九大报告把"以人民为中心的发展思想、不断促进人的全面发展、全体人民共同富裕"内容写入了习近平新时代中国特色社会主义思想,对马克思主义的人的全面发展理论进行了创新及延伸。党的教育方针的最新表述,将原来的德智体美"四育并举"的提法拓展为德智体美劳"五育并举",赋予了人的全面发展以新的内涵。因此,新时代劳动教育的回归,实质是回归到人的全面发展初衷。[②]劳动教育课程对我国实现"两个一百年"奋斗目标和中华民族伟大复兴中国梦,深化马克思主义教劳结合思想,促进人的全面发展,发挥综合育人价值具有深远的意义。

一、劳动教育课程深化马克思主义教劳结合思想

人的全面发展是马克思主义教育理论的重要内容之一,马克思认为生产劳动同智育和体育相结合,不仅是提高社会生产的一种方法,而且是造就全面发展的人的唯一方

---

① 蔡其勇,向诗丽,谢霖月,等.新时代劳动教育课程的价值与建构[J].当代教育科学,2020(9):42.
② 李玉华,马心竹,罗聪.基于人的全面发展的新时代高校劳动教育研究[J].辽宁大学学报(哲学社会科学版),2020,48(2):181.

法。①人的全面发展与社会的全面发展是一个历史范畴,彼此是辩证统一的关系。一方面,在马克思和恩格斯看来,要实现人的全面发展有三个必要的条件,首先是需要以高度发展的生产力作为实现人的全面发展的物质前提,因为只有当生产力高度发展起来,旧式分工和人的片面发展成为生产力发展的障碍时,分工才会消失,人才能获得全面发展。其次是需要建立无产阶级的阶级关系和社会主义经济制度作为造就全面发展的人的基本社会条件。最后,消灭旧式分工是人的全面发展的最直接、最现实的条件。另一方面,马克思认为要改变一般人的本性,使其获得一定劳动的技能和技巧,成为发达的和专门的劳动力,就要有一定的教育和训练,也就是说,劳动者只有通过专门的劳动教育课程,掌握科学的、先进的劳动知识与技能,才能在劳动过程中发现自己的专长和才艺,创造社会物质财富和精神财富,促进社会生产力的发展,消除社会分工带来的片面性,为自己的全面发展带来可能性和主动性。

(一)教育与生产劳动相结合是实现人的全面发展的唯一方法

首先,马克思非常重视教育同生产劳动相结合对于个人全面发展的伟大作用。在《资本论》中马克思指出,从工厂制度中萌发了未来教育的幼芽。未来教育对所有已满一定年龄的儿童来说,就是生产劳动同智育和体育相结合。它不仅是提高社会生产的一种方法,而且是造就全面发展的人的唯一方法。②这里所说的"智育和体育"是指普通教育、学校教育。列宁也强调,没有年轻一代的教育与生产劳动的结合,未来社会的理想是不能想象的,无论是脱离生产劳动的教学和教育,或是没有同时进行教学和教育的生产劳动,都不能达到现代技术水平和科学知识现状所要求的高度。③众所周知,马克思主义人的全面发展学说是指个人智力、体力的广泛、充分、自由和统一的发展,其实质是在智力、体力广泛、充分发展的基础上,实现脑力劳动与体力劳动的结合。实现人的全面发展目标的唯一路径就是教育与生产劳动相结合,因为旧分工给人造成的片面发展,只有依靠教育与生产劳动相结合才能消除。可以说,生产劳动是一个人智力和体力的发展基础。

其次,马克思指出,劳动首先是人和自然之间的过程,是人以自身的活动来引起、调整和控制人和自然之间的物质变换的过程。当人通过运动作用于自己身外的自然并改变自然时,也就同时改变了人自身的自然。人使自身的自然中蕴藏着的潜力发挥出来,并且使这种力的活动受自己控制。恩格斯进一步指出,人在怎样程度上学会改变自然界,人的智力就在怎样的程度上发展起来。④但是,不是所有的生产劳动都是促进人的全面发展的途径手段。在以商品和剩余价值为唯一目的追求的资本主义生产中,人的劳动

---

① 张健.马克思主义教育思想研究[M].北京:教育科学出版社,1989:201.
② 文学国.马克思恩格斯列宁斯大林论教育[M].北京:中国社会科学出版社,2016:27.
③ 文学国.马克思恩格斯列宁斯大林论教育[M].北京:中国社会科学出版社,2016:122.
④ 文学国.马克思恩格斯列宁斯大林论教育[M].北京:中国社会科学出版社,2016:7.

失去了自由自觉性,人的智力和体力也被割裂开来,物质生产成了戕害和压抑个人发展的过程。资本主义工业生产中脑体的分离,不仅损害了劳动人民的健康,也在剥夺劳动人民后代的受教育权。所以,劳动教育课程的价值之一就在于可以筛选出对实现人的全面发展有益的生产劳动,有系统地组织课程资源,对个体进行有目的的劳动知识与技能、劳动情感态度与价值观、劳动习惯和素养的培育。

再次,马克思所谈的教育与生产劳动相结合是以大工业、现代科学技术的发展为基础的。马克思主义学说的一个重要的特征是将生产力看成一切社会变革的物质基础和根本动力,故在大工业、现代科学技术发展的基础上分析教育与生产劳动相结合,也一直是马克思相关论述的基本逻辑。一方面,大工业(从蒸汽机到电气化时代)加快了工人阶级职业转换的速度,承认劳动的变换,从而承认个人尽可能多方面的发展是社会生产的普遍规律,因此必须造就全面发展的人,而教育与生产劳动相结合就成为造就全面发展的人的唯一方法。另一方面,大工业与现代科技在生产中的应用是一体两面的。由于现代科技的应用,现代生产在实现白领与蓝领工人的分工所代表的脑力劳动与体力劳动第二次分离的同时就要求体力与脑力的结合,即教育与生产劳动相结合以培养适应大工业生产的全面发展的人。但在进行教育与生产劳动相结合的劳动教育实践中,劳动教育被误解为劳动技艺评比或弱化为技能培训,甚至被误读为学生学习之余的休闲娱乐以及惩罚手段。

最后,课程是对教育的目标、教学内容、教学活动方式的规划和设计,是教学计划、教学大纲等方面实施过程的总和。劳动教育课程除了具有明确的教育目标和适宜的教学内容,以及科学的教学活动规划和设计外,还将智力劳动与体力劳动有机融合,有效避免了资本主义工业社会中体脑分离的片面发展情况。此外,根据马克思主义教劳结合思想,要实现人的全面发展必须提高社会生产力,而提高社会生产力和实现人的全面发展,其实是一个问题的两个方面。一方面,提高社会生产力,是实现人的全面发展的物质基础。另一方面,人的全面发展提高了劳动者的素养,这无疑也将提高社会生产力,而社会生产力的提高和人的全面发展的实现又是需要通过教育与生产劳动相结合才能实现,劳动教育课程正是践行与深化马克思主义教育与生产劳动相结合,实现人的全面发展的重要途径。

(二)人的全面发展是马克思主义教劳结合思想的根本目的

马克思主义教育与生产劳动相结合思想具有三大社会意义。马克思主义科学地揭示出教育与生产劳动相结合是现代社会发展的客观规律,具有极其重要的社会意义,把教劳结合作为马克思主义教育思想的重要内容,并成为社会主义教育目的的理论基础和重要遵循。其一,教育与生产劳动相结合是改造现代社会的最强有力的手段之一。马克思提出这一论述的主要出发点是保护工人阶级的后代免受资本主义制度的摧残和危害，强调实行教劳结合是对资本摧残儿童的"一种最必要的抗毒素"。其二，教育与生产劳动相结合是提高社会生产的一种方法。马克思、恩格斯认识到，大工业生产的技术基础是"革命"的，决定着劳动的变换，要求工人发展的全面性以适应生产的流动性和变化性。同时，生产过程成了科学的应用，而科学反过来成了生产过程的因素即所谓职能的这一大工业突出特点，就使生产力的提高取决于科学技术的提高及其在生产中的应用。这也必须依靠教育与生产劳动的结合。其三，教育与生产劳动相结合是造就全面发展的人的唯一方法。马克思主义致力于人的自由而全面的发展，高度重视教育在人发展中的积极作用，并且还根据社会发展的客观规律提出教育与生产劳动相结合是实现人的全面发展的根本途径和方法。

马克思主义教育与生产劳动相结合思想的三大社会意义是不可分割的，且以人的全面发展为根本目的。提高社会生产，一个重要前提是改造旧有的社会关系，破除阻碍生产发展的旧制度和旧思想。同时，提高社会生产为人的全面发展创造物质条件基础，人的全面发展又会有力地促进社会生产的发展。改造现代社会、提高社会生产、促进人的全面发展，是教育与生产劳动相结合的根本目的和应然结果。任何对教育与生产劳动相结合三大社会意义的分割和对立，包括理论和实践上的，都是对马克思主义教育思想精神实质的背离。人的全面发展是马克思主义全部理论的主题，是共产主义的崇高理想和基本原则。马克思提出，人的本质是一切现实社会关系的总和。马克思眼中的人不再是抽象的人而是现实的具体的人，真正的人的发展是全社会每一个人的全面发展，因人的本质都是由其所受的物质关系主要是阶级关系所制约、所规定的，所以，马克思、恩格斯对社会、社会关系的考察和批判，无一不是指向不合理的资本主义制度，最终致力于人的自由与解放，即人以一种全面的方式占有自己的全部的本质。马克思主义教育与生产劳动相结合这一重要命题，其价值立场是作为目的本身的人的本质力量的全面发展。在这个意义上，马克思主义教劳结合思想是以人的全面发展为价值取向的，这也是教劳结合社会意义相统一的核心。

人的全面发展是马克思主义教劳结合思想的本质属性，规定着教劳结合的性质和方向。人的自由而全面发展是马克思主义理论体系的重要内容，不仅是社会主义和共产主义社会的理想追求，也是社会主义教育培养什么人的质的规定性。马克思主义教育与生产劳动相结合思想之所以区别和超越于以往所有的教劳结合思想主张，也同现今资本主义社会所推行的教劳结合有着本质区别，不仅在于其是建立在对现代大工业生产规律的揭示的科学基础之上的，更在于其以实现人的全面发展为旨归的价值取向。我们知道，资本主义实行教育与生产劳动相结合，其目的绝不是为了工人的全面发展，更不是为了改造资本主义社会，而是在资本逻辑的驱动下，借此促进生产力的高速发展，赢得国际经济竞争的绝对优势,以攫取更多的剩余价值。可以说,除了在发展生产力方面教劳结合具有普适性之外,教育与生产劳动相结合并不是超阶级的。离开了人的全面发展这一目的规定性,教育与生产劳动相结合就会偏离社会主义方向和性质,也无法真正彻底消灭旧分工、实现脑力劳动和体力劳动相结合这一教劳结合的根本实质。

强调人的全面发展是教劳结合的根本目的,这并不是在割裂教劳结合的三大社会意义,也并不是否定教劳结合在改造社会、提高社会生产上的意义价值,而是强调社会主义教劳结合对这三者的完整坚持。当前,资本主义发达国家对于教劳结合在促进社会生产力发展上的成功经验,值得我们学习借鉴,但不可轻率地认为教劳结合不存在社会性质方向上的差别。这种抽离社会规定性的错误认识对于社会主义教劳结合的理论和实践都是有害的。由此,对人的全面发展是教育与生产劳动相结合的根本目的这一价值取向的重新确证,是正确理解马克思主义教劳结合思想的关键。

（三）劳动教育课程是实现人的全面发展的重要载体

人的全面发展问题和社会劳动分工问题即脑力劳动和体力劳动的分离和结合问题,本质上是一个问题,因为人的发展完全取决于需要,而这种需要又取决于分工以及由分工产生的人们所受教育的条件。在原始社会里,脑力劳动和体力劳动是在原始状态下结合在一起的,二者还没有分离开来。可以说,这时的人还没有向片面化的方向发展,但不能说这时的人是全面发展的人;而毋宁说,这时的人还没有发展。脑力劳动和体力劳动的两次分离,导致了人的片面发展,但这个阶段人确实是发展了,不能说没有发展,只不过是没有全面发展。而要实现人的全面发展,必须把脑力劳动和体力劳动在高级形态下进行结合,克服人的片面发展。人的全面发展,可以说是指人的智力和体力获得充分的自由的发展和运用,广泛地说,是指人的智力、体力、道德精神以及各种能力的多方面的、自由的、充分的发展。但这只有在脑力劳动和体力劳动的分工消灭时,即在脑力劳动和体力劳动在高级形态下结合起来时,当人们所从事的都是以脑力劳动为主的脑力劳动与体力劳动结合起来的劳动时,人的智力、体力、道德精神以及各种能力才能得到多方面的、自由的、充分的发展。在离开了脑力劳动和体力劳动分工的消灭,离开了这两种劳动在高级形态下结合的情况下,如果脑力劳动和体力劳动还仍然被分配给不同的人,人们还是终生被束缚于其中的某一种劳动,那就不可能有人的智力、体力、道德精神以及各种能力的多方面的、自由的、充分的发展,也就没有人的全面发展。可见,脑力劳动和体力劳动在高级形态下的结合同人的全面发展本质上是一回事,至少脑力劳动和体力劳动在高级形态下的结合是人的全面发展的核心。

劳动教育课程是实现将脑力劳动和体力劳动在高级形态下结合起来的关键。首先,劳动教育课程具有整合性、导向性和发展性等教育价值特点,是助力学校培养德智体美劳全面发展的社会主义建设者和接班人的主渠道。系统化设置的劳动教育课程(凝合道德教化、知识拓展、强健体魄、培育劳动审美情趣的劳动教育课程)对实现劳动教育综合育人价值具有深层的补益作用。其次,劳动教育课程在体现学科内容、目标的同时,凸显了劳动实践的教育意义,关注了学生的体验和感悟。劳动教育课程强调的是学生在劳动实践过程中获得劳动经验,从而使学生在掌握劳动知识和劳动技能之外,还能基于课程的学习磨炼意志力、激发高阶思维能力。学生在亲历劳动中获得热爱生活、热爱劳动的积极情感体验,感悟劳动的意义,从而实现自身的全面发展。

二、劳动教育课程发挥综合育人价值实现人的全面发展

劳动教育课程的根本价值和本质特质在于育人。就劳动教育课程的本体价值而言,学生可以通过实际操作、身体力行,在劳动过程中增长劳动知识,提升劳动能力,培养劳动习惯,塑造劳动精神面貌。劳动教育课程独特的育人价值,是其他教育活动不可替代的,其不可替代性也根源于劳动教育课程是实施劳动教育重要载体与中介环节这一现实存在。劳动教育作为全面育人体系的一部分,在与德智体美其他四育的互动中产生综合育人的价值。

2015年颁布的《关于加强中小学劳动教育的意见》指明了劳动教育的综合育人功能,即"以劳树德、以劳增智、以劳强体、以劳育美、以劳创新"。正确认识劳动教育课程的综合育人价值,使其切实发挥对人的全面发展的促进作用,必须重新明确劳动教育在"五育"中的地位和功能,重新审视劳动教育与德育、智育、体育、美育之间的辩证统一关系。一方面,劳动教育与其他四育密切相关,相互融合和渗透。劳动教育既注重对劳动观念和劳动情怀的培养,也传播基本的劳动知识与技能,同时暗含体育锻炼和健体活动,其能够增强人的体质,还可以培养人的审美情趣,甚至能激发创新意识和培育创新能力。由此可见,劳动教育与其他四育在目标和内容上兼容互涉,体现了劳动教育的德育、智育、体育和美育属性。另一方面,劳动教育作为五育中的"一育",具有相对独立性,在德智体美四育中任何"一育"都无法代替和抵消其独特的育人功能,要恢复劳动教育课程的独立学科地位,开齐、开足劳动教育课程,不能打着"融合"的名义消解和弱化学校中的劳动教育。

新时代的劳动教育要摒弃单向度的育人价值观,按照新时代人才应具备的核心素养的要求,为人的全面发展服务,充分发挥其综合育人功能,需要通过劳动教育的中介环节——劳动教育课程达到以劳树德、以劳增智、以劳强体、以劳育美、以劳创新,从而促进学生德智体美劳全面发展。劳动是一种极为复杂的现象,它可以揭示人的思想、情感、智力、美感、心理状态、创造精神,揭示教育和自我教育的意义。人生育人,而劳动则把人造就成真正的人。通过系统评价挖掘中小学劳动教育课程的科学内涵、精神实质、内在动

力、本位要素等理论内核,并从课程目标及标准、课程内容与学习活动、评价体系等诸方面构建劳动教育课程,保障中小学劳动教育课程的适切性、可行性、合规律性和多维协同性,构建中小学劳动教育课程评价体系,这正切合培养德智体美劳全面发展的社会主义建设者和接班人的新时代教育方针,不仅符合马克思主义劳动教育的实质和精髓,也能充分发挥中小学劳动教育课程综合育人价值,切实做到以劳树德、以劳增智、以劳强体、以劳育美、以劳创新,促进学生德智体美劳全面发展。具体而言,一是通过劳动教育课程引导学生形成正确的劳动价值观和劳动习惯,从而使学生获得一种自知、自察、自觉的道德能力,自主地提高道德自律意识与个人品德修养;二是通过体验、操作等实践形式,消弭理论知识与实践生活的鸿沟,帮助学生获得真知、增长智慧;三是全面调动学生身体官能,手脑并用、知行结合,实现由外而内的健康成长;四是通过劳动教育课程帮助学生正确认识美,形成健康的审美价值取向;五是通过劳动教育课程激发学生的创新思维,培养学生的创新能力,能让学生进行创新性劳动。

(一)以劳树德:劳动教育课程落实立德树人根本任务

首先,劳动教育解决的是爱不爱劳动、愿不愿劳动的态度问题。现在大中小学学生群体中普遍存在着求安逸、怕劳动的倾向和轻视体力劳动的错误观念。一个人的道德品质、思想修养和世界观是在人与人交往中、在劳动中形成的,可以说,在青少年成长教育过程中,劳动教育与德育之间,无论从形式上还是从内容上,都有着不可分割的内在关联性,二者相互依存、相互促进、相互包含。只有参加劳动,才能认识劳动的深刻意义,才能培养热爱劳动人民的思想,培养艰苦朴素、吃苦耐劳的美德;也只有劳动,才能改变懒惰的习惯和轻视体力劳动的观念。因此,劳动教育课程必须把养成良好的劳动观念、劳动态度、劳动情感、劳动品质作为第一任务,这也是德育的重要内容,劳动教育课程也就成为德育的重要途径与形式。

其次,劳动教育的直接目的和归宿在于树立无产阶级的劳动观,树立共产主义的劳动态度,批判和摒弃剥削阶级轻视体力劳动和好逸恶劳的观点。一方面,懒惰是一切罪恶的根源,而医治懒病的根本方法是劳动。人在劳动实践中能养成自觉的劳动习惯。一个懒惰的人,当他被沸腾的劳动热情所包围时,他会意识到他自己的作为与集体格格不入,他的自尊心、荣誉感常常会促使他鼓起勇气,加入集体劳动的洪流。爱劳动的感情作为一种道德品质,只有在集体中才能培养出来,集体尊重劳动的感情愈强烈,对每一个学生的教育便愈有效。①《意见》强调要在大中小学设立劳动教育必修课程,劳动教育课程是集体教育的一种形式,在劳动教育课程的学习中,将劳动作为教化的方式,将学生个体引入劳动教育的实践领域,在真实的劳动体验中引导个体平等地交往、自由地言说以及

---

① 苏霍姆林斯基.教育的艺术[M].肖勇,译.长沙:湖南教育出版社,1983:135.

理智地行动,从而陶铸个体的公共理性。另一方面,劳动是道德之源,人类的创造性劳动是道德素养的本源,也是精神素养的基础。劳动教育课程的重要价值之一就是让个体在劳动实践中,体会到劳动产品的真正价值,养成勤俭节约的美德,增强和困难做斗争的勇气,提高对社会和集体的责任感,深化做一个劳动者的自豪感。

最后,个体在劳动过程和劳动成果中不断认识自我,同时,开始学会关心——关心自己,关心身边最亲近的人,关心动植物和自然环境,关心与自己没有关系的人,关心自己制造出来的各种物品,以及关心知识。这是因为,只有通过辛勤劳动,人的心灵才会变得敏感、温柔。通过劳动,人才具有用心灵去认识周围世界的能力。劳动过的儿童和少年对世界的看法相较于没有真正劳动过的人是完全不同的。而劳动教育课程正是培育这种能力的绝佳途径,劳动教育课程使得个体内心变得敏感、温柔,开始体察他人,体察动植物等,柔软的内心开始学会关心这一切。这也是为什么凯洛夫认为青年人免于参加任何体力劳动和公益劳动,受到严重的危害的不仅是他们的体育和道德,还有他们的智力发展。不善于劳动会使他们习惯于利用别人的劳动,自己却逃避体力劳动。可以说,通过劳动教育课程一方面可以间接地对学生进行正直、爱心、诚实等思德教育,促使学生形成健全心智,从而提升德育内化效应。另一方面通过劳动教育课程,可以让学生在劳动实践中培养正确的劳动态度,审视和体会劳动成果的珍贵和劳动过程的艰辛,引导学生树立正确的劳动情怀与劳动观念,从而起到推进德育外化效果,落实立德树人的根本任务。因此,固牢"以劳树德"的劳动教育课程旨向,是一种以劳育人本位价值观的折射。

(二)以劳增智:劳动教育课程激发智育发展潜能

劳动促进智慧发展。恩格斯认为人的智力是按照人如何学会改变自然界而发展的。劳动过程是人与自然界打交道的过程。大自然的千变万化,劳动过程的矛盾重重,会成为启迪人们思维的"导火索",迫使人们用双眼去观察,用双手去探索,由此引起人们的思维活动。这比课堂上的思维活动更生动、更形象、更开阔。劳动过程是手脑并用的过程,是把知识转化为物质成果的过程,又是产生新的求知欲的过程。劳动教育既是智育的重要组成部分,也是实现创造性劳动知识融合的传播手段。劳动教育能为学生参与社会生产的智力水平提升打下浑厚的知识、技术与技能基础。劳动教育向受教育者传播现代生产的基本知识和技能,它是以劳动实践为主,结合思想教育而开展的技术教育。从某种意义上讲,劳动教育即技术教育,是能使学生掌握一定的生产知识及技术和劳动技能的教育,因此,其中的智力因素非常重要。

劳动教育首先解决愿不愿劳动的问题,那么,会不会劳动的问题,就成为紧接着要解决的第二个问题。解决会不会劳动的问题,就要使劳动者具备劳动的知识与技能,尤其是现代生产劳动的技术性越来越强,对劳动者技术素养的要求越来越高。劳动的知识与技能通过个体亲身的劳动实践获得后往往会长久地储存在记忆中,这是因为,一方面,与个体获得的"冷冰冰"的间接知识相比,个体对于通过亲身的劳动实践获得的知识与技能的理解通常更加透彻和深入;另一方面,个体通过亲身的劳动实践获得的知识与技能通常更加生动、有活力,更易成为儿童未来行动的指南,具有更加强大的支配力量。为此,学生需要通过劳动教育课程获得劳动经验,掌握劳动的基本知识与技能,在社会劳动实践中增长见识、丰富学识、掌握本领,值得注意的是,劳动教育课程的内容需要注重劳育与学科知识之间的渗透与衔接。除此之外,劳动的双手本身就是智慧创造的隐喻者,学生通过劳动教育课程中的劳动实践过程,做到手脑并用,提升创新意识和创造力,这个过程能够极大促进学生智力水平的发展。同时,劳动教育课程还能引导青少年在做中学,学中做,把感性与理性、直接经验与间接经验结合起来,培育学生的动手操作能力、创造能力和实践智慧,引导学生自主挖掘本身所隐藏的内在潜能,激发学生的求知欲和想象力。

(三)以劳强体:劳动教育课程调动身体官能

应试教育由于片面追求升学率,忽视体育教育,减少学生体力劳动,造成其体质和体力下降,使不少学生体型呈"绿豆芽"状。由于缺少体力劳动,所以不少大中小学学生四肢不仅不勤,而且"退化",缺乏韧性、耐性和强劳动的承受性。实验证明,在新鲜空气中劳动,能提高人的生命力和脑力劳动能力。学生参加适度的劳动能使肌肉、筋骨受到锻炼,能促进新陈代谢,增进神经系统、循环系统、呼吸系统的机能,能提高抗病能力,从而增强体质和体力。马克思主义认为,人的遗传素质是人的发展的生理前提,为人的发展提供了可能性。身体是遗传素质中最基础的部分之一,是人进行生命活动的前提条件。人要获得全面发展,具备健康的身体是最基本的条件之一。身体的生长和养护体现的是人的自然属性,劳动教育虽然不是体力劳动,但是劳动教育需要借助体力劳动而进行,其能够赋予个体更加鲜明的自然属性,使个体在认识世界和改造世界的过程中创造赖以生存的物质财富和精神财富,锻炼体魄,拥有更加健康的身体,帮助个体开启精神发展空间的物质支持系统,激活个体的内在活力,提升个体的自然生命力。可以说,劳动教育课程对于个体体质发展具有直接的促进作用,劳动教育课程可以促进学生强身健体,促进身体机能的发育,增强体质,发展体能,引导学生在劳动中享受乐趣、磨炼意志,锻炼吃苦耐劳的品格和耐挫能力,促进心理和人格的健全发展。

另外,以劳强体,揭示劳动教育课程的劳体综合形态。从理论课程载体而言,劳动教育与体育在本质上有着迥然差异性,劳动教育的重心在于致力学生劳动知识、技能与技巧的获得。然而,通常在大学体育专业教育中才有专门理论课程的知识学习,中小学和普通大学体育课基本不以教材形式呈现。但由于二者具有天然耦合性,其学科教学知识和行为间的相互渗透与衔接极为紧密,因此,需要固化实践形态的劳动教育课程知识达到以劳强体,儿童可以通过游戏实践课程予以实现。其实学校每一节劳动教育课程的实施,本身就是一次高效能的健体活动和隐喻性体育锻炼。学生在此过程中不仅可获得劳动知识、技能技巧,体力、体魄也得到了相应程度上的提升,甚至能够改变很多学生怕苦怕累、怕脏怕疼、怕面对挫折等心理状态。显然,学生劳动实践课程学习不仅增强了体质,也映射出劳动教育本身就具备体育的属性和特质。

(四)以劳育美:劳动教育课程挖掘劳动美学

一方面,劳动是一种创造,是按照美的规律建构新的世界。劳动中蕴含着美,展示着美的力量。劳动是美的,劳动者是美丽的,因为它创造了世界,创造了美好的幸福生活。劳动教育促进学生树立"劳动最光荣、劳动最崇高、劳动最伟大、劳动最美丽"的劳动审美观,形成发现美、体验美、鉴赏美、创造美的能力。另一方面,美育使学生掌握美学的知识和原理,具备欣赏美、表达美和创造美的能力,从而使学生能够在劳动中按照美育的规律,创造出美的作品和美的世界,创造出美好的生活。劳动之美,劳动者之美,是美育和劳动教育共同的资源,常言道"劳动是世界上一切欢乐和一切美好事情的源泉",劳动可以创造美、生成美、感受美,也正如马克思所言"美是人的本质力量对象化"。显而易见,劳动教育与美育关系紧密。

劳动技能教育的实施,不仅陶冶学生心灵之美,而且能培养学生的正确审美观,提高学生鉴赏美、感受美、触觉美和创造美的能力,从而发挥"以劳育美"的功能。劳动教育课程不仅有助于培养劳动意识、劳动情感,而且有助于培养学生美的情操。事实上,依据学生兴趣爱好、个性特长和多样化需求,设置丰富多样的劳动教育课程活动,能够美化学生的日常生活和周围的生活环境,比如学生参加校园大扫除、课堂值日、工艺品编制、黑板画报设计、社会或社区公益劳动等,帮助学生形成良好的审美情趣,激发学生再现美和创造美的热情。因此,注重与美育课程相结合,形成劳美结合的劳动课程形态,对培养学生懂得何为美、劳动何以产生美,以及劳动成果的内外生成之美,有重要促进作用。

(五)以劳创新:劳动教育课程培养学生创新思维

创新根源于个体在劳动实践活动中获得的劳动经验。劳动经验能够激发个体认知强烈的求知欲和探索欲。而在劳动教育课程中激发的对未知事物的了解和探索的欲望,又将成为驱使学生主动学习和自主探索的内在动力。

创新行为承载着学生创新思维的外显特征,比如运用概念或范畴判断和诠释某种劳动对象或客体的能力表现。劳动教育课程是劳动教育的载体,作为一种操作性的实践活动,包括对劳动对象的操作、运用和再创造。劳动中潜藏着劳动主体独特的心智模式和特有的思维方式,这有利于劳动主体形成新的认知习惯,即实践的推理。与科学不同,它不是一种"在手"的活动,而是一种"上手"的活动,这种"上手"的活动对世界的存在做出了客观的、人们可以感知的改变。在劳动教育课程的实践中,需要通过劳动主体劳动实践的推理"联结"结构与功能的鸿沟,而在这一过程中,劳动主体就必须经过整体性思维、分析性思维与非理性思维的综合,必须实现实体性思维向关系性思维的转换。由此看来,从过程论来认识劳动教育的本质,将使劳动教育课程在学习内容、学习方式方面实现新的突破,获得新的空间,达到新的高度。劳动教育课程不再仅仅着眼于动手操作技能的培养和训练,而是更加注重创造性思维、复杂性思维、问题解决能力和系统方法论的培养,从而真正实现手脑并用。

当然,劳动创新意识、创新能力都是课程设计的重要指标,但创新思维最为关键。践行"以劳创新"行为来构筑新时代劳动教育课程体系,健全"以劳创新"素养来完善课程体系的内部结构,既有利于推动中小学生创新品格的形成,也能助推劳动教育教学任务和目的切实高效实现。首先,劳动教育课程可为学生创新性思维发展提供比较宽松自由的行为空间,体现"做中学"理念与实践目标,这也是实现劳动教育协同创新的内容所在。其次,科学设置劳动教育课程能够促进教师践行劳动创新理念,实施劳动教学。在实践中,要求教师把劳动创新与教学高度结合起来,注重"以生为本"的劳动创新教学观。此外,通过劳动教育培养学生创新思维和能力,要高度重视培养学生内生性劳动创新的文化生态认同感,激发学生们的劳动创新成长动力,注重提升个体以劳创新的引导机制,这既是劳动教育课程建构的价值取向,也是教师的职责所在。

第二节 劳动教育课程与中国教育现代化发展

改革开放以来,《中国教育改革和发展纲要》《国家中长期教育改革和发展规划纲要（2010—2020年）》《中国教育现代化2035》等纲领性文件相继颁布,这些文件在不同历史时期有力地推动了教育改革发展。教育现代化是教育高水平的发展状态,是对传统教育的超越,是教育发展理念、发展方式、体系制度等全方位的转变。《中国教育现代化2035》聚焦教育发展的突出问题和薄弱环节,立足当前,着眼长远,重点部署了面向教育现代化的战略任务,其中强调:"发展中国特色世界先进水平的优质教育……弘扬劳动精神,强化实践动手能力、合作能力、创新能力的培养。"2035年是我国基本实现社会主义现代化的重要时间节点,劳动教育课程作为中国教育现代化发展的重要组成部分,对于提高我国各级教育高水平高质量发展,培养造就新一代社会主义建设者和接班人,实现中国教育现代化发展战略目标,具有重要的现实意义和深远的历史意义。

一、劳动教育课程是中国教育现代化发展方案的重要组成部分

中国特色社会主义进入新时代,教育的基础性、先导性、全局性地位和作用更加凸显。加快向创新型国家迈进,建设现代化经济体系,建设富强民主文明和谐美丽的社会主义现代化强国,实现中华民族伟大复兴的中国梦,满足人民美好生活需要,必须加快教育现代化,把我国建设成为教育强国。从全球来看,当前新一轮科技革命和产业革命正在孕育兴起,重大科技创新正在引领社会生产新变革,互联网、人工智能等新技术的发展正在不断重塑教育形态,知识获取方式和传授方式、教和学关系正在发生变革。人民群众对教育的需求更为多样,对更高质量、更加公平、更具个性的教育需求也更为迫切。抓住机遇,超前布局,以更高远的历史站位、更宽广的国际视野、更深邃的战略眼光对加快推进教育现代化、建设教育强国作出战略部署和总体设计,推动我国教育不断朝着更高质量、更有效率、更加公平、更可持续的方向前进。发展中国特色世界先进水平的优质教育,全面落实立德树人根本任务,形成高水平人才培养体系,这是教育现代化的核心要求。中共中央、国务院印发的《中国教育现代化2035》中指出:"以凝聚人心、完善人格、开发人力、培育人才、造福人民为工作目标,培养德智体美劳全面发展的社会主义建设者和接班人,加快推进教育现代化、建设教育强国、办好人民满意的教育。"要想培养德智体美劳全面发展的社会主义建设者和接班人,劳动教育必不可少,作为实施劳动教育重要载体的劳动教育课程,无疑是中国教育现代化发展方案的重要组成部分。

首先,"劳动教育"是一个具有历史性的概念,不同社会、不同时代赋予劳动教育不同的意义和目的。社会主义和资本主义的劳动教育有明显区别,社会主义的劳动教育是马克思主义劳动观的具体体现,目的在于促进学习者形成积极正确的劳动观和价值观,在过程上注重劳教结合思想;而资本主义的劳动教育则深藏有劳动剥削的本性,以雇佣劳动为基础,侧重劳动过程与价值增值的一体化。同样,我国社会主义不同阶段所赋予的劳动教育意蕴也有一定的差异。我国一直强调教育与生产劳动、与社会实践相结合,要求培养学生吃苦耐劳和热爱劳动的品质。进入新的历史时期,强调的不再是传统的劳动教育形态的简单回归,更不是要回到过去放弃课堂去学工、学农、种地的模式,而是要在热爱劳动、勤于劳动的基础上培养善于劳动的高素质劳动者。[1]2018年以来,劳动教育被纳入培养社会主义建设者和接班人的总体要求之中,这不仅重塑着我国"五育并举"的教育格局,同时赋予了劳动教育新的时代使命与教育意义。劳动教育无论是促进学生全面发展,还是实现国家教育理想,都必须依凭劳动教育课程这一主渠道。[2]

回顾中国劳动教育百年发展历程可见,中国共产党在领导中国革命、建设和改革的

---

[1] 刘向兵.新时代高校劳动教育的新内涵与新要求——基于习近平关于劳动的重要论述的探析[J].中国高教研究,2018(11):20.
[2] 朱德全,熊晴.我国劳动教育课程的演进逻辑与重建理路[J].教师教育学报,2020,7(6):7.

伟大事业中,始终把"社会现代化、教育现代化与人的现代化"作为劳动教育发展的核心目标,劳动教育地位及作用的变化始终服务教育强国与立德树人的根本需要。尽管在不同历史时期,劳动教育的内涵、形式、作用等存在着很大不同,劳动教育课程的发展亦历经了漫长而曲折的演变过程,并呈现出阶段式发展的样态,但其中"劳动为国、劳动为公、劳动为民"的思想认识和行动姿态无疑是中国教育现代化发展的真实写照。

二、劳动教育课程是提高现代化教育质量的驱动力量

(一)劳动教育课程化是落实劳动教育,保障劳动教育有效性的必由之路

课程化是劳动教育科学性、规范性实施的基本保障,恢复劳动教育在课程体系中的应有地位,有利于其在各级各类学校中的常态化实施。[①]如今,社会文化与科技的进步使劳动教育更具多元性、社会性、时代性,劳动教育需要积极响应国家对人才发展的诉求,培养具有国际竞争力的创新型劳动人才。然而,我国中小学劳动教育在实施上呈现出劳动体验浅表化、劳动活动形式化、劳动管理薄弱化等现实样态,无序、低效的劳动教育制约着学生劳动素养的提升,无益于学生综合能力的发展。基于年段特征,科学设计、系统规划的新时代劳动教育课程可以有效保障劳动教育的有序组织与实施,促进劳动教育的规范和落实。2020年教育部印发《指导纲要》,正式将劳动教育课程作为必修课,纳入大中小学课程体系当中。

劳动教育课程作为实施素质教育的重要一环,作为培养德智体美劳全面发展的社会主义建设者和接班人的"必修课",其科学性的基础就在于坚持教育理论与教育实践的统一,达成"知行合一"的教育目的。诚然,认识是实践的基础,实践是认识的目的。漠视理论的指导意义,仅仅依靠社会实践进行劳动教育,只会"徒劳无功",出现"活动轰轰烈烈,结果冷冷清清"的局面。劳动教育要走向科学化,就要将劳动教育课程化,在强调劳动教育实践属性的同时,提高劳动教育课堂教学的理论价值。教育在真实意义上发生在学校之外,只是偶尔发生在校内。劳动教育课程就是在实现学生科学知识世界与社会生活世界的统一,实现科学世界观与科学方法论的统一。推动劳动教育进入中小学课堂的根本目的,也就是为了联结学生的知识世界与生活世界,促进学生转变思维,在做中学,切实地感受知识、检验知识,树立科学的世界观、人生观和价值观。劳动教育课程能够系统规划、科学设计劳动教育的内容,促进劳动师资配置专业化,劳动教育方法合理化,把劳动教育真正落实进学校课堂教学之中,破除劳动教育形式化的空中楼阁局面。

---

① 张荣晋.新时代小学劳动教育课程化的原因、价值意蕴与实践路径[J].教育观察,2020,9(35):44.

(二)劳动教育课程是推动劳动教育常态化实施,提高各级教育质量的必然举措

劳动教育课程是劳动教育得以有序、有效开展的关键所在。回顾历史,教劳结合的教育方针提出已有近半个世纪,然而其在中小学教育中实施效果不尽如人意。如果劳动教育的主要推动力只来自政策文件的一时规约,而不是真正进入中小学课程教学体系之中,劳动教育就难以摆脱身世浮沉的命运,难以建立起健康稳定的运作体系。[1]一方面,劳动教育涉及群体广泛。各级各类学生都要接受劳动教育,不仅在初等教育、中等教育和高等教育等教育阶段开展,乃至学前教育阶段也应开展。可以说,劳动教育的需求已遍布于不同年龄群体,我国各级各类学校尚缺乏对学生的劳动素养予以足够重视,各阶段的劳动教育也都没有统一的开展方式。另一方面,劳动教育内容丰富。劳动教育贯穿于人与自然、人与生活、人与社会等方方面面,既有政治思想教育,也有生活常识学习,还有多样的社会实践活动。对此情形,劳动教育课程对于改变劳动教育无序、无效状态的作用也就不言而喻了。只有通过系统、规范的劳动教育课程才能将所有群体纳入多元的劳动教育之中,接受平等、公正的教育机会,实现劳动教育在各学龄段之间的常态化开展,各阶段劳动教育相互衔接,达到长期育人的效果,建立起一个从客观上衡量劳动教育成效的标尺,增强劳动教育活动的规范性、有序性和有效性。

同时,劳动教育课程能推进国家与地方、学校与家庭、教师与家长之间的合作,进一步提高各方利益相关者对劳动教育的认知与认同,能引起社会各界对劳动教育的重视,积极主动地参与并支持中小学劳动教育活动,完善劳动教育制度建设,落实劳动教育责任,在全社会形成人人"讲劳动、勤劳动、爱劳动"的良好社会风尚。另外,唯有将劳动教育以课程的形式在中小学加以落实,才能促使中小学生的劳动教育长期开展,实现学生综合素质全面发展。劳动教育课程能将深植于学生个体内心的知识世界与外在的生活世界相连,将课本知识变成"活"的教育内容。正如陈鹤琴先生指出,书本上的知识是间接的、死的,大自然、大社会才是我们活的书,直接的书。当然,劳动教育课程并不是说摒弃书本,只是强调教师超越固有的学科知识思维,以"课程"的视角来关注学生的现实生活,引导学生在自然和社会中达到"知行合一"。可以说,劳动教育课程是保障各阶段学生真正参与劳动教育活动,体验劳动生活,促进身心全面发展的有效路径。

---

[1] 李珂,曲霞.1949年以来劳动教育在党的教育方针中的历史演变与省思[J].教育学报,2018,14(5):70.

三、劳动教育课程培养具有现代性的社会主义公民

(一)培养具有现代性的公民是实现中华民族伟大复兴的现实需求

从经济学概念出发,劳动是指人类在生产财富中所提供的有价值的服务或贡献。所有劳动,其共同特征就是要付出时间、体力、知识。因此,付出劳动,是人作为社会人的基本伦理要求。社会之所以产生,一是基于社会分工和劳动交换。随着社会分工越来越精细,生产力水平的提高,更加促进了劳动资源、劳动机会配置的精细化、市场化。二是基于社会伦理和社会公平。劳动教育的社会价值建构更在于培育具有社会责任感、创新精神和实践能力的劳动者。马克思主义强调劳动创造了人、劳动人民创造历史、劳动群众是社会的主体。因此,劳动光荣的思想,是对劳动在人类社会发展中的地位和劳动者尊严、价值的高度肯定、赞扬和推崇。通过劳动,积极参与社会实践,通过提升劳动素养和劳动能力,自觉维护社会公平正义,促进平等的劳动创造,则应成为中国特色社会主义公民的自觉追求。这对于通过劳动创造,追求富强、民主、文明、和谐的国家层面的价值目标,坚定自由、平等、公正、法治的社会层面的价值取向以及劳动者自身爱国、敬业、诚信、友善的公民价值准则,进而形成对社会主义核心价值观的理性认同和实践内化,同样具有十分重要的实践教育价值。

依靠劳动为人类谋福利是马克思主义劳动观的重要思想。新时代承载新使命,新使命呼唤新担当。[①]"空谈误国,实干兴邦""社会主义是干出来的"的时代强音要求新时代的劳动教育课程要把劳动与建设中国特色社会主义和实现中华民族伟大复兴中国梦相联系,发挥新时代的劳动、劳动者在中华民族伟大复兴奋斗征程中的基础作用。在中华民族复兴的奋斗征程上,大中小学生每个人都是不可或缺的力量,都是追梦者、奋斗者和创造者。习近平总书记多次强调,要"培养担当民族复兴大任的时代新人"。时代新人需具备坚定的理想信念、强烈的担当意识、过硬的本领能力和不懈的奋斗精神。新时代劳动教育课程是实现培养时代新人育人目标的有效途径。劳动教育把立德树人作为根本任务,把理想教育贯穿于劳动实践中,强化对劳动精神、劳模精神和工匠精神的熏陶滋养,引导广大青少年对劳动关乎个体发展和社会进步的价值意义产生认同,从而形成正确的劳动价值观和良好的劳动品质,牢固树立马克思主义劳动观。劳动教育课程是连接青少年与其未来的生活、职业、工作的纽带,它也承载着劳动教育担负的社会使命。广大青少年只有通过参加劳动教育课程和实践活动,在实践中奋力学习,在学习中练就过硬本领,在历练中勇于担责,增强社会责任感和历史使命感,成为知识型、技能型、创新型的高素质劳动者,才能担当起社会主义建设和实现中华民族伟大复兴的重任。

正如习近平总书记在2021年的新年贺词中强调,"站在'两个一百年'的历史交汇

---

① 陈云龙,吴艳玲.新时代劳动教育的内涵、特征与价值[J].人民教育,2020(7):38.

点,全面建设社会主义现代化国家新征程即将开启。征途漫漫,惟有奋斗。我们通过奋斗,披荆斩棘,走过了万水千山。我们还要继续奋斗,勇往直前,创造更加灿烂的辉煌!"幸福都是奋斗出来的。把蓝图变为现实,将改革进行到底,无不呼唤不驰于空想、不骛于虚声的奋斗精神,无不需要一步一个脚印踏踏实实干好工作。天道酬勤,日新月异。无论时代和社会如何发展,推动人类文明进步,创造人类幸福的基本前提必然是勤奋劳动。因此,不耽于幻想、不满足于形式上的创新、不停步于真实的实践、无畏于艰苦艰巨坚持不懈的勤奋努力,学会通过劳动真实创造,是适应全球化竞争、适应数字化生存、适应创意经济发展的最基本、最真实、最有力的选择和判断。所以,从某种意义上说,要培养中国特色社会主义合格建设者和接班人,首先应将学生培养成为新时代合格的普通的劳动者。

(二)劳动教育课程培养具有现代性的公民具有全息价值优势

要将学生培育为新时代合格的劳动者,劳动教育课程在其中发挥着不可或缺的作用。劳动教育课程是特定时空的产物,在时间维度和空间维度上均能体现其"全息"价值功能的发挥。劳动教育课程在时间维度上的"全息"是客观教学时间与主观生命时间的交融。现代教学时间是界限分明的时间,其既间隔教学活动又实施教学管理,同时它还是一种线性时间,朝向未来而永不停止地延伸。这昭示着劳动教育课程的教学时间有课上与课后、星期与周末、学期与假期之分,而彼此之间又不断地延伸、流逝与更新,是由过去、现在和将来构成的连绵不断的系统。生命时间则是基于学生成长角度而言,它内置于学生的体验和经历中,是流变的、生成的与创造的。因此,与其说劳动教育课程是学校安排固定课时进行教学的学科,不如说它是学生携带着过去的体验在当下行动并走向未来的创生过程。劳动教育课程在时间维度上的"全息"价值功能,不仅推动劳动教育课程的教学时间从课上向课后、从星期向周末、从学期向假期的纵向延伸,还使客观序列化的教学时间向鲜活的动态化的生命时间进行有机渗透,将生命时间寓于教学时间之中,又凭借教学时间延展生命时间的长度,促使学生作为一个完整的人,占有自己的全面的本质。

第三节 劳动教育课程与中华优秀传统文化传承

英国学者泰勒在其重要著作《原始文化》中提出了著名的文化定义,所谓文化或文明乃是包括知识、信仰、艺术、道德、法律、习俗以及包括作为社会成员的个人获得的其他任何能力、习惯在内的一种整合体。泰勒的文化定义至今影响深远,随着文化概念的延伸,文化被视为对人进行智力、美学和道德方面的培养。可见,文化与劳动、教育具有某种相伴相生的天然联系。劳动教育从未脱离过一定的文化谱系,其教育追求也必然是文化内核和价值理想的集中展现。中国的教育起源于先秦时期的"百花齐放、百家争鸣",秦朝一统天下后经过汉代的系统化,逐步形成了儒道法为根本,以儒家为主流的文化传统。经过几千年的变迁,特别是社会主义建设70多年来,我国传统文化始终流淌在中华民族的血液中,劳动教育课程扎根中国大地,需要挖掘传统教育基因,为中国伟大的现代化教育事业提供现实的思想和理论支持。2020年7月,教育部关于印发《指导纲要》的通知中强调:"继承优良传统,彰显时代特征。在充分发挥传统劳动、传统工艺项目育人功能的同时,紧跟科技发展和产业变革,准确把握新时代劳动工具、劳动技术、劳动形态的新变化,创新劳动教育内容、途径、方式,增强劳动教育的时代性。"劳动教育课程扎根中华优秀传统文化,为中国教育现代化承续传统基因和文化创新,通过劳动体验把中华优秀传统文化转化成为个体生存和发展所需要的劳动素养,引导学生体会劳动人民的艰辛与智慧,传承中华优秀传统文化,兼顾使用新知识、新技术、新工艺、新方法的劳动。

一、劳动教育课程对中华优秀传统文化的传承

劳动是人类生存和发展的基础,也是人类区别于其他动物的本质特征。文化来源于劳动,普通劳动者的劳动实践和劳动创造构成了文明之基、文化之重。劳动教育具有文化属性。劳动教育与文化是相伴而生的,脱离文化的根基与内核,劳动教育便成为无源之水、无本之木。劳动教育本质上不是纯粹的技术技能活动,而是一种价值赋予的体现,是一种文化主体的自觉。从历史性视角考察,劳动自古以来就受到我国劳动人民的尊崇和热爱,我国几千年光辉的历史和灿烂的文化正是由亿万中华儿女以辛苦的劳动实践创造出来的,同时也积蕴和锻造了中国人民勤劳勇敢和艰苦奋斗的优秀品质。

我们可以从古代的诗歌中窥见中国人民辛勤劳动的身影,《悯农》中的"锄禾日当午,汗滴禾下土"诗句描绘了劳动者在田间劳作的场景,表达了诗人对辛勤劳动者的尊重。《观刈麦》中的"田家少闲月,五月人倍忙"和《四时田园杂兴·其三十一》中的"昼出耕田夜绩麻,村庄儿女各当家",都展示了一幅幅人们日出而作、日落而息,辛勤劳动的生动画面。《咏史》中的"历览前贤国与家,成由勤俭破由奢",体现了"以辛勤劳动为荣、以好逸恶劳为耻"的劳动观。古代许多文化典籍都彰显了辛勤劳动、劳动为本是中华民族传统美德的文化痕迹,体现出了中国人民从古至今对于劳动实践的认同和尊重,并融入中华民族千百年来的精神血液中。

传统劳动文化中的优秀成分是民族的"根"和"魂",传承优秀文化传统是构建新时代劳动教育课程的应有之义。人和动物的最大区别是人除了动物性本能之外,还有历史文化的属性,人的存在有赖于对历史路径的依循。人在历史前进的长河中对自我、自然和价值的发现使人成为"人"。一方面,传统文化就像一个生命体,只有跟人建立了紧密的共生关系,才能不断进化,传统文化才会焕发活力,文化传承才会薪火绵延。另一方面,

脱离文化的根基和谱系，劳动教育便成为无源之水，无本之木。从历史性视角考察，华夏文明悠久的传统文化赋予了中华民族强大的精神动力和文化自信，形塑了我们今日特有的文化观和实践方式。我国自古就有热爱劳动的优良传统，新中国成立后这一文化传统得以传承，涌现出"高炉卫士"孟泰，"铁人"王进喜，"宁肯一人脏，换来万人净"的时传祥等一批又一批劳动模范，改革开放历史新时期的"蓝领专家"孔祥瑞，"新时期铁人"王启民等继续谱写新的篇章，劳模传递的辛勤劳动、爱岗敬业、无私奉献等成为一代又一代人的精神财富。劳动为本、勤俭持家是人人耳熟能详的传统美德，正如李泽厚先生所指出，真正的传统是已经积淀在人们的行为模式、思想方法、情感态度中的文化心理结构。[①]久而久之，在个体的生活和心理之中，在劳动教育的历史演进历程中无不渗透出辛勤劳动、劳动为本是中华民族的优良传统美德的文化痕迹。文化传统中的优秀成分，为劳动教育课程提供了丰富的课程资源。劳动教育课程的价值之一在于传递这些经久不衰的传统美德，使受教育者自觉接受这一美德并内化为自身的积极的劳动态度。

然而，在几千年的封建社会中，教育始终难以突破"劳心者治人，劳力者治于人"的藩篱，存在着"万般皆下品，唯有读书高"等轻视体力劳动者的文化传统，这种后遗症的影响在今天的劳动教育中依旧可见一斑。如何突破文化传统中的"包袱"，实现文化传统的再造与创新，是劳动教育课程文化传承与价值实现需要思考的问题。因此对于传统文化传承的自觉并不是不辨良莠地全部继承。劳动教育课程应该警惕文化传统中存在的"学而优则仕"和"万般皆下品，唯有读书高"等轻视体力劳动的劳动观念带来的不良影响。同时，当今世界各国文化交流频繁，文化呈多元化发展的趋势，面对新时代、新形势、新变化对我国传统精神文化系统的冲击，劳动教育的变革应该思考如何既能扎根传统劳动文化的精髓，坚守本民族文化自信，又能不故步自封地与外来文化展开对话与交流，实现传统文化的创造性转化和创新性发展。由此，劳动教育要摒弃不合时代价值的文化特质，创造性地整合新时代的文化特质，为劳动文化注入新鲜的血液，令其焕发新的活力。劳动教育课程作为实施劳动教育的重要载体，更是要肩负传承和创新劳动文化的使命，彰显新时代劳动教育的文化价值，以优秀传统劳动文化为根基，建设和创造符合时代特征的劳动新文化。只有把中华优秀传统文化全面融入劳动教育课程，才能够帮助学生准确理解劳动教育的文化内涵，形成正确的劳动观念和劳动意识，让劳动精神和劳动情怀真正成为每一个人的内在需求。

二、劳动教育课程对中华优秀传统文化的创新

中华优秀传统文化蕴含着丰富的劳动教育思想与比较具体的劳动教育措施，中国传统劳动教育渗透于人民的日常生活之中，通过礼仪制度、学校教育、家训家风等途径实

---

① 李泽厚.中国现代思想史论[M].北京：生活·读书·新知三联书店，2008：40.

现,使人民在"日用而不知"的状态中潜移默化地接受。劳动教育课程在继承中国传统劳动教育的理论和方法的同时,也将对中华优秀传统进行创新发展。

首先,中国传统社会保留着耕读结合的优良传统,普通人家在从事农业生产劳动之余也读书学习。耕读文化是反映特定时代的共性文化积淀,是中华优秀传统文化的重要组成部分。耕读文化的传承是学校开展劳动教育的需要,是新时代学校劳动教育的必然要求。[1]在《说文解字》中,所谓"耕"者,"犁也。从耒,井声。一曰古者井田";所谓"读"者,"诵书也。从言,卖声"。"耕"指的是从事农业生产劳动,耕田可以事稼穑,丰五谷,养家糊口,以立性命;"读"即读书,读书可以知诗书,达礼义,修身养性,以立高德。

回顾历史,在我国历代私学教育中,一直有耕读结合的教育传统。我国是世界上最早从事农业生产的国家之一,农业是先民们生存和发展的第一要事,伴随着农业的推广,农耕文明也逐渐发展起来。数千年以来,农耕文明对一代又一代的中国人产生了巨大的影响,也促进了人类社会的变革与演进。而耕读文化正是中国数千年农耕文明在特定的历史时期所形成的乡村文化,古代先民将"耕"和"读"结合起来,希望拥有耕读相结合的生活方式,因此白天从事农业劳动与晚上挑灯读书共同构成了我国独特的耕读文化,这与我们所强调的实践和学习相统一的劳动教育课程是不谋而合的。中国的耕读文化起源,可以追溯至春秋战国时期,至汉魏时期耕读文化的发展已经非常成熟,至唐宋时期耕读文化达到鼎盛。

时至今日,耕读文化的精髓依然发挥着积极的社会影响和潜移默化的教育作用,其中最典型的就是耕读传家。颜之推在《颜氏家训》中指出,士大夫如果不了解农业,不参加农业劳动,"治官则不了,营家则不办",他认为只有通过农业劳动来体会人生,才能做好官、当好家。到了明末清初,实学思潮开始兴起。一些思想家躬身实践,直接从事农业生产,以此影响和带动一大批追随者。清初理学家张履祥则在《训子语》中阐述了"耕"与"读"的关系:"读而废耕,饥寒交至;耕而废读,礼仪遂亡。"张履祥实践"耕读相兼",将塾馆讲学与农田耕作相结合,塾师带领弟子农忙时耕作、农闲时读书,教育与生产劳动相结合的原则在张履祥"耕读相兼"思想及其实践中得到了最好的诠释。"耕读相兼"思想包含了做事、做人和信仰等多个方面的内容,在事实上涵盖了今天所说的"德、智、体、美、劳"等五个方面,体现了要求人全面发展的教育理念。《曾国藩全集·家书》中指出,"以耕读之家为本,乃是长久之计","吾细思,凡天下官宦之家,多至一代享用便尽,其子孙始而骄佚,继而流荡,终而沟壑,能庆延一二代者鲜矣;商贾之家,勤俭者能延三四代;耕读之家,谨朴者能延五六代;孝友之家,则可延十代八代。余今赖祖宗之积累,少年早达,深恐其以一身享用殆尽,故教诸弟及儿辈,但愿其为耕读孝友之家,不愿为仕宦之家"。此时的

---

[1] 秦玮苡,马云天.耕读文化传承:意义、困境与策略——基于学校文化发展的研究[J].教育观察,2020,9(44):138.

"耕"已经不仅仅局限于传统意义上的农业劳动,而有了更为深远的实践意义,今天看来这其实是先民们对劳动教育的推广。

如今,随着时代的发展和科技的进步,人类社会的进步和物质文明的提高使耕读文化赖以存在的社会基础发生了根本性变革,耕读文化伴随着中国教育的发展而发展,耕读与教育的关系密不可分。耕读不仅是指一种半耕半读的教育和学习方式,更是一种高尚情怀、价值追求与文化修养。耕读结合不仅推动了中国农业经济的发展,而且加强了对人民的劳动教育,稳定了社会秩序。当然,由于社会分工越来越细,耕读结合的教育模式已经不太适用,但其理念值得发扬。2020年7月,教育部关于印发《指导纲要》的通知中强调:"在安排生产劳动和服务性劳动项目时,中小学要以使用传统工具、传统工艺的劳动为主,引导学生体会劳动人民的艰辛与智慧,传承中华优秀传统文化,兼顾使用新知识、新技术、新工艺、新方法的劳动。"劳动教育课程中的生产性劳动学习,可以借助现代化工具和信息设备进行创新性劳动,让学生从事力所能及的劳动,并在学习农业生产劳动知识的同时发扬与创新耕读文化。

其次,如今的中国正在经历从中国制造到中国创造的过程,这就需要更多的普通劳动者为中国从制造大国走向制造强国而努力奋斗。因此,这个时代比以往任何时代都需要大国工匠,需要匠人,更需要匠心,以及工匠精神。《指导纲要》强调要独立开设劳动教育必修课,在学科专业中有机渗透劳动教育,在校园文化建设中强化劳动文化,即职业院校开设劳动专题教育必修课,不少于16学时,主要围绕劳动精神、劳模精神、工匠精神、劳动组织、劳动安全和劳动法规等方面设计;中小学道德与法治(思想政治)、语文、历史、艺术等学科要有重点地纳入劳动创造人本身、劳动创造历史、劳动创造世界、劳动不分贵贱等马克思主义劳动观,纳入歌颂劳模、歌颂普通劳动者的选文选材,纳入阐释勤劳、节俭、艰苦奋斗等中华民族优良传统的内容,加强对学生辛勤劳动、诚实劳动、合法劳动等方面的教育;要举办"劳模大讲堂"、"大国工匠进校园"、优秀毕业生报告会等劳动榜样人物进校园活动,组织劳动技能和劳动成果展示,综合运用讲座、宣传栏、新媒体等,广泛宣传劳动榜样人物事迹,特别是身边的普通劳动者事迹,让师生在校园里近距离接触劳动模范,聆听劳模故事,观摩精湛技艺,感受并领悟勤勉敬业的劳动精神,争做新时代的奋斗者。

虽然工匠精神这个名词是个舶来品,但是我们中华文化自古以来就有工匠精神的传承,工匠精神一直流淌在我们中华民族儿女的血脉中。中华文化在发展过程中一直有匠人们的创造与智慧。工匠是工具与生产工艺的使用者,更是工具的创造者与制造者。工匠精神与中华民族优秀文化一脉相承,不断融合发展,成为中华民族精神的重要组成部分,使中国百业兴旺,同时工匠精神已经渗透到我们生活的方方面面以及思想意识之中。因此,劳动教育课程在培育工匠精神的过程中融入中华传统文化是应有之义。工匠精神的形成并不是一蹴而就的过程,它需要内在的、持续的、潜移默化的影响。而文化与价值观恰恰具有这种属性。真正的工匠精神从来不是被灌输的,而是个体的主动认同,任何东西一旦能够显示出力量和秩序之美,它自然而然地就会吸引个体的认同。绝大多数人在面对复杂的、不确定的事物时,是茫然而不知所措的,但是文化和价值观却恰恰能给予我们确定的价值评估和是非曲直的判断,而能够以清晰的反馈链条来形成激励机制,那么它就成为了一个拥有完整传导体系的节点。另外,在中国传统文化意识形态领域里,很多家长,甚至老师不太愿意提倡青年学生扎扎实实、勤勤恳恳做一辈子的"工匠"活。在"学而优则仕"的文化里强调"劳心者治人、劳力者治于人",这种文化直接影响了广大青年学生的"工匠"之心,认为上本科,考研读博,坐在宽敞明亮的办公室就是倍有面子的事。这种社会大环境下的文化也深深地植入到高职学院中,即便是在目前国家大力倡导和鼓励"大国工匠"下,这种文化仍然还很顽固,极大地影响着正确的工匠文化的形成。[①]

劳动教育课程对传统工匠文化的创新价值就在于劳动教育课程在有目的、有计划地组织学生参加日常生活劳动、生产劳动和服务性劳动,让学生动手实践、出力流汗,接受锻炼、磨炼意志,并在培养学生正确劳动价值观和良好劳动品质的同时,改变传统文化中"劳心者治人、劳力者治于人"等贬低劳动的错误观念,能以中华民族传统工匠文化为根和魂,以学校劳动教育课程为主要渠道,坚定文化自信,继承弘扬中国传统工匠文化中蕴含的工匠精神,培育"德技双修"的大国工匠。首先,劳动教育课程发挥榜样的引领作用,传承工匠精神。劳动教育课程以古代和当代各行各业优秀工匠的典型事迹,引导教育学生向大国工匠学习,以工匠为榜样,加强传统技艺和现代技术的宣传,让"学技术光荣、做大师光彩"的理念深入人心,培养学生的工匠情怀,加深个体对大国工匠的认识,学习工匠身上的精神。其次,劳动教育课程提升劳动者素养,传承工匠精神。工匠要有"精益求精、切磋琢磨"的思想和"淡泊名利、尚俭戒奢、兴天下之利"的价值观,以"以义制利"道德原则为价值导向。劳动者的素质既包括劳动技能水平,又包括思想道德素养。高超技艺是工匠精神的基石,高尚品德是工匠精神的灵魂。提升劳动者素养要以"功致为上"的伦理思想为指导,锤炼高超的技艺,生产出精雕细琢的产品,还要以"以道驭术"的伦理思想为指导,提升劳动者的道德素养。最后,劳动教育课程培养学生创新意识,传承工匠精神。创新是中华民族发展的动力,也是工匠精神的延伸、时代性的体现。劳动者应继承"道寓于技,进乎技"的思想理念,以中国古代匠人成长的三个阶段"技""艺""道"为标准,脚踏实地,不断实践,达到"技可进乎道,艺可通乎神"的境界。新时代的工匠已不再是靠着日复一日的机械劳动达到"熟能生巧"的手艺人,而是能推陈出新的匠人。他们身上体现的工匠精神,是坚守和专注,更是突破和创新。新时代劳动教育课程强调学生的劳动过程体验,使学生懂得尊重客观规律和发挥主观能动性的统一,依据经济社会发展需要

---

① 陈宇.高职院校"工匠文化"建设策略[J].财富时代,2020(9):96.

和满足人民日益增长的美好生活需要，以新的思维方式不断发现问题、解决问题。同时，新时代劳动教育课程坚持可持续发展理念，继承"敬畏自然、天人合一"的工匠精神，走绿色环保、低碳节能的创新之路。坚持真善美的统一，实现求真务实和勇于创新相结合，以此筑牢工匠文化之魂。

三、劳动教育课程对中华优秀传统文化的转化

传统文化的传承和创新是一种精神上的熏陶，更是文化生活的典礼和仪式。劳动教育课程让学生作为劳动的主体之一参与其中，并通过劳动体验，对优秀中华传统文化有更深入的感受。劳动体验作为主体与客体之间的一种特殊的关系状态，是体验者在对劳动深刻的真切感受和透彻理解的基础上对劳动产生情感并生成意义的活动。体验与情感密不可分，这是因为，如果对某事物有深刻的体验，那么必然生发对其的情感，或积极、或消极、或正向、或负向。体验离不开情感，情感的激发是体验的动力，情感的参与是体验的特点，情感的满足是体验的目的。时代在发展，劳动的内容与形式也在变化。

人的本质是劳动的、是实践的、是社会关系的总和。人类通过有目的的劳动成就自身，同时通过有价值的劳动改造社会、促进社会、发展社会。劳动教育课程对优秀中华传统文化的转化价值不仅局限于文化熏陶和耳濡目染，更在于在这个过程中把劳动体验转化为个体的劳动意识、劳动观念、劳动情感、劳动知识与技能，劳动素养。体验是人类特有的一种特殊的活动，在体验中，主体以其固有的全部经历、主观需求、价值取向、心理结构去感受、理解事物，并且在这一过程中通过发现事物与自身的关联进而产生内在的情感反应，并由此触发自身丰富的联想和深刻的切己感悟。体验不同于认知，体验往往是因人而异的，这是因为认知偏重对事物客观属性方面的把握，而体验则不仅仅是客观属性的认知把握，更为重要的是它表征一种对内心感受和情绪的切身把握，并在此基础上生成有意义的活动。基于体验的特性，引导学生成为劳动的亲历体验者，指引学生在劳动体验中以其全部的"自我"去亲历、去体味、去省思，使学生的心灵受到震撼，唤醒他们埋藏在心底的幸福感和自我实现感，从而使其陶醉其中。正如大教育家苏霍姆林斯基眼中的教育理想是使所有的儿童成为幸福的人，使他们的心灵由于劳动的幸福而充满快乐。

陶行知先生曾说过"生活即教育"，现代教育理念让课堂回归生活，生活中又处处有课堂。现代教育将传统文化教育和劳动教育紧密结合，让青少年情绪上受到感染，情感上产生共鸣，在劳动中体验中华文化的博大精深，进而使青少年培育出文化自信和劳动意识。情感具有动力功能，积极的情感体验促使个体融入劳动实践。热爱劳动属于个体情感生活的范畴，劳动体验直接地对个体的情感发生作用，积极的劳动体验留给个体快乐的情感反应，唤起内心的愉悦，个体就会忘我地投入到劳动体验当中。劳动教育课程

中的劳动体验带给个体的这种劳动情感越深刻、越持久、越强烈,他们就会加倍珍惜劳动体验的机会,并且全身心地付出。苏霍姆林斯基认为劳动的乐趣是一种强大的教育力量,在劳动体验的过程中,营造积极的劳动情感体验,对于个体具有增益效果。良好的心境、饱满的热情,都能提高人的生理和心理活动能量,同时让人探究事物的根源、功能与自身的关系和对自身的意义,并驱使个体全力以赴,努力奋进,克服困难,实现目标。比如,在日常生活中,将优秀中华传统文化融入劳动教育课程之中,以中华优秀传统文化为课程资源依托,充分挖掘其中所蕴藏的教育因子,通过创设劳动体验情境,引导学生置身于一定的情境和关系世界之中,积极参与到劳动体验当中,产生积极的劳动体验情感。与之相应的,劳动教育课程也将赋予中华优秀传统文化教育浓郁的生活味道。写福字、剪窗花、贴窗花、出灯谜……学生在这种真实的情景中感受传统节日和习俗的文化气息,把这些劳动体验转化为积极的劳动情感,从而对中华优秀传统文化产生亲近感;在这种真实的情景中感受深厚的中华传统文化底蕴,从而对优秀中华传统文化产生认同感。学生个体在情境中所形成的这种深度的劳动体验不仅具有空间上的扩展效应,而且还具有时间上的延续效应,有助于实现学生劳动知识的内在化,劳动情感的升华和劳动能力的增强,从而提升劳动素养,为其全面发展和幸福人生奠基。

第三章

劳动教育课程目标

在实施劳动教育的过程中，课程目标的确定是最为关键的一步。新时代的劳动教育课程目标，既是劳动教育改革实践的创新性产物，又是劳动课程实施与教学开发的行动指南。如果没有明确的课程目标，劳动教育也就丧失了方向。本章从三个方面来探讨新时代的劳动教育课程目标，即劳动教育课程目标的内涵、劳动教育课程目标的价值取向与价值定位、劳动教育课程目标的确定。

第一节　劳动教育课程目标的内涵

课程作为实施教育的主要形式，为劳动教育理念的落地提供了立足点，开发一门课程首先需要明确其课程目标。课程目标是一定的教育价值观在课程研究领域内的具象化，其在课程的设计、实施、评价、改革等方面有着至关重要的作用。我国劳动教育课程从新中国成立以来几经波折，中途经历了被"价值异化""工具化""技术化"的过程，直至今天才通过不断的改革与发展，重新彰显了其生命的活力与时代的意义。

一、劳动教育课程目标的概念界定

课程目标制约着课程内容的选择与组织，为其提供合理的设计方向，是制定课程评价标准的基本依据，支配着课程实施过程中所使用的方式。劳动教育课程目标体现了育人者期望通过劳动教育能够使学生形成一定的观念、价值观、精神、习惯和品质。

（一）课程目标的概念

对于课程目标的解读，纵观课程领域的研究，国内外的研究者从各自的视角和立场出发对其的理解与表述也不尽相同。著名课程论专家奥利瓦把课程目标划分为五个层次，依次为教育宗旨、课程目的、课程目标、教学目的、教学目标。奥利瓦认为，课程目标是用具体化的、可以测量的术语表述的取向或结果。我国的学者廖哲勋则认为，课程目标是一定教育阶段的学校课程力图促进这一阶段学生的基本素质在其主动发展中最终可能达到国家所期望的水准。简而言之，课程目标是一定学段的学校课程力图最终达到的标准。[1]虽然学者们对课程目标的阐释众说纷纭，但可以看出其中所存在的一些共识，即他们都将课程目标阐释为"学生在接受学校的全部学习之后所达成的预期结果"。

要理解课程目标的概念，可以认识一些教育领域其他关于"目标"的术语，例如，教育方针、教育目的、培养目标、教学目标等。它们之间既相互联系，又存在着显著的差异。

教育方针是国家或政党在不同历史时期，根据特定形势需要提出的总的指导教育工

---

[1] 廖哲勋.课程学[M].武汉:华中师范大学出版社,1991:84.

作的方针和政策。它通常以行政性和法规性的形式来确定当前教育事业发展的方向,是教育工作在思想和行动上的纲领。《中华人民共和国教育法》规定,我国的教育方针是教育必须为社会主义现代化建设服务、为人民服务,必须与生产劳动和社会实践相结合,培养德智体美劳全面发展的社会主义建设者和接班人。教育方针规定了我国教育的性质、目的及任务,是课程目标得以确定的最基本依据。

教育目的是一定社会对教育所要培养的受教育者的质量规格的总体预期或规定。其根据不同时期的政治、经济和科技发展的情况来确定培养什么样的人,需要怎样的社会角色为社会发展服务。不同的教育目的反映了不同社会当前时期对受教育者的要求,是整体教育工作的开始。教育目的是概括性的、总体的,需要普遍适合于各个地区、各级各类学校及各式各样的学科,因此不可能是具体的、具有针对性的。

培养目标是根据国家规定的教育目的对各级各类学校的具体培养要求。在同一教育目的之下,不同地区、不同学校为了实现这一目的,会采取不同的方法。培养目标确保了各级各类学校根据实际情况将教育目的不被偏化、畸形化地得到贯彻落地,其反映了不同学段、不同性质的学校教育价值观,例如,基础教育、职业教育、成人教育等都拥有不同的培养目标。其实,教育目的和培养目标在本质上是大致相同的,前者是对整个社会的教育规格做统一性的要求,后者则是延伸到各级各类学校的具体要求。二者在某种程度上是一般与个别的关系。

教学目标是在教学活动中教师和学生所期望得到的结果,即在每个单元、每节课甚至是每个环节中教师的教学任务和学生的学习任务所要达到的具体目标。教学目标是对教学活动进行指导和评价,因此每门学科的具体教学目标都应该包括三个维度的内容,即知识与技能,过程与方法,情感、态度与价值观。

课程目标是在一定教育阶段内,学校开设的课程期望对学生身心的全面发展所要达成的结果,即学校课程力图达成的结果。换言之,课程计划者希望学生能够在学习完一个特定阶段或学校特定的课程计划之后,达到其目标表述的行为表现或结果。课程目标与教育目的、培养目标关系密切,是它们的具体化。教育目的或培养目标是对受教育者所要达到的质量规格的总体预期,这些都是以课程为中介来实现的。因而在某种意义上,可以将课程看作是达到教育目的或培养目标的实现方式或手段。在进行课程编制时明确课程目标则是必不可少的重要环节,同时课程目标作为课程的起点和归宿还扮演着课程改革中最基础的角色,影响着学制的确定,课程门类、顺序、时间的设置,学科课程标准、教材的编写以及教学方法的选用等。[1]

---

[1] 刘家访,余文森,洪明.现代课程论基础教程[M].长春:东北师范大学出版社,2007:18.

(二)我国劳动教育的课程目标

劳动教育是贯彻以德树人,促进人的全面发展的重要内容,也是培养社会主义建设者和接班人的必然要求。从新中国成立以来,我国劳动教育课程的发展历程可以划分为四个阶段,即初始阶段、激进阶段、重建阶段、深化阶段。

新中国成立之初,我国内有残存的反动势力的挑战和破坏,外有资本主义势力联合的封锁、孤立。面临这种内忧外患的局面,我国实施的劳动教育课程是以培养有社会主义意识、有文化、有觉悟的劳动者。这一阶段主要是纠正受教育者过去忽视劳动教育、鄙视体力劳动的这一意识,课程以教会受教育者基本的工农业生产技术和知识为主要的内容。在主要受"左"倾思想的错误影响的激进阶段,各阶段学校过分强调生产劳动,出现了"以劳代教"的局面,将教育与生产劳动相结合曲解为单纯地进行体力劳动。在冒进偏激的思想下,教育沦为了阶级斗争的工具,劳动教育课程并未得到有效实施与发展。1978年党的十一届三中全会召开,会议表明国家要重点进行经济建设,这使教育与经济、政治、科技的关系变得越发紧密。随后教育结束了混乱的时期,开始努力朝向科技化、正规化的方向进步。这一阶段的劳动教育课程被作为必修课程写入了教学计划,教育部及地方教育委员会也出台了众多的相关文件,规定了劳动教育课程的目标、内容、实施、评价及考核等方面,为劳动教育课程的落地提供了科学、有效的依据。除此之外,这一阶段的劳动教育课程还更加关注职业技术的教育,力图让现代化生产和生活所需要的知识与技能走进受教育者的日常学习生活中。

2001年新一轮的课程改革开始,劳动教育课程第一次被取消独立设置,将其纳入综合实践活动中。在小学和初中阶段,劳动教育课程被列为综合实践活动的板块之一,高中阶段则直接改为学习通用技术。其本意是为了将劳动教育课程与语文、数学等学科进行融合,企图用跨学科的方式来促进学生的创新和实践能力的增长,培养学生正确的劳动观念和相应的劳动技能。但这一改革却导致了劳动教育课程政策刚性作用不强,缺乏相应的学科地位、课程地位的结果。针对这一问题,2015年国家出台了《关于加强中小学劳动教育的意见》;2018年习近平总书记在全国教育大会上表明将劳动教育纳入我国教育方针;2020年教育部印发《指导纲要》,正式将劳动教育课程设置为必修课。这都表明了,我国越来越重视劳动教育的课程改革与深入发展。当前,劳动教育课程建设正走向跨界融合,需通过跨越课程之"界"、学科之"界"、学段之"界",实现劳动教育课程全方位、诸领域、各要素之间的深度耦合。[①]

我国现阶段劳动教育是以使学生能够理解和形成马克思主义劳动观,树立正确的劳动观念、拥有必备的劳动能力、积极的劳动精神和养成良好的劳动习惯和品质为主要目

---

① 林克松,熊晴.走向跨界融合:新时代劳动教育课程建设的价值、认识与实践[J].湖南师范大学教育科学学报,2020,19(2):62.

的的教育活动。课程是教育理念与教育实践之间的桥梁,是学校进行教育教学的重要载体。劳动教育的课程目标旨在促进学生实现知行合一,形成正确的人生观、世界观、价值观,发挥劳动教育的独特育人价值。在其课程目标的构建上强调劳动教育与德育、智育、体育和美育之间的融合,强调劳动融入学生的感官、肢体与心灵之中。换言之,要以劳动教育课程的具身属性实现学生的全面发展。[1]在很长一段时间里,劳动教育课程都是建立在经济发展与政治管理之下,服务于国家工农业的生产劳动,忽视了学生的主体作用。学生作为学习的主体,劳动教育课程目标不仅是为了让学生吸收基础知识、训练基本技能,更多的是要注重达成学生与自然、与社会、与自身的和谐发展总目标,注重达成学生热爱劳动与快乐成长、服务集体与奉献社会、自主劳动与幸福生活的基本目标。[2]

纵观我国劳动教育课程的变迁之路,我国的劳动教育正在从强调"工具性"价值转变为突出"主体性"价值。劳动教育课程的嬗变历程是对整个教育目标从"双基"到综合素质再到核心素养的一个注脚,由此勾勒出劳动教育课程从单向强调技术学习或思想教育的功能定位转向育人与学技价值相融合的发展轨迹。[3]

二、劳动教育课程目标的内涵分析

实施劳动教育的途径之一就是在大中小学独立开设劳动必修课程,通过课程向学生渗入劳动教育的基本理念,即培养劳动素养。新时代劳动教育课程目标应该要以培养学生的综合劳动素养为最终目标,发挥其独特的育人价值,促进学生德智体美劳全面发展。

(一)劳动素养作为课程目标

"劳动素养"一词最早由苏联教育家苏霍姆林斯基提出,在他看来,劳动教育的任务就是让劳动渗入我们所教育的人的精神生活中去,渗入集体生活中去,劳动教育要以提高人的劳动素养、成就完整的人为最终目标。那究竟如何定义劳动素养呢?理解以下几个相关概念有助于我们更加清晰地认识劳动素养的概念与内涵。

1.劳动

劳动是人类特有的实践活动,是人类以自身的特殊活动作为人与自然之间的中介,进而有目的地调整、控制和改造自然对象或者人类本身。劳动既创造了人,又创造了社会,而劳动又是从简单到复杂的发展过程。因此,劳动成为社会从简单到复杂的发展过程的"机制"。在这个基础上,对社会发展的内在逻辑的揭示,就会是一个有机联系的系

---

[1] 林克松,熊晴.走向跨界融合:新时代劳动教育课程建设的价值、认识与实践[J].湖南师范大学教育科学学报,2020,19(2):60.
[2] 张勇,徐文彬.论新时代和谐劳动课程的内涵、意义与建构[J].中国教育科学,2020,3(6):61.
[3] 朱德全,熊晴.我国劳动教育课程的演进逻辑与重建理路[J].教师教育学报,2020,7(6):10.

统。[1]经济学领域则认为,劳动是指劳动力的支出和使用,这里的劳动力包含的是体力和脑力。劳动在传统理论中可以简单划分为生产劳动和非生产劳动。新时代劳动教育中所强调的劳动,包含生产劳动和非生产劳动,而非生产劳动又可以分为日常性劳动和服务性劳动。

2. 素养

在对劳动素养进行定义前我们首先可以探讨"素养"这一概念本身的含义。第一个系统性完成学生核心素养体系构建的组织——经济合作与发展组织(OECD)对"素养"一词进行了简洁界定:素养不只是知识与技能,它是在特定情境中,通过利用和调动心理社会资源(包括技能和态度)以满足复杂需要的能力。例如,有效交往的能力是一种素养,它可能利用一个人的语言知识、实用性信息技术技能以及对其交往的对象的态度。可见,素养是一个超越传统的知识和能力之上的更为复杂、高级的结构,它是一种具有广泛可迁移性的高级心智能力和人性能力的综合。所谓"高级心智能力"体现为人在面对复杂问题情境时知识、技能和态度的综合,换句话说诸如机械记忆能力、技术熟练操作等不需要主体做出创造性判断、能动性行为的能力均不在"高级心智能力"之列。所谓"人性能力"即指建立在人性、情感、道德与责任基础上的能力。我国台湾学者蔡清田认为"素养"是一种构念,也是一种根据学理建构的理论构念或理念,是指个人为了发展成为一个健全个体,必须透过教育而学习获得的因应社会之复杂生活情境需求所不可欠缺的"知识""能力"与"态度",特别是指个人经过学校教育课程设计而学习获得的"优质教养"之综合状态"。[2]素养与素质是有一定区别的,素养是学习的结果,强调的是在有利环境中通过后天努力习得的,素质是强调的先天性的遗传(例如,一个人与生俱来的个性特征和惯性思维能力等)。在诸如此类的研究中,"核心素养"一词受到世界各国的重视和探讨。欧盟的一个研究小组认为核心素养代表了一系列知识、技能和态度的集合;我国林崇德教授及其团队于2016年提出中国学生发展核心素养三个方面六大素养,包括文化基础(人文底蕴、科学精神)、自主发展(学会学习、健康生活)、社会参与(责任担当、实践创新)。对于核心素养的界定,不同国家、不同组织虽有不同的看法,但都认为其必须为个人自我成长和帮助社会发展两方面服务。

3. 劳动素养

劳动素养不仅仅是为了回应党的立德树人方针的具体要求,也是我国学生发展核心素养的重要部分。在新中国成立初期,我国由于经济、生产力水平较低,教育的基本方针就是为工业、农业及生产建设服务。学校在实行劳动教育时主要强调生产知识和劳动技

---

[1] 景天魁.打开社会奥秘的钥匙——历史唯物主义逻辑结构初探[M].太原:山西人民出版社,1981:15.
[2] 蔡清田.台湾十二年国民基本教育课程改革的核心素养[J].上海教育科研,2015(4):5.

能的培养,到后来改革开放又强调劳动技术教育,并一直偏向关注实践层面,这就导致大中小学在实施的过程中很容易出现将劳动教育矮化为技艺学习、技能训练或畸化为观光放松的休闲娱乐,遮蔽劳动教育的综合育人价值。需要明确的是,新时代劳动素养不等于劳动技能的培养。劳动技能体现的是劳动岗位对劳动者自身劳动技能要求的程度,强调的是技能水平。关于劳动技能的教育一般包括能够满足个体日常衣食住行等基本活动的生活自理技能和帮助个体能够走向社会的职业相关技能。劳动素养是一种综合素养,是观念层面和实践层面的整体表现。劳动技能是劳动素养不可缺少的一部分,二者相互补充、相互促进,最后外化形成个人的行为习惯,这不仅是一个多位一体的综合结果,也是一个"内化于心,外化于行"的过程。从以上意义上来说,劳动素养是个体在长期生活、学习中,经过教育引导和劳动实践所形成的兼具丰富感性和深刻理性的综合素养,它不只是包含完整的实际技能和技巧,还包含劳动活动在一个人的精神生活中的作用和地位,以及在劳动创造中的充实的智力内容、丰富的道德意义和明确的公民目的性。可以说,劳动素养的价值追求是以身体的"动"为起点,以心理的"动"为最终落脚点。

劳动教育是中国特色社会主义教育制度的重要内容,对受教育者的发展具有树德、增智、强体、育美的独特育人价值。劳动教育课程的设计需要围绕时代背景,将经济发展、科技进步与学生实际生活紧密结合,着力培育学生的劳动素养,促进学生的全面发展,培养能够担负得起实现新时代民族复兴大业的建设者和接班人。因此将培育学生劳动素养作为新时代劳动教育课程目标的基点,是当今全面育人、立德树人理念下的劳动教育的应有之义。

(二)劳动素养的内在结构

基于上述对劳动素养核心内涵的探讨,我们将劳动教育课程目标划分为劳动价值观、劳动能力、劳动精神、劳动习惯和品质四个维度。

1.核心导向:劳动价值观

劳动价值观是劳动素养的核心要素,是支撑素养框架中其他各部分形成的关键。马克思、恩格斯在他们关于教育的论述中十分重视劳动的价值、劳动价值观的形成,认为劳动不仅是谋生的手段,更是通向客观世界与主观世界的媒介,也是实现人性至美至善、彻底自由的必由之路。他们强调劳动创造世界、劳动创造历史和劳动创造人本身;强调劳动形成人的本质,劳动是实现人的全面发展的重要途径,教育与生产劳动相结合是社会主义教育的根本原则。

我国既对马克思主义劳动观充分继承吸收,又立足于时代特征、中国特色、民族特质不断丰富创新劳动教育内涵。新时代中国特色社会主义劳动教育的核心目标便是促进学生形成正确的劳动价值观:一是要让学生充分认识到劳动创造物质世界、丰富精神世界、推动人类发展的本源性价值;二是要让学生认识到劳动的经济性价值——它是一切社会财富的源泉,从而引导学生追求按劳分配的正义原则,摒弃不劳而获的错误思想。只有这样才能充分发挥劳动的教育性价值,塑造学生"劳动最光荣、劳动最崇高、劳动最伟大、劳动最美丽"的价值观念,树立"尊重劳动、尊重知识、尊重人才、尊重创造"的思想观念,为培养学生的劳动能力、劳动精神、劳动习惯和品质起到推动作用。

2. 实践基础:劳动能力

陶行知先生曾指出:"劳动教育的目的,在谋手脑相长,以增进自立之能力,获得事物之真知及了解劳动者之甘苦。"而劳动能力的发展便是"增进自立之能力"的重要保障。

劳动能力是学生劳动素养的外在表现,是劳动知识、技能以及劳动活动实践创新等多项内容的综合体现,其重点便是让学生有劳动知识、劳动技能、劳动创造等"会劳动"的过硬本领。一方面,可以通过学习系统的课程,让学生理解与掌握生产活动所需要的专业性和特殊性知识、日常生活中必不可少的常识性知识与独立生活的能力以及服务性劳动中的服务性知识和操作性技能,使他们能够自主使用相应的劳动工具,具备基础性或专业性的劳动技能;另一方面,通过真实的劳动情景,让学生亲身经历、体验、感受真实的劳动活动,在实践中巩固习得的日常生活劳动、服务性劳动和生产劳动技能,提高开拓创新的意识和能力,为更高层次的劳动提供可能,为劳动精神、劳动习惯与劳动品质等素养的形成奠定基础。

3. 关键支撑:劳动精神

劳动精神是劳动个体在劳动过程中展现出来的整体的精神状态和精神面貌,它是个体得以表现出昂扬向上的劳动风貌的关键支撑,在劳动实践过程中直接影响着劳动成果的质量。劳动精神的培养离不开两个方面:一是引导学生对劳动本身的崇尚,使学生体认劳动不分贵贱,提高学生发现劳动美、欣赏劳动美、创造劳动美的能力;二是培养劳动个体对劳动行为的积极态度,充分发挥劳动价值观的引导功能,使学生在切实劳动实践中体验到劳动的愉悦,深刻领悟"幸福是奋斗出来的"内涵,进而培养"想劳动"的自觉劳动意识、"自己的事情自己做"的劳动责任感。

劳动精神的培养旨在使学生彻底摒弃把劳动视作负担的错误思想,推动劳动认知向自觉劳动行为的转化。在一定意义上,劳动精神是更高级别的劳动品质。因此,新时代劳动教育应引导学生既要积极继承中华民族勤俭节约、敬业奉献等优良传统,还要坚持弘扬开拓创新、砥砺奋进等时代精神,进而养成一定的劳动情怀,这对劳动核心素养的形成与发展起着关键性作用。

4. 动力保障：劳动习惯和品质

劳动习惯是指劳动个体由于经常性的劳动行为和劳动教育而使之固定下来并成为需要的一种行为方式。劳动习惯是劳动素养的必要维度，因为无论是劳动价值观还是劳动精神都需通过外在的行为习惯得以呈现和内化。劳动价值观有正确与否之分，劳动能力有强弱之异，劳动习惯也有好坏之别。积极的劳动行为习惯激励着学生的劳动热情，督促着学生规范劳动行为，其养成不仅对学生认真负责、坚持不懈地参与劳动实践具有重要引领和保障作用，同时也能为劳动精神的进一步升华和劳动品质的进一步内化提供有效途径。

劳动品质则是随着学生成长而养成的人格品质，也是学生劳动素养内在结构的重要组成部分。就人的发展而言，既需要着眼于知识、能力建构，也需要着眼于精神或品质层面的维度建构。诚实劳动、吃苦耐劳、劳动责任等优良品质的生成，不仅满足了人的全面发展的需求，更是学生自身幸福感、获得感得以实现的重要源泉。

综上所述，劳动教育具有明确的目标，其核心是树立正确的劳动价值观、具备基本的劳动能力、养成昂扬的劳动精神以及形成良好的劳动习惯和品质，这四个部分相互关联、相辅相成，共同构成了劳动素养的整体。由此可见，劳动素养汇聚了劳动教育的价值期许，在根本处明晰了劳动教育的实践志向，为劳动教育深化改革指明了方向。在当前形势下，劳动教育应当被大力提倡，但要落到实处，还需要我们从精神成长、审美追求、创新创造、幸福生活、终身发展等多方视角不断拓展劳动素养新的时代内涵。

三、劳动教育课程目标的主要特征

劳动教育究竟如何才能有机地嵌入中小学教育体系中，如何才能更好地在劳动实践中发展劳动能力、树立正确的劳动价值观、培养劳动精神？下面立足新时代，我们将从课程目标的角度对这一问题进行分析。新时代劳动教育应把握育人导向，遵循教育规律，体现时代特征，强化综合实施，坚持因地制宜。具体而言，劳动教育课程目标需要具有以下特征。

（一）体现科学性

劳动教育课程目标的科学性主要体现在整体性、有序性、开放性、动态性等几个方面。整体性，一方面指向劳动参与对象的全覆盖，即所有学生都要接受劳动教育；另一方面指向"五育"并举，除了要把劳动教育纳入人才培养全过程，贯通大中小学各学段，还需要与德育、智育、体育、美育相融合，充分发挥劳动教育作为生活教育、职业启蒙教育、集体主义教育的独特价值。有序性，其本义是指系统各要素之间的相互联系的层次性。劳动教育课程目标的有序性主要体现在对不同年级、不同形态、不同素养的要求。另外，劳动教育的所有实施途径和所能达成的所有效果并不是都能事先预设的,同时也是不可具体言表的,因此劳动教育课程目标的开放性和动态性相互联系形成了具有科学性的劳动教育课程目标体系。

(二)突出思想性

为加快构建德智体美劳全面培养的教育体系,教育部在2020年制定了《指导纲要》,其明确指出,使学生树立正确的劳动观念、培育积极的劳动精神、养成良好的劳动习惯和品质。这一表述强调劳动教育的思想性,它首先是劳动思想教育、道德品质和人格教育,重中之重是使学生对劳动意义价值认同、对自身劳动者身份认同。

在马克思看来,在私有制社会中,劳动是外在于人自身的东西,人在自己的劳动中不是肯定自己,而是否定自己,不是感到幸福,而是感到不幸,不是自由地发挥自己的体力和智力,而是使自己的肉体受折磨、精神遭摧残。[1]也就是说,只有当劳动真正成为自由自觉的活动时,劳动才能真正实现人自身的解放。人类的任何活动都是有意识、有目的进行的,都是在意识支配下完成的,只有通过劳动愉悦了身心,收获了满足自我、他人需要的幸福感,劳动意识才能被不断强化。劳动意识不是与生俱来的,而是受到一定的劳动情感和正确的劳动价值观支配的。因此,劳动教育要突出思想性,要使学生在思想深处尊重社会上的所有劳动并热爱劳动,同时明确个体自我价值的实现始于普通的劳动,只有在实实在在的劳动和奋斗中不断增加劳动的附加值,才能真正实现人自身的全面发展。

劳动教育是具有政治属性的。劳动教育实质上是有效实施中国特色社会主义劳动价值观的教育,要体现新时代中国特色社会主义教育本质,必须深刻理解和把握劳动教育在培养时代新人中的思想和价值引领作用。而劳动精神是对马克思主义劳动价值论的丰富和发展,是民族精神和时代精神的统一,是社会主义核心价值观的应有之义。习近平总书记强调,要身体力行向全社会传播劳动精神和劳动观念,让勤奋做事、勤勉为人、勤劳致富在全社会蔚然成风。

由此可见,尽管劳动教育具有劳动知识技能学习、提高身体素质、发展审美情趣等多种功能、多重目标,但其最核心、最本质的目标却只能是劳动精神、情感、价值观的养成,这是劳动教育的根本,在实践中不可本末倒置。

(三)强调实践性

教育实践是人类有意识、有目的地培养人的活动,具有全面性、复杂性和生动性。劳动教育作为一种特殊的实践教育,其特殊的实践品性能够唤起教育实践的强大生命力。

---

[1] 中共中央马克思恩格斯列宁斯大林著作编译局.马克思恩格斯文集(第一卷)[M].北京:人民出版社,2009:159.

因此,《意见》提出了"以体力劳动为主,注意手脑并用"的要求,《指导纲要》阐明了劳动教育的性质,指出劳动教育具有突出的社会性和显著的实践性以及实施劳动教育的重点是让学生动手实践、出力流汗、接受锻炼、磨炼意志,培养学生正确劳动价值观和良好劳动品质。

劳动教育的发生机制源于生产和生活。劳动教育要坚持实际体验,面向真实的生活世界和职业世界,使学生所接受到的学校劳动教育与社会生活、生产实践直接联系,在真实的情境中获得有积极意义的切身价值体验,进而学会做事。信息技术的发展使得间接经验的获取变得极为容易,但作为学生,他们正处于塑造世界观的过程,想要单靠间接经验就能深入知悉客观事物的发展和真理是有很大难度,甚至是不可能的,因此必须亲临劳动场域、亲历实际经验获取的过程。人是有意识的存在,只有通过多类型的实践活动,学生才能真正产生亲近的劳动情感以及亲切的劳动认知,劳动教育才能真正成为"行动、情动、心动"的有效体验教育。

劳动是人类实践活动的一种特殊形式,是社会实践活动的一部分。正是通过这一实践过程,学生的情感得以深化、态度得以内化、技能得以发展、意志得以磨炼、习惯得以养成。劳动教育实践性有其独特的属性和价值,是难以被其他形式的活动所替代的。但值得注意的是,劳动教育课程目标虽然强调实践性,但它并不是狭隘地强调单纯的动手操作、简单的体力劳动,亦不是将劳动教育囿于劳动技能和职业技术训练。它是在跳出传统劳动教育价值观的束缚转而对"知行并重""手脑并用""身心合一"的凸显。也正是通过"在场"的劳动、体验、亲临劳动教育发生的现场,参与知识形成的瞬间,从而实现由"身"到"心""身心合一"的劳动教育发生路径。[1]这既有助于引导学生树立起有关劳动本质、劳动价值的正确意识,又有助于提升其劳动实践的劳动能力,真正实现精神成长与技能发展的有机统一。基于此,《意见》提出要以日常生活劳动、生产劳动和服务性劳动为主要内容开展劳动教育。

同时,劳动教育的实践性特征决定了学校劳动教育课程需要拓展教育空间。在教育阵地的选择上应该是一视同仁的,家庭要发挥在劳动教育中的基础作用,学校要发挥在劳动教育中的主导作用,社会要发挥在劳动教育中的支持作用,三者共同成为学生劳动素养培养和个人价值彰显的关键场所。

(四)彰显时代性

随着新时代教育发展的新形势新要求,认识新常态、适应新常态、引领新常态,是当前和今后一个时期经济发展的主旋律,也是教育工作的大逻辑。[2]因此,《指导纲要》强调劳动教育要在充分发挥传统劳动、传统工艺项目育人功能的同时,紧跟科技发展和产业

---

[1] 徐海娇.劳动教育的价值危机及其出路探析[J].国家教育行政学院学报,2018(10):26-27.
[2] 杜玉波.把握新常态下的高教发展[N].光明日报,2015-03-02(2).

变革,准确把握新时代劳动工具、劳动技术、劳动形态的新变化,创新劳动教育内容、途径、方式,增强劳动教育的时代性。

　　劳动教育课程目标时代性的彰显体现在对人才培养的全新认识和要求上。以人工智能、大数据、云计算、物联网等为代表的科技因素正深刻改变着我们社会生产方式、生活方式和思维方式,逐渐把物质世界改造成为人与技术的关系构建,简单机械的重复劳动将被大量替代,而留给人类的将是需要丰富认知、高效沟通能力、敏捷思维能力等高阶能力的复合型、创新性劳动,这便要求劳动教育充分考虑这一趋势,开展有思维含量的劳动实践,创新精神、劳模精神和工匠精神应成为新时代的价值坐标、人才培养的目标导向。经济全球化的加速发展,使劳动分工愈加细化,整合性不断凸显,劳动产品的完成往往需要多位劳动者的共同协作。在此背景下,相比竞争意识,培养合作观念变得更为重要。正如联合国教科文组织在《教育——财富蕴藏其中》中指出,"教育的核心是育人,学会共处是做人、做事的基础"。另外,当生产性劳动者的体力劳动成分大幅度降低,脑力劳动、新型服务性劳动、复合型劳动、创新性劳动比重空前增加时,体力劳动与脑力劳动的融合将成为新时代生产性劳动的重要特征。也就是说,劳动不再等于单纯的体力劳动,劳动教育也必然不等于过去"学农""学工"形式的简单回归。同时,新时代不能对课程目标所涵盖的劳动观念、劳动知识、劳动能力等的培养作陈旧化、片面化、简单化的认识,更不能不加任何条件、特定情境理解劳动,盲目歌颂"劳动教育是所有价值的源泉",这是不符合马克思主义唯物辩证法的,甚至会把劳动教育引向毁灭。

　　劳动教育课程目标彰显了时代性的应然之义,它基于新时代对劳动教育提出的新诉求,关注当代劳动形态的新发展,以培养能适应新时代产业结构、劳动形态、特征变化的,具有时代精神的社会主义建设者和接班人。

第二节　劳动教育课程目标的价值取向与价值定位

　　关于价值取向和价值定位,一般涉及的都是基本立场问题。价值取向是指基于主体自身的需求和当下的主客观环境的充分认识后所表现出来的价值选择和价值观念。价值选择即根据一定的价值尺度对事物进行衡量、辨别,进而选择出有价值的事物。价值观念是作为人类特有的一种精神形态,它是指人们关于基本价值的信念、信仰、理想系统。[1]课程目标的价值取向就是指在课程目标的选择、确定、基于目标进行实践过程中所秉持的观念和标准的现实表现。纵观教育的发展历程,关于价值取向的讨论话题可谓历

---

[1] 吴庆国,张效宇.多元视角下的基础教育[M].长春:吉林大学出版社,2017:78.

久弥新,因此,在对劳动教育课程目标的价值取向进行分析之前,有必要明晰一般课程目标的基本取向。

一、课程目标的基本取向

课程目标是一定教育价值取向(教育目的、教育宗旨)在课程领域的具体化。因此,从一定意义上说,教育目的是通过具体的课程目标体现出来的。由于对课程目标的观点和看法不同,所采用的课程目标的形式也会有很大差异。目前,比较有影响力的课程目标取向可以归结为行为目标取向、展开性目标取向、表现性目标取向三种基本形式。

(一)行为目标取向

行为目标是以具体的、可操作的行为来陈述的课程目标,它指明课程与教学过程结束后学生身上所发生的行为表现和行为变化。行为目标的基本特点是追求目标的精确性、具体性和可操作性等。

从历史的角度上看,行为目标的思想起源于20世纪初美国课程科学化运动,并随着课程研究领域的独立逐步发展、完善起来的。1918年,波比忒在《课程》中极力主张科学的时代要求精确性和具体性,强调课程目标具体化、标准化。行为目标真正成为课程目标取向的主导并在全球范围内流行起来则是由于泰勒《课程与教学的基本原理》一书的影响。泰勒在书中强调,课程目标是指导课程编制者所有活动的最为关键的准则,必须要用一种最有助于选择学习内容和组织教学过程的方式来陈述目标。在泰勒看来,每一个课程目标都应该包括"行为"和"内容"两个方面,诸如"能写出清晰而又有条理的社会科学计划的报告"这样既指明某种行为——写出清晰而又有条理的报告,又囊括所涉及的内容领域——社会科学领域的目标,才是一个合格的课程目标。泰勒的诸多主张为行为目标的发展奠定了基础、指明了方向。也许正因为此,泰勒被戴上了"行为目标之父"的桂冠。20世纪五六十年代,布卢姆、克拉斯沃尔等人借用"分类学"的概念,首次在教育领域确立起"教育目标分类学",推动行为目标取向走向新的阶段。到了20世纪六七十年代,随着美国著名教育学者马杰、波帕姆等人领导发动了影响广泛的"行为目标运动","行为目标"取向发展到了顶峰。

在某种意义上,20世纪可以说是"行为目标"的世纪。行为目标取向为什么能够一直处于"显学"的位置?一方面,需要从行为目标取向的本质——"科技理性"谈起。它的出现既体现了西方现代实证主义科学观,又适应了课程领域科学化的需求。另一方面,作为行为目标取向的直接心理学基础——行为主义心理学的风行也为其走向顶峰铺设了道路。

此外,行为目标取向的盛行与其自身的优势是密不可分的,它克服了以往课程目标模糊性、随意性的缺陷,通过对目标进行分解,使得不同目标界限分明、指向清晰、易于观察。这样当教师将教学内容以"行为目标"的形式陈述的时候,他们对教学任务会更加清楚明了,更能有效控制教学过程,使教学内容按照预先设计的计划循序渐进地进行。更为重要的是,行为目标为评价的效度提供了依据和条件,因为它是以具体行为的形式来判断目标是否达成,可以使得评价更具有准确性。

不可否认,行为目标在推动课程研究的发展历程中发挥了积极的作用。但在认识行为目标在课程领域科学化方面做出重大贡献的同时,不能忽视行为目标自身所存在的缺陷。首先,忽视了行为以外的目标。由于行为目标过度关注课程实施中学习者外显行为的变化,因此更容易忽视情感、态度、审美情趣、价值观等在人的发展过程中更为重要、但难以观测和衡量的隐性因素的变化。其次,分解了人的发展。行为目标秉持着"还原论"和"机械论",认为整体等于部分之和,因此为了目标的实现,它往往将人的行为分解成独立的几个部分,然后再进一步细分。但实际上,"完整的人"——人格整体是不能分割的。最后,抑制了主体在教学中的主体性与创造性。行为目标取向是一种先于教育过程制定的静态预设的目标取向。如果完全遵从目标按部就班地开展教学活动,那就是把目标与手段、结果与过程间的有机联系割裂开来了,便是忽视了人的创造性、学习的自主性、行为的不可预知性。

(二)展开性目标取向

展开性目标也称形成性目标、生成性目标等,是教育情境之中随着课程的实施而自然生成的课程目标。与行为目标关注情境之外预设的行为结果不同,展开性目标更加关注教育过程本身以及教育情境的实际产物。正如塔巴所言:"教育基本上是一个演进的过程……目的是演进着的,而不是预先存在的。"

展开性目标的思想渊源可以追溯到杜威"教育即生长"的命题。在杜威看来,教育是儿童的生活、生长,是儿童经验的不断改造,除此以外教育是无目的的。杜威反对把某种外在的目的强加于教育,认为目的不应该是预先规定的教育经验,目的必须是现有情况的产物。

英国学者斯滕豪斯从另一角度诠释了展开性目标。他认为学校教育包括四个过程:技能的掌握、知识的获得、社会价值和规范的确立、思想体系的形成。虽然前两个过程的目标还能用行为目标来表述,但具有不可预测性的后两个再用行为目标表述显然是行不通的。此外,斯滕豪斯还对训练、教学和归纳作了区分:训练是获得动作技能的过程,教学是获得知识信息的过程,归纳则是通过培养学生掌握事物的本质、自己建立事物实践的联系并自己做出判断的能力,这是使学生进入"知识的本质",从而理解事物的过程。真正的教育应该是使人类更加自由、更富有创造性的灵感。由此可见,无论是杜威的经验主义哲学还是斯腾豪斯的过程模式都力图取消行为目标取向所存在的过程与结果、手段与目的之间的二元对立,这一点也是建构主义所强调的。

展开性目标取向因其过程性,体现出独特优势。第一,它最大限度地解放了师生。由于展开性目标可以使教育不再受预定目标的限制,有利于教师充分发挥自己的教学智慧和创造性,以更符合学生的需要和个性的方式开展教育教学实践。第二,消解了教育过程与结果的对立。这使得课程目标不再是课程开发者或教师外加的,而是学生在教育过程中、在与教育情境的交互作用中动态生成的,并且目标是在不断生成,没有一个终极的目标,每一个问题或阶段性"结果"的结束都是个体发生转变的阶梯。

当然,展开性目标也存在一定的缺陷,相对于具有鲜明可操作性的行为目标,展开性目标取向在理论上过于理想化,难以有效实行。首先,它对教师提出了很大挑战。它需要教师具备较强的课程开发能力和课程实施能力,要求教师能够根据学生的差异和需求随时调整课程内容,开展有意义的对话。姑且不说每一位教师是否都具备这样的能力,在班级授课制的条件下,教师是很难同时顾及每一位学生的学习情况、性格特征、成长背景等不尽相同的需求。其次,它可能导致教育基本目标的落空。如果过于推崇开展性目标,在教师素质不够,学生不能主动开展有效的学习探索活动的情况下,很有可能连浅层目标都无法实现。

(三)表现性目标取向

表现性目标是学生与具体的教育情境相互作用时产生的个性化表现。虽然,行为目标在实质上也是一种表现,但它是建立在"科技理性"之上的静态预设,是封闭的,而表现性目标是开放的、指向人的自由与解放的。表现性目标关注无法事先规定的结果,它期望促进学生多样化的、创新性的、异质性的而不是一致性的反应。

表现性目标的提出源于美国学者艾斯纳对行为目标的批判。他认为,行为目标可能适合于某些教育目的,但不适合用来概括我们所珍视的大多数教育期望。他主张设计课程时,应该准备三类目标:一是"行为目标",与之对应的课程活动是"行为活动";二是"问题解决目标",与之对应的活动是"问题解决活动";三是"表现性结果",与之对应的活动是"表现性活动"。尽管行为目标和问题解决目标都在活动之前预设了目标,但二者最大的区别在于:在问题解决目标的框架里,特定的行为不再是它的重点,它更关注的是认知灵活性、理智探索和高级心理过程,因此问题解决的方案是没有予以明确规定的。在某种程度上,它与展开性目标是有一些相似之处的。而表现性目标与前两类目标迥异,它是先有表现性活动,然后才有表现性目标。也就是说,在表现性目标的框架里,目标是活动结束时有意或无意得到的结果,也正因为如此,艾斯纳更愿意使用"表现性结果"一词。

另外,艾斯纳对"教学性目标"和"表现性目标"进行了区分。"教学性目标"旨在使学生掌握现成的文化工具,它是在课程计划中对学生通过学习活动应该习得的知识条目、掌握的动作技能等的预设。而"表现性目标"则与"教学性目标"殊异。表现性目标描述教育际遇:它辨别孩子们作业的环境、处理的问题、从事的任务;但它不指明他们从际遇、环境、问题或任务中学习了什么。[1]也就是说,"表现性目标"虽然强调个人意义的获得、在活动中有所表现,但对学生应获得哪些行为表现、何种水平的表现并未予以规定,给学生留下了巨大发展空间。

可见,表现性目标本质上是对"解放理性"的追求,它是唤起性的,重在尊重每个学生的独特性和个性差异,有利于调动学生的自主性和创造性,体现了当代人本主义的教育价值观。

尽管表现性目标充分体现了对人的主体价值和个性解放的不懈追求,但它的缺陷也正在于此。一方面,由于表现性目标是先有结果再有目标,在缺乏事先的标准参照的情况下设计与组织活动,难以保证学习者对必需的学科知识体系的掌握。另一方面,表现性目标还要求对于学习者的学习活动及其结果采取鉴赏式的评价,主要评价其创造性和个性特色,这高度依赖于教师的专业水平和专业判断。因此,对大多数教师而言,评价起来也是比较困难的。

二、劳动教育的课程目标价值取向分析

上述三种基本的课程目标取向都各有自己的特点和优势。行为目标取向推行一种普遍意义的价值观,是控制本位的。从基础知识和基本技能的习得和掌握上看,行为目标取向的课程较为有效。展开性目标取向则强调学习者和具体情境的交互作用,对学习者、教育者的主体性给予了应有的尊重。表现性目标取向是对行为目标的根本反动,充分考虑到了学习者和教育者的创造性和独特性。但值得注意的是,每一取向的课程目标在解决某类问题比较有效的情况下,都有自己力所不及的盲点,人们是无法断定究竟哪种取向是终极的、理想的。因而课程目标的确定始终在不同的取向中游荡。另外,学科自身的特点是决定目标取向的重要因素。如果忽视学科的个性,而把统一模式的课程目标取向强加给每个学科,势必会消磨带有学科特色的内容,这样的课程目标是没有生命力的。

正确把握课程目标的价值取向,有利于进一步提高当前劳动教育课程开发与实施的实效性,成为实现德智体美劳全面培养的教育体系建设机制。劳动教育是具有教育性的活动,是与家庭教育、社会教育相区别、相协同的有目的、有计划、有基础内容、有明确要求的教育活动,旨在让学生动手实践、出力流汗、接受锻炼、磨炼意志,以培养正确的劳动价值观和良好的劳动品质为目标。根据劳动、劳动教育的特征,劳动教育课程目标在进

---

[1] 黄荣怀.第六届全球华人计算机教育应用大会论文集[M].北京:中央广播电视大学出版社,2002:194.

行有意识开发和选择时表现出了一定的倾向性,主要是表现性目标取向与展开性目标取向的优势融合。

(一)从学生本位出发,反映对以人为本的追求

劳动教育课程目标凸显"人"在课程中的暖身回归。

一方面,劳动教育走向具身化发展。《意见》明确指明实施劳动教育重点是在系统的文化知识学习之外,有目的、有计划地组织学生参加日常生活劳动、生产劳动和服务性劳动。也就是说,新时代劳动教育要真正回归它的教育本质,便需要消除对学生身体的束缚,这是因为知识的开端永远是从感官得来的。只有改变传统"秧田式"课桌椅分布,突破劳动教育的时空局限,实现劳动课堂上学生眼、耳、手、脑等感官的联动,才能达到手脑合一、身心合一的交融状态。劳动教育不是动手操作的代名词,而是要将体力劳动与脑力劳动相融合,如打扫清洁与智能机器人设计制作的结合、手工艺设计与制作的结合等,形成复合型劳动教育课程,引导学生通过亲历实践获得劳动知识技能,懂得劳动创造幸福人生的道理,促成劳动直接经验与学生已有间接经验的整合。具身化还要求劳动教育在一定的真实情境中开展,在人与环境的动态交互中,既获得过程性的劳动感知、劳动体悟与劳动理解,也有结果性的劳动经验整合与认知重组。

另一方面,劳动教育课程淡化了学科课程以强调知识为主的目标"预设",重视课程运行实践的发展性和整体性,强调学生多样化智慧的生成,尤其关注学生主体性和创造性。劳动教育的立足点是实现人的全面发展,即通过教育使学生最大限度地获得自我价值实现的能力和自由。从这个意义上来说,最为重要的是让劳动本身成为享受,使劳动本身快乐起来,这是马克思主义关于幸福劳动的重要内容。因为,幸福的劳动首先是自愿性的,我们绝不能从外部施加压力,使学生被迫劳动,而是应该基于学生自主性、自愿性,使劳动真正成为自由自觉的活动,实现劳动对人的促进性得到最大限度的发挥。其次,劳动的享受感和幸福感正是劳动过程和劳动结果的有机统一。在劳动过程中享受劳动,也必须在结果上实现一种幸福的状态,既不能因劳动过程辛苦就简单否定劳动的幸福感,也不能因劳动成果佳就评定劳动为享受,而是应该以学生为主体,以学生自主体验为依据,统整劳动教育的显性成果与隐性收获。

(二)体现生成性

这里的生成性有着两种意蕴。其一是目标本身的生成性,展开性目标取向不关注预先动态设置的目标达成情况,而是关注过程。展开性目标取向下的课程目标是教育情境的产物和问题解决的结果,是学生和教师通过实践形成的价值观及经验生长所引发的内在要求。正如多尔所说,课程目标不仅单纯地先于行动,而且产生于行动之中。即课程

目标产生于行动,并在行动中得以调整。劳动教育课程目标虽然存在一定的预设,但在开展实际教学实践前权威部门和专家就把所有目标预设好,这显然是不可能的,也是不科学的。劳动教育课程要体现预设性和生成性的有机统一,统整性与灵活性的结合。预设是生成的前提,生成是对预设的丰富、拓展和延伸,是为了更好地实现预设的目标。这样的课程目标既能确保劳动教育应有功能的发挥和教学开展的效率,又为学生的自主发展留有余地,关注每个学生劳动体验过程并在过程中根据具体的情境和学生个性差异产生新的目标。当学生有权力决定自己的学习内容,从事与自己目标密切关联的活动时,他们会越来越深入地探索和学习,并随着问题的解决和满足感的获得,更加有意愿持续参与。

其二是对个体自我生成性的关注,这从本质上来讲体现了"人是完成着的人"的价值旨趣。《意见》明确了劳动教育总体目标,并面向全体学生从思想认识、情感态度、能力习惯三个方面提出了要求。这在很大程度上体现了对个体自我生成的全面性、长远性、深刻性的把握和要求。全面性,使学生的发展呈现最大限度的多元化,从而在未来成长中不仅可以获得不同机会,而且在面对未知领域时,具备更多生成新领域所需能力的可能性;长远性,不仅要最大效果地实现现有劳动目标的达成,而且还要着眼整个生命价值不断实现对自我价值的生成,即能够具备终身学习能力和自我教育能力;深刻性,从思想到情感再到价值观由内而外地形成对劳动的最高理解力和行动力。

(三)关注结果的开放性

劳动教育价值与具体的劳动之间并非一一对应,一种劳动价值可由多种劳动体现或一种劳动形式可实现多种价值。同时,劳动实践主体与劳动活动也不是呈单一线性关系的,由于个体的能动性、差异性,同种劳动活动对不同的劳动主体具有不同的教育价值。因此,劳动教育课程目标要体现开放性特点。

其一,确定性思维向关系性思维转换。关系性思维要求人们从事物与事物的关系去把握事物,它是开放、生成的。用关系性思维来思考劳动教育课程目标有助于劳动教育课程与其他课程横向融合、大中小学的纵向贯通。一方面,可以将劳动教育课程的目标"打破"并渗透于其他课程之中,也可以将其他课程中关于劳动的内容、形式"还原"于劳动教育课程之内。简单来说,就是在中小学道德与法治(思想政治)、语文、历史、艺术等学科课程中有重点地纳入马克思主义劳动观,纳入歌颂劳模、歌颂普通劳动者的选文选材,并不忘根据具体内容开展适切的劳动教育,而劳动教育课程也不能是脱离其他科目孤立存在的。另一方面,使各学段劳动教育目标一脉相承。学校要根据教育目标,针对不同学段、类型的学生开展劳动教育。如小学低年级要注重围绕劳动意识的启蒙;小学中高年级要注重围绕卫生、劳动习惯养成;初中要注重围绕增加劳动知识、技能;普通高中要注重围绕丰富职业体验等。

其二，新时代劳动教育课程不囿于特定课堂的封闭空间、固定不变的限定时段、孤岛割裂的教学资源限制，在时空、内容和形式上具有较强的开放性和包容性。例如，当学习蔬菜的种植时，若是在活动开展前就明确提出要掌握哪些方面的技能、培养哪些方面的劳动素养，且在活动中以教师为主导，那么这样的课程是封闭的。反之，若没有预设明确目标，一切以学生为导向，学生自己搜集栽培的相关知识，自己组织分组栽种，展开讨论自己的体会，甚至其他课程还可以以此为载体开展相关学习，那么学生不仅能够掌握必要的知识技能，还能获得劳动的愉悦体验，从而形成对劳动的积极情感。更为可贵的是，这样的学习凸显出了劳动课程的隐性价值，提高了学生沟通能力、协作能力、领导力、问题解决能力、创新创造能力等多方面能力。

三、指向劳动素养的劳动教育课程目标的价值定位

在马克思看来，劳动创造了人本身，在根本上决定人的发展，个人是什么样的，这同他们的生产是一致的。当劳动教育通过课程落实时，首先就需要明确劳动教育课程目标的价值定位，建构学生喜欢的劳动理论，开设适合学生的劳动课程。

劳动教育愈加受到党和国家的重视。2015年7月，教育部联合共青团中央、全国少工委发布的《关于加强中小学劳动教育的意见》将我国中小学劳动教育的主要目标定位为："通过劳动教育，提高广大中小学生的劳动素养，促进他们形成良好的劳动习惯和积极的劳动态度，使他们明白'生活靠劳动创造，人生也靠劳动创造'的道理，培养他们勤奋学习、自觉劳动、勇于创造的精神，为他们终身发展和人生幸福奠定基础。"2020年7月，教育部印发的《指导纲要》提出，要准确把握社会主义建设者和接班人的劳动精神面貌、劳动价值取向和劳动技能水平的培养要求，全面提高学生劳动素养，使学生树立正确的劳动观念、具有必备的劳动能力、培育积极的劳动精神、养成良好的劳动习惯和品质。由此，我国劳动教育的核心指向和时代诉求便在于培育学生的劳动素养，这也是我国劳动教育课程目标的价值定位。它既超越了单一劳动知识与技能教育的课程目标，更区别于"教育离场"的无教育性的劳动教育目标，它追求的是素养培养意义之上的劳动教育的"完整教育""整体教育"价值。

具体而言，课程目标要回归"全人化"。"全人化"包含两层涵义。一是要面向各级各类全体学生，针对不同学段学生的身心发展规律制定与之适宜的课程目标。这就需要站在发挥潜能的自我实现的角度，统筹开展好生产性、服务性、创造性劳动，引导全体学生积极主动地成为劳动对象的发现者、加工者和改造者，劳动过程的反思者和体悟者，劳动结果的受益者、使用者和分享者。[1]二是把学生看成完整的人。从此意义上来说，要求注

---

[1] 中国劳动关系学院劳动教育中心.劳动教育评论(第1辑)[M].北京:社会科学文献出版社,2020:46.

重学生认知、技能与情感、态度、价值观的整合,其实质是对全面和谐发展的追求。从学生自身成长来看,通过教育,个体除了会获得智力的发展和技能的熟练之外,必然还会带来情感、态度、个性、意志、品质等人之所以为"人"的整体精神的形成。因此,劳动教育课程目标除了要求学生"会劳动"外,更强调通过劳动学习使学生形成正确的劳动价值观、积极向上的情感、终身劳动的心理倾向、吃苦耐劳的劳动意志。尽管面对具体的劳动场域,具体的劳动素养目标侧重点不同,但都关注认知、技能、价值观等多方面的协调发展。而在科技不断改变着人类社会生产方式和生活方式的今天,发展学生运用高新技术的意识和能力的同时,更是要引导学生正确理解人与自然、人与人、人与机器的关系,树立起"技术造福人类"的人文价值观,形成对他人、对社会的劳动义务感和责任感。

另外,劳动教育课程目标契合"全息化"理念。所谓"全息化",是指劳动教育超越分离,走向德、智、体、美、劳五育之间的辩证统一,指向劳动教育课程的全局和整体。陶行知这样解释过"生活即教育":健康的生活就是健康的教育、劳动的生活就是劳动的教育、科学的生活就是科学的教育、艺术的生活就是艺术的教育、改造社会的生活就是改造社会的教育。[①]以此类推,有什么样的生活就有什么样的教育,学习生活中有什么样的劳动就有什么样的教育。在劳动实践过程中,个体的良好品德、聪明才智、健康体魄、审美情趣都是劳动不可或缺的要素。因此,劳动教育也不再是一种独立的教育形式,它能够将各类教育内容连接在实践中,不仅能实现劳动教育的直接目标——劳动素养的形成和发展,还能将劳动的价值、理念渗透到各个学科教学中,实现更深层次的自我认知和自我养成的德行养成、智力构建、体魄塑造、美感追求,在以劳育人的视域内,用其具身属性实现学生的全面发展。

第三节 劳动教育课程目标的确定

课程目标指导着课程设计、编制的全过程,是一项重要且具有创造性的任务。其制定不是简单地将教育目的、培养目标转化,而是需要仔细斟酌、细细考量。新时代劳动教育的课程目标要适应国际化、信息化社会的发展,培养学生的劳动自立意识与良好习惯和品质,以促进学生德智体美劳全面发展。

一、劳动教育课程目标的来源

在明确课程目标的来源和制定课程目标的依据的过程中,无数学者经过长期探索与实践提出了许多的观点。其中,美国学者泰勒,在《课程与教学的基本原理》中提到,任何

---

① 陶行知.中国教育改造[M].北京:商务印书馆,2017:162.

单一的信息来源,都不足以为明智而又全面地选择学校目标提供基础。每一种来源都有其某些价值。在设计任何一项全面的课程计划时,对每一种来源都应予以一定的考虑。同时,他将课程目标的来源总结为三个方面:对学习者本身的研究、对社会生活的研究、学科专家的建议。尽管除此之外还有其他的来源,并且对如何处理三者之间的关系人们还有不同的看法,但这三方面是课程目标的基本来源已成为课程工作者的共识。对这三方面关系的不同认识反映了不同的教育价值观,不同价值观导向下的课程目标的设定方向也必然不同,从而导致对受教育者不同的培养方案。

(一)学生发展的需求

课程的一个基本职能是促进学生身心的全面发展,无论什么学段的课程目标在设置时都以人为主体,其最终目标都应指向受教育者的身心发展、健康成长。泰勒认为,年轻人日常所处的家庭和社区环境,通常对学生的教育发展起着相当重要的作用。学校没必要重复学生在校外获得的教育经验。学校应将精力集中于学生现阶段发展的严重差距上,而这种差距就是学生自身在成长过程中为了能够获得理想发展的需求。马斯洛的需求层次理论将人的需求从低到高分为五个层次:生理需求、安全需求、归属和爱的需求、自尊的需求、自我实现的需求。在满足低级需求之后才能产生高级需求,学生在人生道路上尽管自我实现的形式不同,所获得的机会也不一样,但都有满足自我实现的需求。作为确定课程目标来源的学生的需求是非常复杂的。每一个学生都是独特的、完整的个体,其需求是丰富且繁杂的,也是不断变化、不断生成的。另外,学生在不同年龄阶段、不同学段的需求也不相同。小学阶段儿童的思维发展仍以具象思维为主,抽象思维随着年龄的增长也在逐渐发展,有了基本的分辨是非的意识,但在这个阶段的儿童仍然较容易分散注意力。中学阶段青少年处于身心发展的关键时期,他们的观察力、记忆力和想象力迅速提升,自我意识增强,能够运用抽象逻辑思维进行推理、运算。因此,在确定学生需求的过程中必须体现学生的个人意志,尊重他们的个性和选择。

由于信息技术和网络的发达,未成年人可以在网络世界中接触到来自世界各地五花八门的信息。他们对很多事物的认知不够清晰,独立思考和明辨是非的能力不足,容易被当今社会上消费主义、享乐主义等不良风气所影响,更有甚者使得自己陷入及时享乐的"物欲"之中,将物质层面上的安乐享受作为自己生活的动力,出现不尊重劳动成果、逃避劳动、蔑视劳动的现象。艾里希·弗洛姆认为,如果一个人终日思考的是如何逃离劳动生产,如何去占有和消费越来越多的物质以及如何去享乐,那么,当他消费越多,便越会被"物欲"所捆绑,"拜物"行为所导致的后果,就是使人丧失对自身以及同类生命的尊重。劳动教育课程就是帮助青少年树立正确的劳动价值观、养成良好的劳动习惯,丰富学生的精神世界,让青少年能够在"物欲"中保持清醒和警惕,有能力甄别物质的享乐和真正的自由、幸福之间的区别。

(二)社会整体素质提高的要求

学生不仅在学校中获得教育,更是生活在社会之中。学校的一大重要任务就是使学生在成长过程中不断社会化,教学活动也是存在于现实社会之中的。当代社会生活由于经济持续不断的发展和科学技术的日新月异,其实际情况复杂多变。教育为了培养受教育者能够在当代的社会生活中生存并且为社会做出相应的贡献,就必须将教育的内容集中到当前社会中的重要方面。如此才不会忽略掉生活中很重要的事情,只集中于学习一些宛如"空中楼阁"的知识。此外,在心理学中关于训练迁移的研究表明,学习者会对课堂上所学知识中能够在实际生活中所运用到的一部分掌握得更加出色,学习的兴趣也更加浓厚。社会生活的内涵极为广泛,从空间维度上看,社会生活的需求是指受教育者所在的社区到一个民族、一个国家乃至整个人类的发展需求;从时间维度上看,它不仅包括当下社会生活的需求,还包括了未来社会进步和发展的需求。如今人类社会迈入现代化2.0时代,信息化社会的需求必然会是当下现实生活的需求与未来社会发展需求的统一。

新时代的劳动教育课程在理念上与立德树人、社会主义核心价值观一脉相承。尊重劳动、热爱劳动是中华文化的优良传统。我国自古以来就是一个人口众多的农业大国,劳动人民在日常生产过程中传承了吃苦耐劳、认真负责、精益求精的优秀品格。国家的繁荣富强和人民幸福离不开劳动,需要各行各业兢兢业业、踏实肯干的人民支撑。在如今物欲横流、信息爆炸的时代,我国必须着重提升全民族的素养,让新一代的接班人继承优良文化、树立正确的观念,秉持共同奋斗、全民努力的精神,让"劳动最光荣、劳动最崇高、劳动最伟大、劳动最美丽"的观念在社会蔚然成风。新时代劳动教育课程肩负着培养新一代劳动者和社会主义建设者,促进我国全民族素养提高的使命。通过劳动教育,学生能在劳动创造中追求获得感和幸福感,为实现"两个一百年"奋斗目标和中华民族伟大复兴的中国梦做出新的更大贡献。[①]

(三)教育专家的研究

学校课程的一个重要任务就是要传递给学生人类智慧的结晶,教育专家熟悉教育现象中所反映出的教育基本概念和基本原理、发展趋势等内容,因此绝大部分课程的教科书都会参照教育专家的意见。教科书的课程目标除了需要反映出对学习者本身的研究及对当代社会生活的研究,还需体现学科专家的建议和观点。由此可以看出,教育专家的研究是确定课程目标的一个不可或缺的来源。

纵观我国劳动教育课程的发展历程,劳动教育在实施的过程中一直在更加重视自身的育人价值还是强调其工具价值之间徘徊。劳动教育的最终目的是促进学生实现德智

---

① 鲁满新.论新时代弘扬劳动精神的重大意义与实践路径[J].思想理论教育导刊,2019(4):135.

体美劳全面发展,由于劳动教育课程贯穿大中小学全阶段,所以除了要培养学生的劳动习惯和劳动能力之外,还要培育学生的劳动价值观、情怀。但是在实际的开展过程中,单纯强调其技能性、偏重生产劳动而少教育等现象,导致了劳动教育在很长一段时间无法真正实现其独特的育人价值。教育专家通过对这些现象进行分析、总结及研究,准确指出当前劳动教育中的所存在问题,明确开展哪些课程能够促进学生理解、掌握劳动知识和技能,并形成具有学理性、科学性和指导性的建设路径和策略,从而对课程目标的设置提出合理的意见。

课程发展史上经典的学生本位课程论、社会本位课程论、学科本位课程论都是过分强调某一方面,从而走向极端,其结果也是众所周知的失败。因此在制定劳动教育课程目标时要综合考虑各种来源的需求以及劳动教育课程自身独特的"全息"性、时代性、跨界性教育价值。

二、劳动教育课程的总体目标的确定

我国之前的劳动教育指导纲要将劳动教育目标按照性质分类,主要分为认知性目标、体验性目标、参与性目标、技能性目标和创造性目标,其并未结合到学科来提炼出具体的能力目标,因此在过往实施过程中的效果有一定程度上的不尽如人意。新时期我国劳动教育发生了新的变化,《指导纲要》具体说明了劳动教育是什么,教什么和怎么教等问题,明确指出,劳动教育是发挥劳动的育人功能,对学生进行热爱劳动、热爱劳动人民的教育活动,是为了使学生树立正确的劳动观念,具有必备的劳动能力,培育积极的劳动精神,养成良好的劳动习惯和品质的活动。

为了最大程度地发挥劳动教育的育人功能,中小学劳动教育课程不仅应当强调日常生活劳动、生产劳动和服务性劳动中的知识、技能与价值观,还应当在学校内独立开设劳动教育必修课、在学科专业中有机渗透劳动教育、在课外校外活动中安排劳动实践以及在校园文化建设中强化劳动文化。为提高劳动教育的实施效果,应该把握好讲解说明、淬炼操作、项目实践、反思交流、榜样激励等关键环节,选择恰当的劳动教育方式,建设好各地区学校劳动教育课程体系。为深入贯彻习近平总书记对教育的重要论述和党的教育方针,劳动教育课程目标必须在此基础上进行深化发展,才能真正加快构建德智体美劳全面发展的教育体系。新时代劳动教育必须以"立德树人"作为核心价值导向,从而实现德育思想与劳动教育目标二者的有机融合,促进新一代社会主义劳动者全方位的发展。劳动教育引导学生将个人理想融入国家理想,树立正确的劳动价值观,践行积极向上的劳动精神,习得一定的劳动技能和达到相应程度的能力水平,成为建设新时代中国特色社会主义事业的接班人和主力军。因此,劳动教育课程要重视与其他学科课程跨界融合过程中德育方面的渗入,把劳动课程作为一条可实现、有意义的途径,以"润物无声"

的方式继承中华民族优良传统,培养学生良好的道德情感,提高他们的道德认知水平。

　　人的全面发展,不仅是思想道德、精神品质、健康体魄、健全人格等身心全面的发展,还包括人对客观世界的改造,处理现实生活中出现的劳动问题以及整体人类当前和未来的生存与发展。苏联著名教育家苏霍姆林斯基曾说过,一个人的和谐全面发展、富有教养、精神丰富、道德纯洁——所有这一切,只有当他不仅在德育、智育、体育和美育素养上,而且在劳动素养、劳动创造素养上达到较高阶段时,才能做到。劳动教育课程要做到德智体美全方位的覆盖,明确德、智、体、美、劳之间的辩证关系,补救劳动教育在"五育"中的地位缺失和现实短板,实现真正意义上的"五育融合"。即,既要让劳动教育在德育、智育、体育和美育中无时、无处不在,也要让劳动教育返回并进入其他"各育"之中[①],做到以劳树德、以劳增智、以劳强体、以劳育美、以劳创新,以培养受教育者的综合能力。

三、劳动教育课程的阶段目标

　　随着社会的发展和经济水平的提升,中小学生获得劳动锻炼的机会越发减少,这导致了普遍学生劳动观念和精神的不足,许多中小学生不会简单的体力劳动,甚至对劳动成果也不珍惜,更严重的是某些学生群体出现了不尊重劳动、蔑视劳动的现象。新时代劳动教育课程的主要目标,不仅是为了使学生养成良好的劳动习惯和具有必备的劳动能力,更重要的是希望学生可以通过劳动去认识、了解和感受世界,进一步让学生树立正确的劳动观念,培育学生积极的劳动精神,明白劳动对于人生价值的重要性,全面提升学生的综合素养。

　　根据《意见》指出,小学低年级要注重围绕"劳动意识的启蒙",初中要注重围绕"增加劳动知识、技能",而普通高中要注重围绕"丰富职业体验、开展服务性劳动、参加生产劳动"。

　　此外为了实现劳动教育课程目标还需构建家庭、学校、社会一体化的教育系统。一方面,在青少年阶段,家庭是除了学校外学生接触最多的地方。家庭教育是以亲子关系为基础,通过家长与儿童之间的情感沟通、合作分享来传递劳动情感、精神和价值观的活动。并且在家庭中,教育的形式没有在学校中的束缚感和约束性,学习都是随机、自然地发生在日常的生活中,让儿童自然而然形成对劳动、劳动者等的观点与看法。因此,家庭要树立热爱劳动尊重劳动的家风,积极为学生创造能够进行劳动的机会,帮助学生养成良好的习惯。另一方面,有效开展劳动教育课程必定离不开社会的紧密配合,社会要营造积极向上的舆论气氛,完善相关的法律法规为劳动教育保驾护航。尤其是教育行政部门,要极力做到督导检查中小学有效开展劳动教育课程的工作。21世纪的今天,生产劳动的效率不断提高、就业结构的不断变化,青少年的成长已经不局限于学校,劳动教育要

---

① 李政涛,文娟."五育融合"与新时代"教育新体系"的构建[J].中国电化教育,2020(3):11.

与社会生产实践相结合,通过社会教育促进学生不断的社会化。新时代劳动教育课程目标的制定与实现仅靠单一场景的教育是远远不够的,需要建立立体式网络状的校内外劳动教育协同育人机制,形成学校、社会和家庭三位一体的劳动教育协同育人、全面育人的大格局。[1]

(一)小学阶段劳动教育课程的目标

小学阶段是学生在成长过程中身心发展变化巨大、是可塑性最强的一个阶段。小学阶段的劳动教育,要以体力劳动为主。这个阶段的劳动教育课程要在塑造学生初步的劳动意识和劳动观念的基础上,培养学生,锻炼学生的劳动能力,使其掌握劳动技巧,可以完成有较少技术含量和一定时间长度的劳动任务,提升学生基本的自理自治能力。因此,小学阶段的劳动教育课程目标应该建立在日常生活劳动教育之上,注重培育劳动意识,初步养成热爱劳动、热爱生活的态度。

1. 小学低年级:意识启蒙阶段

小学低年级设置"劳动与生活"课程,其目标是"生活自理",树立"自己的事情自己做,别人的事情帮着做,集体的事情一起做"的意识。小学低年级学生的生活环境比较"单纯",大多数情况下除开学校就是家里,家庭教育是进行劳动教育的重要场域,家务劳动是培养低年级学生劳动能力最直接有效的方式。在家庭日常生活中,家长应该多为学生提供他们年龄阶段力所能及的家务劳动,通过这些劳动学习各种生活常识和劳动技能,认识到自己的劳动给家庭带来的贡献,帮助学生形成一定的劳动意识。例如,家长可以和学生进行简单的手工制作,共同完成任务,这样不仅家长可以和孩子共同度过和谐的亲子时光,还可以提升孩子个人成就感、劳动安全意识。而在学校教育中,学校不仅应该拓宽教学内容,还应该提供实践活动,给予学生一个劳动参与的场所,让学生在"边做边学边成长"的过程中,形成劳动观念和态度,提升劳动能力和劳动素养。

2. 小学中高年级:态度养成及习惯塑造阶段

小学中高年级设置"劳动与技术"课程,其目标是"热爱劳动",树立"家庭的事情经常做,不会的事情学着做,集体的事情抢着做"的态度。小学中高年级的学生已经在系统化的学校中学习了基础的文化知识并掌握了基本的劳动技巧,拥有了一定的认知能力和处理事务的能力,可以让他们适量参与日常生产劳动,设计家政、烹饪、手工、劳作等活动,让学生在实践活动中进行学习,与此同时还可以进行跨学科教学,以此锻炼孩子的身体协调力和动手力,培养学生独立自主的意识,更好地面对生活中所会发生的问题并努力解决问题。学校还可以根据中高年级学生的年龄特点和个性差异,为他们选择力所能及

---

[1] 顾建军,毕文健.刍议新时代劳动教育课程的一体化设计[J].人民教育,2019(10):17.

的服务性劳动,例如,参加集体植树活动、打扫社区卫生、义务当小交通维持员等,通过这些活动体验服务他人的乐趣,体会劳动的光荣感,尊重普通劳动者和珍惜劳动成果,引导学生自觉自愿地参加社会公益性劳动。

(二)中学阶段劳动教育课程的目标

个体在中学阶段生理上发展变化迅速,但是心理水平却还是处于幼稚与成熟之间的过渡时期,这就导致了中学生身心发展的不平衡性和矛盾性。正确的三观是体现受教育者文化素养的标志,中学阶段是学生形成世界观、人生观、价值观的关键时期。相对于小学阶段孩子对家长和教师的过度依赖,中学生已经学会独立思考并表达自己的观点,同时在处理现实问题和人际交往中逐渐形成自己所认同的观念体系。在这个阶段,为了达到身体和心理的和谐统一,最终形成独立自强的人格,可以进行适当的生产劳动、服务性劳动兼顾相应的职业体验,从而增强体能、发展心理。

1. 初中:拓展和延伸阶段

初中阶段设置"劳动与技术"课程,全程贯穿技术,其目标是"自主劳动",做到"家庭的事情习惯做,困难的事情努力做,集体的事情主动做"。初中是学生青春期的早期阶段,他们的自我意识开始苏醒,即将出现人格的"第二次诞生"。虽然初中生的个体自我意识得到初步发展,但是由于自身社会经验和知识积累的不足,其思想观念容易受到外界的影响。因此,初中生在客观上存在着巨大的可塑性和变动性。初中阶段是学生养成吃苦耐劳、认真负责的劳动品质和态度的关键时期,当前大量良莠不齐的社会信息与观念横飞,一些学生受其影响产生出对劳动的错误观念。劳动偏差的学生,往往会忽略掉自己身心的健康发展,容易养成好逸恶劳、坐吃山空、不思进取的思想。因此,在这一阶段,要注重激发学生的劳动兴趣,让学生在劳动实践的过程中培养正确的劳动价值观,增强责任感和担当精神,体会劳动创造美好生活。初中阶段劳动教育课程要努力挖掘劳动对于学生知识建构、能力培养、创造力提升、人格完整等的独特教育价值。

2. 高中:角色和情怀养成阶段

高中阶段设置"劳动与职业"课程,其目标是"劳动自立",围绕丰富的职业体验,有效帮助学生认识和理解不同的职业,找到适合自己的发展方向,合理地选择大学专业,实现高中与大学的有效衔接。同时还需要让学生尽可能多地参与服务性劳动和生产劳动,让他们理解劳动创造价值,具有劳动自立意识和主动服务他人、服务社会的情怀。高中阶段的学生的认知水平较高,对于世界有了一定的认识,自身观念体系也正在搭建之中,是需要教育合理引导的关键时刻。在这个阶段,要让学生通过参与式职业辅助劳动体验、亲身经历服务性劳动职业和劳动法规的学习,感受和理解现代社会工农业和第三产业的结构变化,尊重一切职业和劳动者,培养对职业的兴趣。另外,要让学生在课程上加强学习劳动者权利、义务、职业道德和规范相关的知识,在项目中自主选择承担团队负责人或团员的角色,经历完整的生产劳动项目的实践过程,养成吃苦耐劳、精益求精的品质,增强职业生涯规划的意识和能力,并逐步确定自己的职业理想,为未来的社会生活做好准备。

第四章

劳动教育课程内容

劳动教育在我国国民教育体系中占据着至关重要的地位，是推动教育全面发展的重要环节，是一项贯穿大中小学各个学段，涵盖家庭、学校、社会各个层面的综合性教育活动，具有树德、增智、强体、育美的综合育人价值。将劳动教育融入人才培养的全过程，与德育、智育、体育、美育紧密结合，是构建具有中国特色社会主义教育体系的必要举措，旨在实现德智体美劳全面发展的教育目标。

劳动教育开展的前提是如何选择、设计课程内容。新时代劳动教育课程内容的选择、设计除了日常生活劳动、生产劳动、服务性劳动等传统劳动形态以外，还应体现劳动形态、劳动工具的时代性，不断更新对劳动形态的理解，创新劳动教育的课程内容体系。就此问题，中共中央、国务院于2020年3月印发的《意见》对全面构建体现时代特征的劳动教育体系提出了具体指导意见。《意见》中明确指出新时代劳动教育的基本原则之一为体现时代特征，即适应科技发展和产业变革，针对劳动新形态，注重新兴技术支撑和社会服务新变化。同年7月，教育部印发《指导纲要》，该文件强调新时代劳动教育的基本理念之一为继承优良传统，彰显时代特征，即在充分发挥传统劳动、传统工艺项目育人功能的同时，紧跟科技发展和产业变革，准确把握新时代劳动工具、劳动技术、劳动形态的新变化，创新劳动教育内容、途径、方式，增强劳动教育的时代性。这两份政策文件表明，劳动教育课程内容的选择、设计不仅要关注传统劳动形态，发挥传统劳动的育人价值，同时更要凸显其时代特征，注重结合科技发展、产业新业态以及劳动新形态，从而提升适应经济社会发展的创造性劳动能力。

由此，新时代劳动教育课程内容的选择、设计，有必要立足时代发展与产业结构的调整，将新兴劳动形态纳入劳动教育的重点内容，体现21世纪劳动教育的时代特征。新时代的人才培养要求现代劳动教育的课程内容要有更高的立意与思考，因而必须立足于21世纪经济社会产业结构转型、劳动形态变化对劳动者素养提出的新要求，从科技发展、产业调整、劳动工具演进的角度，分析劳动形态的新变化，从而探索、创新现代劳动教育的课程内容设计。

第一节 劳动教育课程内容的设计理念

中国最早的马克思主义传播者李大钊曾指出："人生求乐的方法最好莫过于尊重劳动，一切的乐境都是从劳动中得来的。一切苦境，都可由劳动解脱。"他将劳动视为人避苦求乐的最佳途径，劳动使人获得自由。马克思主义则将劳动置于更高的位置，即劳动创造了人本身，充分肯定了劳动在创造、实现人的价值方面的重要作用。从这一意义而言，劳动的缺失就意味着人的不健全以及自身价值的难以实现，因而劳动教育的开展要充分发挥其促进人的发展、实现自身价值的教育功能。

劳动教育是在劳动中、为了劳动的教育活动。劳动教育的课程内容就是劳动本身,不同的劳动形态体现为不同的劳动教育课程内容,也就意味着不同的劳动教育。随着科技的快速发展与广泛应用,人类已经步入信息化、数字化的新时代,传统形式的劳动发展为信息化、数字化的非物质劳动、数字劳动、共享劳动等。[1]新兴的劳动形态对传统的劳动教育及其课程内容提出了时代挑战。当前,诸如信息产业、文化产业等新兴劳动的不断涌现,正日益挑战着过去主要基于第一、第二、第三产业所构建的劳动形态格局。在这种情况下,劳动就其形态而言,呈现出多样化的叠加形态,生产与技术、知识与价值、信息与文化、时间与空间等劳动要件的耦合比任何时代都更加复杂,更加多样。因此,新时代的劳动教育在内容上必须主动扩容以涵盖变化发展了的劳动现实。[2]可见,新时代的劳动教育不能只关注传统劳动形态,而是要结合信息时代经济社会的发展、劳动形态的新变化,发挥劳动教育的综合育人价值,培育适应时代发展与社会变革的劳动者。

由此,新时代劳动教育课程内容的选择也应紧跟科技发展与产业变革的趋势,充分结合劳动形态的新变化,不断更新劳动教育的课程内容,以满足信息社会对劳动者素养提出的新要求。

一、回应信息时代劳动形态的新变化

人们常用劳动工具或生产工具作为进入一个新时代的标志。那么,迈入信息时代的标志就是科学技术的快速发展与广泛应用。在信息时代,劳动者很难在传统的体力劳动和低科技含量的工作岗位上获得成功,无论是普通劳动者还是专门技术人员都必须具备生产、应用与创造信息的综合劳动素养,才能胜任这一时代对劳动者素养的要求,从而获得成功。

在信息时代,随着科学技术快速发展以及信息"大爆炸"进程,呈现出了前所未有的新特征。习近平总书记对这一时代特征进行了高度概括,"进入21世纪以来,全球科技创新进入空前密集活跃的时期,新一轮科技革命和产业变革正在重构全球创新版图、重塑全球经济结构。以人工智能、量子信息、移动通信、物联网、区块链为代表的新一代科学技术加速突破应用,以合成生物学、基因编辑、脑科学、再生医学等为代表的生命科学领域孕育新的变革,融合机器人、数字化、新材料的先进制造技术正在加速推进制造业向智能化、服务化、绿色化转型"。显然,"科学技术是第一生产力"在信息时代得到了充分体现,信息时代的产业发展不再局限于某一产品的流水线生产,而是更加注重科学技术的发展、应用与创新。与科技发展和产业变革相呼应,信息时代的劳动也随之呈现出信

---

[1] 肖绍明,扈中平.新时代劳动教育何以必要和可能[J].教育研究,2019,40(8):48.
[2] 班建武."新"劳动教育的内涵特征与实践路径[J].教育研究,2019,40(1):23.

息化、数字化、服务化等新特征,产业发展、劳动市场对劳动者的劳动能力或劳动素养也随之产生了新的要求。因而,现代劳动教育面临着全新的挑战,必须承担起培育学生或劳动者适应时代发展与产业变革的创造性劳动能力和多样化劳动技能的教育使命。

现代劳动教育面临的挑战和使命就是要发展学生或未来劳动者适应信息社会发展所需的劳动能力或劳动素养。随着科学技术不断发展与广泛应用,人们的生活、生产与思维方式发生了巨大变化,这种变化集中体现为信息对劳动力结构的影响。在信息时代,技术型劳动力仍很重要,但单纯依赖于直接使用劳动力的职业越来越少,需要创造性地运用知识与信息解决问题的劳动却越来越多,劳动更具复杂性与创造性。在传统农业和手工业时代,劳动者仅凭自身天然的身体素质便可从事并胜任相关劳作,在工业时代也只需掌握简单机械的技能、接受短时间的培训便可上岗。然而,进入信息时代,科学技术快速发展、智能机器广泛应用,这让人从简单体力消耗的岗位上解脱出来,却面临着信息化、数字化生产对劳动者劳动技能或劳动能力提出更高水平的要求。这是因为信息通信技术、人工智能技术以及虚拟现实技术等的发展,使新时代的劳动呈现出数字化、信息化、智能化等特征,新型劳动形态的出现要求劳动者必须掌握更多样化的劳动能力和劳动技能,如网络编程、使用数字设备、信息技术服务等能力。因而,劳动在信息社会不再是一件简单的事情,劳动的复杂性和创造性将成为信息社会劳动的新常态。[①]可见,现代劳动教育在发挥传统劳动形态的育人价值的同时,更应将数字劳动、科技劳动等新劳动形态纳入劳动教育的课程内容,充分发挥体力与脑力劳动、理论学习与实践锻炼的劳动育人价值。

在人工智能时代由于劳动直接创造物质财富的功能淡化,因而"劳动"的内涵,特别是在教育中的新内涵可能逐渐向"实践"概念靠拢。新时代的劳动将具有两个核心因素。第一,劳动,必须动手和动脑紧密结合。"手脑结合"不仅意味着现代劳动教育在让学生动手的同时要结合复杂的脑力劳动,也意味着在强调脑力劳动的同时不能全盘否定体力劳动、身体参与的重要性。进而言之,在选择现代劳动的教育内容时要充分考虑儿童的发展规律。根据"用进废退"原则,如果片面强调复杂的脑力劳动而忽视体力劳动对人身体发展的巨大作用,那么人的四肢将会逐渐退化,而人脑将会越来越大,人类会进化为头脑庞大而身材娇小的"怪物"。忽视身心和谐统一发展的规律,将身体躯干与大脑分离,很容易导致劳动教育走向异化,出现有劳无教和有教无劳的情况。第二,劳动,必须面对真实的现象、真实的世界而非幻象世界。"真实现象、真实世界"强调即便如今的学生面临着真实、复杂、多样的世界,非物质、信息化、数字化等劳动新形态成为现代劳动教育的重要内容,但劳动教育一定要让学生面对、参与、接触真实的劳动现象、社会和世界,在贴近学生真实生活、置身于真实的劳动实践活动中开展劳动教育,让学生的手脑等身体器官得

---

① 班建武.信息社会劳动形态的变迁与劳动教育的新课题[J].中国德育,2019(2):37.

到发展与锻炼,从而培养儿童热爱劳动、尊重劳动的积极劳动态度,这样的教育效果是单纯的课堂教学无法达到的。这也就是《指导纲要》中所指出的:"规划劳动教育时,要两者兼顾,坚持以实践锻炼为主,切实保证每一个学生都有必要的劳动实践经历,不能只是口头上喊劳动、课堂上讲劳动。"

二、结合经济社会产业结构的新业态

改革开放以来,随着中国经济社会的快速发展,产业结构也在不断地进行调整与优化,甚至出现了新的产业业态。产业结构是指国民经济中各产业的构成及其相互关系,基本上可以理解为是产业间的技术经济联系与联系方式。[1]一般认为,我国产业主要包括第一产业(农业)、第二产业(工业)、第三产业(服务业)三大类。调查显示,改革开放40多年以来,我国产业结构发生了重大转变,在1978—2018年间,中国经济结构的重心逐步从农业过渡到工业,进而转向如今的新兴技术服务业。1978年中国农业产出占GDP比重为27.7%,2018年该比重下降至7.2%。相应地,1978年中国第三产业产出占GDP比重为24.6%,2018年该比重上升至52.2%。与此同时,工业产出占GDP产出的比重由1978年的47.7%增长至最高占比48.1%,此后逐渐降低,并维持在40%—45%的区间水平内。[2]由这些数据表明,我国产业结构中,随着农业占比的下降,第三产业的占比显著上升,服务行业迅速崛起。这一转变意味着餐饮、咨询、设计、售后服务等服务性行业的需求越来越大,人力资本也逐渐向第三产业流动,服务劳动成为各类生产劳动的必要延伸,占据了利润来源的制高点。

我国经济社会产业结构的重大调整,带来了产业新业态和劳动新形态,这就要求劳动教育的内容要随之做出新的调整与变化,从而适应经济社会的发展,应对产业结构调整对人才素养提出的最新要求。《意见》在确定劳动教育内容要求时就明确指出,要结合产业新业态、劳动新形态,注重选择新型服务性劳动的内容。随着产业结构发生调整与变化,各产业在劳动生产链条中所处的位置与所发挥的功能虽然不相同,却是作为完整产业链、生产劳动过程中不可或缺的一部分,与各产业相对应的劳动形态也呈现出新旧并存、多元叠加的特点。以茶叶为例,茶叶产业是产业链很长的一个产业,第一阶段主要是农民栽培、种茶,第二阶段主要是机器加工、制茶,第三阶段主要是销售、卖茶。可见,新时代的生产劳动作为一个完整的过程,是新旧劳动形态并存、联结和叠加的必然结果。因此,新时代的劳动教育必须充分结合这一产业结构变化。换言之,现代劳动教育内容应根据产业结构的调整进行设计,体现新产业结构变化带来的劳动形态的变化。劳动是人类特有的属性,即便是最先进的人工智能机器也无法全然离开人而单独工作,归根结

---

[1] 黄利秀,张华忠.产业经济学[M].西安:西安电子科技出版社,2018:54.
[2] 孙巍,徐邵军.要素流动、产业结构调整与区域经济分化[J].科学学研究,2021,39(11):1947.

底都需要经由人的各项操作加以控制。然而,进入新时代,不同的产业、不同形态的劳动对参与其中的劳动者的素养要求却不尽相同,尤其是新兴的产业、新型的劳动形态对劳动者提出了更高水平的要求。因此,现代劳动教育必须充分结合经济社会产业结构的新业态,体现出这一时代劳动形态的新变化,进而提供更有针对性的劳动教育内容,以回应这一变化对人才或劳动者素养提出的最新要求。

具体而言,信息时代的劳动者需要具备更加全面、多样化的综合劳动素养。这既包括能够从事专门行业的知识与技能,也包括从事各个行业都普遍需要的通用劳动技能,如计算机的基本操作能力、运用互联网搜索和创作信息的数字劳动能力、进行良好人际交往与沟通的技能、团队协作能力、领导管理能力以及自主学习能力等。因此,现代劳动教育的课程内容设计需要结合新的产业变化和新兴劳动形态,将服务性劳动、创造性劳动纳入课程内容,提供丰富多样的职业体验教育,不断缩小学校与社会的距离,确保劳动教育所培养出的学生或劳动者具有高水平的劳动素养,能够解决生活情境中的问题、适应经济社会生产的需求。

三、探索教育与生产劳动相结合的时代特征

现代劳动教育课程内容设计的根本遵循是马克思关于教育与生产劳动相结合的思想。新时代开展劳动教育不仅要继承马克思教育与生产劳动相结合的思想,更要立足于新的时代背景下对这一思想进行创造性理解、阐释与运用。这就意味着,现代劳动教育要站在时代和现实的立场上,结合劳动新形态、产业新业态的发展诉求,将教育与新时代的生产劳动相结合,充分释放劳动的综合育人价值,从而实现人的全面发展。

马克思教育与生产劳动相结合的思想,是在教育与生产劳动相分离导致人的片面发展的背景下提出的,其根本目的在于消灭不合理的社会分工,将体力劳动与脑力劳动相结合,实现人的全面发展。马克思在考察机器大工业生产代替传统的手工业生产的发展历程中发现,当社会分工进入生产内部,物质生产过程的智力会作为他人的财产和统治工人的力量同工人相对立,使劳动产生异化,并且由于机器的使用,使得生产过程的智力同体力劳动相分离,智力转化为资本支配劳动的权利。要解决这个问题的关键就在于将教育与生产劳动相结合,从而适应现代社会的发展需要。在原始社会,教育与生产劳动是一体的,随着生产力的发展和分工的产生,教育从生产劳动中脱离出来,但这一时期接受学校教育是统治阶级的权力,劳动者与生产劳动的相关技术并不属于学校教育的内容。随着科学技术与生产的结合,生产劳动的相关知识与技能变得越来越复杂,工人只有掌握丰富的生产知识并受到多方面的技术训练才能适应大工业生产的要求。马克思将教育与生产劳动相结合作为造就全面发展的人的唯一方法,而劳动教育作为教育与生产劳动相结合的实践方式,就必须遵循这一指导思想。有劳无教或有教无劳都不是劳动

教育,只有在形式和实质上都将教育与生产劳动相结合才能够真正实现对全面发展的人的培养。

进入信息时代,经济发展主要依靠知识的应用与创造,传统的体力劳动与脑力劳动逐渐向创造性劳动、知识创新劳动与信息技术劳动转化,劳动形态发生了巨大的变化,对劳动者的素养要求也发生了巨大的变化。21世纪的"教育与生产劳动相结合"实际上是要求"教育与知识经济"相结合,不能将其肤浅地理解为学生既上课又参加体力劳动如家务劳动、公益劳动、工农业生产劳动等。[①]可见,劳动形态与产业业态的新变化,赋予了马克思主义教育与生产劳动相结合思想新的时代特征。这一特征主要体现为以下两方面。

第一,"生产劳动"有了新的时代诠释。进入信息社会、人工智能时代,科技迅猛发展,随着产业结构的不断变革、劳动形态的不断变化,生产劳动的内涵呈现出了新的时代气息。马克思曾这样定义生产劳动,因为资本主义生产的直接目的和固有的产物是剩余价值,所以只有直接生产剩余价值的劳动是生产劳动,只有直接生产剩余价值的劳动能力使用者是生产劳动者,也就是说,只有直接在生产过程中为了资本的价值增值而消费的劳动才是生产劳动。从这一意义而言,只有能够创造物质财富的劳动才是生产劳动。然而随着社会的发展,除了直接创造物质财富的生产劳动以外,提供服务换取收入和创作文化产品等创造精神财富的劳动,也能创造价值、促进经济的增长。因此,除了生产满足人们日常所需的传统生产劳动外,对产品进行分配、消费的劳动以及创造精神财富的劳动都属于生产劳动的范畴。显然,生产劳动已不局限于传统大工业时代的单一形态,而呈现出多样化的劳动形态。正如有学者指出,到了当代这个信息时代,由于生产中的科技因素急剧增加,很多生产都属于科技生产,教育与生产劳动相结合的深度已今非昔比。[②]

具体而言,在信息时代,随着服务业、信息产业、文化产业等新兴产业的不断涌现,带来了服务性劳动、科技劳动、数字劳动和文化劳动等新的劳动形态,新兴的劳动形态与传统的"生产劳动"在劳动工具、劳动产品以及劳动者素养要求方面都发生了变化。但从本质上来看,不论是传统意义上直接创造经济价值的"生产劳动",还是新兴的"生产世界"与"生产自身"的"劳动"都属于"生产劳动"的范畴。可见,多样化的劳动形态丰富了生产劳动的内涵,使生产劳动不只是传统的工业、农业、手工业等劳动,更涵盖了服务性劳动、科技劳动、数字劳动等新型劳动形态。因此,信息时代的教育与生产劳动相结合要充分认识到"生产劳动"形式的时代变化,将体现了时代科技前沿的服务性劳动、科技劳动、数字劳动等纳入现代劳动教育的内容之中。简而言之,正是科学技术的发展拓宽了对"生产劳动"的理解,从而更新了教育与生产劳动相结合的内涵,这一内涵的更新彰显了劳动

---

① 褚宏启.21世纪劳动教育要有更高立意和站位[J].中小学管理,2019(9):61.
② 成有信.教育与生产劳动相结合理论的新探索[J].北京师范大学学报(社会科学版),1997(3):31.

教育的时代特征。

第二,劳动者的素养有了新的要求。21世纪的劳动新形态对劳动者的素养提出了更高要求,科学性、创造性劳动能力以及科学精神品质成为信息时代劳动者的核心竞争力。人类社会发展至今,劳动形态发生了三次大变迁,每一次变迁都会带来劳动形态与功能的变化。第一次变迁发生在农业社会取代原始社会之际,劳动有了社会功能;第二次变迁发生在工业生产取代农业生产之际,劳动被组织化;第三次变迁就是工业社会向消费社会的过渡,劳动彻底符号化。可见,进入消费社会(或称信息时代),人在劳动中得到更大程度的解放,脑力劳动成为主要的劳动方式,生产线通过大量的脑力劳动来维持,即由人预先编制的、发挥"大脑"作用的、复杂的软件系统来组织、指挥机器进行产品生产。劳动方式从直接使用工具转为完成研发智能机器和编写程序的知识劳动以及在生产过程中的系统操作与运维等工作。[①]信息时代的劳动者不仅要具备能够进行体力劳动的身体素质,更要具备进行创造性劳动的能力修养,才能适应高科技含量、高数字化程度的工作岗位。

《意见》指出新时代大中小学劳动教育要注重新兴技术支撑和社会服务新变化,培养科学精神,提高创造性劳动能力。《指导纲要》则提出要全面提高学生劳动素养,使其树立正确的劳动观念、具有必备的劳动能力、培育积极的劳动精神、养成良好的劳动习惯和品质。可见,信息时代科学技术、经济社会的发展以及劳动形态的变化都要求教育与生产劳动相结合,以全面提高学生或新型劳动者所具备的劳动素养。广泛意义上的劳动素养是指具备正确的劳动价值观以及熟练掌握相关的知识与技能,而劳动的相关知识与技能是外显的,劳动素养的核心应该是内隐的劳动价值观,劳动教育的目标应该是培养正确的劳动价值观。马克思在其著作中从历史唯物主义、政治经济学和教育学原理三个维度对劳动价值观和劳动教育观有过翔实论述,北京师范大学檀传宝教授等基于对马克思经典文献的研读,得出"劳动教育的本质在于培养劳动价值观"的重要论断,并将劳动的价值观分为三个方面:一是劳动的本源性价值;二是劳动的经济性价值;三是劳动的教育性价值。其中,发挥劳动的教育性价值就是要认识到参加劳动才能实现个人的健康成长,不爱劳动则会阻碍个人的全面发展。

综上可知,我国现代劳动教育是以马克思关于劳动教育观、劳动价值观论述为根本价值遵循的。在信息时代,科学技术的高速发展、经济社会产业结构的不断调整使得生产劳动的内涵和形态得以扩充,对劳动者的劳动素养提出了更高的要求。因此,开展现代劳动教育应结合时代发展背景,创造性地理解马克思主义教劳结合思想,从而创新、丰富劳动教育的课程内容,发挥劳动教育发展学生劳动素养、劳动价值观等方面的育人功能。

---

① 曾天山,顾建军.劳动教育论[M].北京:教育科学出版社,2020:10.

第二节 劳动教育课程内容的设计框架

新时代劳动教育课程内容的设计理念建立于对马克思主义教劳结合思想的时代诠释,同时充分考虑信息时代背景下科技的发展、产业结构的调整引发的劳动形态的新变化。在选择、设计劳动教育课程内容时,应秉持手脑并用、新旧结合的劳动理念。也就是要将体力劳动与脑力劳动结合、传统劳动与现代劳动结合,既要有简单的、出力流汗的劳动,也要体现和回应劳动新形态、产业新业态的时代要求。如前所述,劳动教育的内容实际上就是各种各样的劳动形态,不同的劳动形态会带来不同的教育影响,而多样化的劳动形态都直接或间接地来源于学生的实际生活以及正在真实发生着的现实社会。因此,要使学生获得多方面的发展,在劳动教育课程内容的选择和设计上就要提供学生接触、体验多样态劳动的机会。

一、体力劳动、脑力劳动与数字劳动相结合

现代劳动教育的课程内容设计应以体力劳动为主,坚持体脑并用,同时融入数字劳动。以体力劳动为主是因为劳动教育的核心是劳动,应让学生动手实践、出力流汗,接受锻炼、磨炼意志。坚持手脑并用即在体力劳动中融入脑力劳动,让体力劳动更有理智性、思维性、创造性,进而发展劳动对"增智"的意义。融入数字劳动是为回应信息时代的劳动形态变化及其对劳动者素养的要求,发挥数字劳动在新时代劳动形态中的基础性角色,体现数字素养作为新型劳动者的基本素养的要求。

在信息时代,体力劳动与脑力劳动、生产劳动与非生产劳动的界限因科技的进步变得日益模糊,劳动直接创造物质财富的功能逐渐被淡化,进而表现为一种非物质性的劳动形态。非物质劳动的最新发展形式是数字时代发生在"既是游乐场又是工厂的互联网"的"数字劳动"。在某种程度上讲,数字时代的每个人都是数字劳动者,他们在一个完全由一般数据组成的界面中进行交流和交换[1],这种交流和交换已经成为现代社会人进行生产与生活的基本方式。随着数字技术的不断进步和数字设备的广泛应用,劳动工具、方式和形态都经历了前所未有的创新。这些变革将人类、机器与产品紧密地联系在一起,构建了一个数字化的生产、销售与售后服务的劳动链条。这一链条在整个生产链和劳动过程中发挥着基础性作用,进而模糊了体力与脑力劳动、生产与非生产劳动之间的界限。

显而易见,数字设备在很大程度上已经能够代替人完成任务,那么数字设备是否能完全取代人类的劳动呢?答案是当然不会。无论是计算机、机器人还是人工智能设备等

---

[1] 肖绍明,扈中平.新时代劳动教育何以必要和可能[J].教育研究,2019,40(8):48.

都属于人类智力劳动的产物，是供人类使用的劳动工具，它们的出现不是为取代人类，而是作为人类各种器官的延长，以便更好地服务于人类的一切劳动实践，比如人类借助望远镜看到了裸眼所不能见的浩瀚星辰，使用显微镜看到了肉眼无法察觉的微观世界等。反之，如果人类不使用这些劳动工具，它们的价值也就得不到发挥。

数字劳动作为人的大脑与各种人工智能电子设备协作的劳动，是人机协同的劳动。这意味着数字劳动仍然是以人为主体的劳动，需要人消耗一定的体力和脑力，有时还要倾注人的情感进行创造、创作。但正是因为数字劳动的渗透、融入，使得体力劳动不再是简单、机械的体力消耗，而是具有科学性的动手劳动；脑力劳动也不只是简单意义上的文字创作，而更加凸显其创新、创造的特点。可以说，数字劳动无处不有、无时不发生，已经成为当今社会最为普遍的劳动形态。每个人都必然会进行数字劳动，因而每个人都是数字劳动者，无论将来从事何种职业，数字办公技能或数字素养都是必备的基础技能。

随时随地的数字劳动使得数字素养成为信息时代劳动者必须具备的一种劳动素养。在信息时代，经济社会产业结构的变革、互联网和移动通信技术的广泛应用等过程都需要发挥数字劳动在完整劳动链、产业链中的基础性作用。这对新时代劳动者的数字素养提出了更高水平的要求，即劳动者必须具备与人工智能设备等机器设备协同工作的能力，具备能够熟练运用数字技术和信息技术进行创新创造的能力等一系列进行数字劳动所需的数字素养。在某种程度上，只有掌握了先进技术的人才能成为胜任社会发展需求的劳动人才。反之，不具备运用互联网进行信息的生产、收集和加工能力的人，就难以或无法胜任数字时代的人机协同劳动模式，在未来社会将寸步难行。

数字设备、人工智能的大规模应用虽然在一定程度上解放了劳动者的手足与大脑，但是也要警惕劳动数字化、虚拟化对体力劳动、现实劳动的冲击以及危害。在遍布数字劳动的信息时代背景下，动手操作的劳动、有难度的动脑思考劳动可能被忽视或弱化，若长期沉溺于虚拟的劳动，必将导致人手、脑的分离，身心的不和谐发展以及对劳动的认知误区。然而，劳动的数字化、虚拟化却无法取代真实劳动对人的身体与大脑的锻炼。因此，要充分认识到人类将格外需要参与劳动，劳动的主要目的将不是为了实现人与自然进行物质交换以保持能量和维持新陈代谢，而是为了保持和促进人类手、脑的发展。也就是说，数字时代的劳动教育更要加强青少年对数字劳动的认知，加强其劳动观念或劳动价值观的形成，避免其陷入将完整的劳动窄化为数字设备的劳动。比如，网络直播，主播通过线上唱歌、聊天等获得"打赏"的方式赚钱。不可否认，网络直播作为新兴的一种职业，主播也是一种劳动者。然而这种将劳动虚拟化、过于依赖网络平台的劳动可能会传递出一种"网络直播赚钱快、现实劳动难赚钱"的错误劳动价值观。这是现代劳动教育需要高度重视的问题，即如何将数字劳动融入体力劳动、脑力劳动中，传递正确的劳动观念、劳动价值观，从而避免青少年产生轻视体力劳动者、妄想不劳而获的畸形劳动价值观。

二、生产劳动、服务劳动与科技劳动相结合

现代劳动教育的课程内容设计要以生产劳动为主,将服务劳动与生产劳动紧密结合,同时融入科技劳动。生产劳动与服务劳动是作为完整劳动过程的两个方面,任何一种劳动都包含着这两种劳动形式,二者的结合体现了劳动的完整性。融入科技劳动的本质是在前两种劳动的基础上融入各种科技的元素,发挥科技优化劳动工具、促进社会生产与社会服务等方面的重要力量。

进入信息时代,人们的闲暇时间增多,对生活品质有了更高的追求,因而服务业与第一、第二产业的联系更为密切,对其延伸、辅助作用更加凸显。相应地,服务劳动与生产劳动的关系也更为紧密,而服务劳动作为利用知识、技能等为他人和社会提供服务的劳动,其对生产劳动发挥着延伸和辅助的功能。如经由生产劳动生产的产品,后续需要储藏、运输、包装、销售以及售后服务等劳动,这些都属于服务劳动的范畴。而在这一完整的劳动过程中,科技劳动的元素贯穿整个过程,发挥着提高生产效益、推进整个产业进程等作用。据此,在学校劳动教育课程内容的设计中就要认识到生产劳动与服务劳动是一个完整的劳动过程,且应在此基础上融入科技劳动的元素,从而培养学生创造性劳动能力、科学精神,成为适应信息社会发展与变革的科技劳动者。

科技劳动形式多种多样,包括基础性科技劳动、应用性科技劳动、开发性科技劳动和科技化的生产劳动,换言之,现代经济社会中创造价值的各种劳动都已经被纳入"现代科技劳动"的范畴。[①]可见,各种类型的科技元素渗透、融入到了各种劳动之中,成为促进各种劳动创造价值的基础和支持。科技并不仅仅指计算机技术或者是信息技术,而是科学与技术的总称。科学是要发现自然界中确凿的事实与现象之间的关系,并建立理论把事实与现象联系起来。而技术的任务则是把科学的成果应用到实际问题解决中。在科学技术,尤其是信息技术支持下的劳动呈现出知识化、自动化和自由化的特征。科学技术的广泛应用是人类不断进行知识的创造性劳动带来的结果,它使高科技、自动化的科技工具取代了人类进行简单机械或程序化操作的工作,从而让人们从时间长、任务重的各类机械劳动中解脱出来,因而人们的闲暇时间日益增多。同时,科学技术的广泛应用大幅提升了生产效益,在相同时间内,机器生产的产量可以达到人劳动产出的几百甚至上千倍,而且机器更可控、更稳定。

中国社会发展至今,生产劳动的目的已不再停留于满足基本生存所需物质的阶段,进入新时代,我国社会的主要矛盾已转变为人民日益增长的美好生活需要和不平衡不充分的发展之间的矛盾。在这一过程中,科技创新的力量显得尤为重要。当前,发达国家的经济更多地依赖于信息产品、服务的制造和传递,而不是物质产品的制造。即便是物

---

① 刘冠军,任洲鸿.价值创造视域中科技劳动与生产劳动的融合及其理论意义——一种马克思主义经济哲学的考察[J].烟台大学学报(哲学社会科学版),2010,23(2):5.

质产品的生产,在许多方面也强烈依赖于技术的创新使用。[1]可见,科技元素的融入已成为新时代社会经济发展与劳动形态变革的必然趋势。在农业现代化的进程中融入科技元素或科技劳动这一点体现得尤为突出。例如,光明米业(集团)有限公司为提高粮食生产精准化管理水平,利用智能终端与物联网管理平台相结合,开发App对田间地头的作业进行实时性、智能化和有预见性的管理。在App上,农户可以查看光明米业公司技术中心下发的农业任务,也可以将生产劳动中遇到的问题和需要的农资以文字、图片和视频的形式上传至App,技术人员会在第一时间给予指导与帮助,确保农业生产工作的顺利进行。农户也应在App中录入农产品的各种数据,以供后台的技术人员对作物的长势和产量进行预估,提出应对方案。[2]这一案例表明,互联网技术的应用搭建了一个虚拟的、数字化交流平台。得益于信息通信技术、智慧移动技术等科技的发展与应用,农户可以将农作物的生产情况以数据形式上传至互联网,技术人员则可以为农户提供线上的针对性技术支持。

综上,科技元素融入生产劳动与服务劳动的全过程是时代发展的必然趋势,也是科技发展的必然结果。正因如此,现代劳动教育要紧密结合学生的日常生活与真实发生的现实生活,从社会劳动的全过程寻找、选择可纳入劳动教育的课程内容。进而言之,现代劳动教育内容要体现生产劳动、服务劳动和科技劳动相结合的劳动形态,在学校教育中为学生提供完整而真实的劳动过程,让学生在亲身体验与实践中接触完整的劳动过程,而不只是接触完整劳动过程的某一环节。正因科技元素的融入改变了信息时代的劳动方式、劳动工具与思维方式,这一改变对人的素养提出了更高的要求,新时代的人必须是能够灵活运用科技进行创造性劳动、具有科学精神的劳动者。

三、日常生活劳动与职业体验劳动相结合

现代劳动教育的课程内容设计要将日常生活劳动与职业体验劳动紧密结合。日常生活劳动立足于个人生活事务的处理,旨在培养青少年自我服务的意识以及良好的卫生习惯,最终使青少年获得独立自理的生活技能。职业体验劳动就是要让学生在真实的劳动岗位上见习、实习,培养一定的职业意识和职业情感。二者的结合是实现个人价值与社会价值的重要方式,是实现劳动教育综合育人价值的重要途径。

《指导纲要》中指出,劳动教育的性质具有显著的实践性,必须面向真实的生活世界和职业世界。可见,开展劳动教育必须将真实的生活世界与职业世界相结合,真实的生活世界就是指学生个人的日常生活世界,真实的职业世界则指的是学生毕业以后要接触

---

[1] 帕特里克·格里芬,巴里·麦克高,埃斯特·凯尔.21世纪技能的教学与评价[M].张紫屏,译.上海:华东师范大学出版社,2020:252.
[2] 张向飞.上海"互联网+"现代农业建设与实践[M].上海:上海科学技术出版社,2018:178-182.

的社会生活世界。二者既是作为社会人缺一不可的重要组成部分,也是作为社会整体的重要方面。劳动教育的目的就在于培养能够解决现实生活中真实问题的劳动者,既包括日常的家庭生活,也包括面向社会的职业生活两个方面。其中职业作为人生活动所遵循的方向,是实现个人价值的重要途径,同时也对他人有益。倘若忽视职业劳动的重要意义,就会陷入与职业对立的一面,在个人方面,是盲目性、反复无常和缺乏经验的积累;在社会方面,是无根据地炫耀自己和依赖他人过寄生生活。[1]从杜威对职业的描述可见,职业劳动对个人以及社会的发展都具有重要意义,职业劳动使个人生活独立且有意义,使社会生活规律而又和谐。由此可见,现代劳动教育要将日常生活劳动与职业体验劳动相结合,这既是个人完整生活的内在规定性,也是一个人拥有完满生活的前提。

当前,青少年群体中普遍存在淡化、异化、边缘化劳动的现象。诸多学生在学习上是一个"巨人"而在生活中却是一个"矮子",不会洗衣服、不会做饭、不会做家务,一直依靠家里的父母长辈照顾生活起居。这一生活难以自理的情况不仅存在于中小学生群体中,在大学生群体中也层出不穷,正如有学者指出大学生对劳动的认识不够深刻,逃避劳动、厌恶劳动的现象层出不穷,高校的快递业务有很大一部分来自学生把积攒一段时间的衣服寄回家去,父母洗完后再通过快递寄回。[2]然而,出现这一现象主要是由于青少年从小缺乏正确的劳动教育、没有得到充分的劳动锻炼导致从一开始就没有养成良好的劳动习惯。在这一方面,英国就特别重视青少年日常技能的学习,除了家庭劳动教育中的日常技能学习,比如叠被子、做饭、零花钱管理等生活技能,英国学校还专门设置相关课程,培养学生从生活小事做起的劳动意识。例如英国在2008年宣布,从当年9月起,将烹饪课列为11—14岁学生的必修课,规定所有学生必须学习且通过,不及格者需要补修、补考,否则不能毕业。课程要求每名中学生应学会以新鲜原料烹饪符合青少年口味、健康可口的八道菜肴。课程每周至少两节,学生需要学会设计营养均衡的食谱、制作健康菜肴。2014年9月,英国教育部宣布将烹饪课扩大至小学,即从2014年9月起,英国7—14岁的孩子必修烹饪课程,并且学生到14岁时要能够做出不同种类的20个品种,比如馅饼、炒菜、咖喱饭等。[3]可见,日常生活作为学生学习的重要场所,是天然的劳动训练场所。尊重劳动、尊重劳动者、珍惜劳动成果等良好的劳动习惯的形成并非依赖于一次两次劳动教育课就能实现的,而是需要长期的、日常的、反复的劳动实践与锻炼才能养成正如劳动最光荣、热爱劳动等劳动态度与劳动价值取向。

现代劳动教育不仅要重视日常生活劳动的教育,还应走出学校面向真实的社会生活,让学生进行职业体验的劳动教育。接受学校教育的青少年最终一定会走向社会、进

---

[1] 杜威.民主主义与教育[M].王承绪,译.北京:人民出版社,1990:325-326.
[2] 宁本涛,孙会平.以"五育融合"之眼看大学生劳动教育[J].劳动教育评论,2020(3):60.
[3] 董晓波,张培.英国劳动教育重视生活技能培养[N].中国社会科学报,2020-08-03(7).

入职场,以一名社会劳动者的身份而存在。同时,在现代社会发展进程中,许多传统职业已逐渐被替代、退化乃至消失,与此同时也兴起了诸多为适应社会发展的新兴行业与职业。职业种类的变迁警示我们,学生毕业时也面临着职业变化、易迁的现实挑战。为应对这样的职业挑战,现代劳动教育有必要提供学生或未来的劳动者各式各样的职业体验的教育,以帮助学生确立就业目标、制定生涯规划,从而为进入社会做准备。职业体验劳动有助于学生提前接触各种职业,了解各种职业相关的流程,在职业体验劳动中认识自我、选择未来可能的职业。

在职业体验劳动教育方面,德国的宝贵经验值得借鉴。德国的职业体验劳动依赖于形式丰富的校外实习环节,包括社会实习、企业实习和工厂实习。例如,德国实科中学每学年会安排2—4次校外实习,覆盖农业、机械制造业、采矿业、信息技术业和服务业等领域;德国文理中学也在每个学年为学生提供至少一次了解中小企业、公司、服务行业和高校的机会。[1]这为学生提供了丰富多样的职业体验机会与渠道,既让学生对各类职业的特点有了深入了解,也让学生在职业体验中发现并发展自己的兴趣与特长,从而为胜任未来职业、工作做好前期准备。因此,我国在劳动教育的课程内容设置上可以选择性地借鉴德国劳动教育的经验,将职业体验劳动纳入劳动教育课程内容,培养学生职业选择的能力,从而应对当前以及未来复杂多变的经济社会生活。

从我国教育目的的表述来看,劳动教育被看作是生产建设服务、促进就业和促进经济增长的手段,具有只关注劳动社会价值而缺乏对劳动个体价值的观照。劳动教育培养全面发展的人的表述,也似乎只着眼于实现劳动的个人价值,忽视了劳动的社会价值层面。这造成将劳动的个体价值与社会价值相割裂的局面。劳动的个体价值与社会价值的割裂最初源于产业革命、市场经济以及自由主义的兴起,个体的独立人格开始出现,相比过去个体仅仅是群体的附庸而言这显然是一种巨大的进步,它意味着人类发展进入了新的历史时期。然而,当这种独立人格走向极端也会造就"单子式的个体",造成个体与他人、群体以及社会之间的疏离、紧张和冲突。[2]这表明,对青少年的劳动教育不能割裂日常生活劳动与职业体验劳动,否则会陷入脱离群体、社会的个人发展困境。因此,现代劳动教育要通过职业体验教育将个体的自我发展融入为他人和社会服务之中,从而发挥自我的才能、实现个人价值。日常生活劳动与职业体验劳动的结合是实现劳动个体价值与社会价值融合的关键举措,是实现人的全面发展的有效途径。

---

[1] 任平,贺阳.当代德国学校劳动教育课程构建的经验与启示[J].中国教育学刊,2020(8):27.
[2] 章乐.从割裂到融合:论当代劳动教育的时代转向[J].教育发展研究,2020,40(24):22.

第三节　劳动教育课程内容的设计策略

选择、设计课程内容是开展劳动教育的前提条件,要落实劳动教育的育人目标就要精心选择、设计作为课程内容的劳动类型、劳动形态。劳动既是进行劳动教育的手段,又是劳动教育的目的。但这并不意味着每一种劳动都能成为开展劳动教育的重要课程内容。由于学校教育时间有限,盲目或过多增加劳动教育的课程内容只会挤压或占用其他学科的时间,加重学校与学生本人的负担。因此,对劳动教育的强调不是要将劳动教育凌驾于其他学科之上,而是要充分发挥劳动教育的综合育人功能,通过整合教育资源,建立多元协同育人格局。现代劳动教育的课程内容要经过精心设计,体现最核心的价值追求。基于劳动教育课程内容的选择条件、设计理念,从劳动形态的角度出发,现代劳动教育课程内容的设计可参照以下三点。

一、传统与现代劳动形态的融合

现代劳动教育课程内容的设计要将传统劳动形态与现代劳动形态相融合。正如《指导纲要》中提出,在充分发挥传统劳动、传统工艺项目育人功能的同时,紧跟科技发展和产业变革,准确把握新时代劳动工具、劳动技术、劳动形态的新变化。这就意味着,将传统与现代劳动形态融合是现代劳动教育课程内容设计的重要策略。

传统与现代劳动形态相融合的课程内容设计,就是要在传统劳动教育的基础上融入现代劳动形态,增设新时代劳动教育的内容。首先,要继承、发展与发挥传统劳动形态的育人价值。不管人工智能发展到何种程度,传统劳动对于促进人的感觉、知觉等身体机能的发展仍然至关重要,甚至说超越现代诸多的技术性劳动的作用。[1]传统劳动与传统工艺项目具有独特的育人价值,其本身凝聚着中国的传统文化,只有通过亲身动手实践才能领略其中的文化底蕴,这对学生形成热爱劳动、热爱劳动人民的深厚情感有不可替代的价值。因此,新时代开展劳动教育,仍然需要发挥传统劳动形态的育人价值。

其次,在传统劳动形态的基础上,强调体现时代特征是新时代加强大中小学劳动教育的基本原则。也就是要在劳动教育的课程内容中,体现劳动新形态与产业新业态,不断更新劳动教育的课程内容,以适应信息社会发展对人才培养提出的新要求。从原始的手工劳动到工业革命时期的机器大工业生产劳动,再到信息时代的科技劳动(或称"智能劳动"),社会产业结构在不断调整,新时代产业结构的多元并存关系,使得劳动也呈现出新旧融合的现象。在这种情况下,学校劳动教育如果还是进行简单机械的体力劳动,如清扫校园、制作手工艺品、在田园体验春耕秋收等,已经远远满足不了社会产业结构调整

---

[1] 潘希武.劳动教育的时代价值、内容设计及其课程共建[J].教育导刊,2020(15):10.

对劳动者的需求。现代劳动教育应依据劳动形态的演进而与时俱进。创造条件让学生参加服务形态的劳动、创造性劳动等,形成当代劳动教育的新方向;将软件编程技术、计算机辅助技术以及大数据分析等新内容纳入课程内容,使学生可以接触并掌握信息化生产建设的基础知识;将人工智能、3D打印、虚拟现实技术和数字媒体技术引入课堂,使学生能够适应数字时代的各种劳动形式,能够激发学生的创造潜能,在新时代利用自身所学的知识进行创新。

例如,德国七年级的劳动教育课,教师不仅会在课堂上引导学生观察和组装不同型号计算机的硬件设备,还会带领学生用计算机进行读写练习;不仅教学生运用互联网进行在线交流,还指导学生操作传真机、打印机、复印机等常见的数字办公设备。[①]可见,在德国的劳动教育课程中,将信息时代的数字设备、信息技术平台作为劳动教育课程的重要内容,让学生全面系统地掌握社会要求的普遍劳动能力与综合劳动素养,是现代劳动教育的重要内容。显然,数字劳动素养、信息技术素养等是21世纪劳动者的必备素养,现代劳动教育就要通过融合传统与现代劳动形态,不断缩短学校与社会之间的距离,培育出社会需要的合格劳动者。

最后,现代劳动教育还应根据产业结构调整,增设服务性教育内容。在学校进行服务性劳动教育就是要让学生有机会到服务性岗位上进行实地体验,就是要让学生投身到志愿服务中,用自己的知识为他人提供服务。比如,大连市某学校分学段进行服务性劳动教育,小学低年级主要是进行教室卫生的维护,培养学生的集体精神;小学高年级进行校园环境卫生、垃圾分类、美化绿化等劳动,增强公共服务意识;初中生定期包干校园区域保洁、美化任务,开展助残、敬老、扶弱等服务性劳动,形成社会公德意识;高中生则到真实的服务性岗位上劳动,参加公益活动与志愿服务,培养奉献精神。力所能及的社会服务劳动能够促进学生在服务他人的劳动活动或劳动实践中运用所学知识与技能。社会服务活动依托学校、家庭和社会三方力量,形成具有中国特色的劳动教育体系。

二、注重职业体验导向的劳动形态

现代劳动教育课程内容的设计要注重职业体验导向的劳动形态。职业体验式的劳动教育就是学校与社会之间的桥梁。《指导纲要》强调劳动教育具有突出的社会性,必须加强学校教育与社会生活、生产实践的直接联系,发挥劳动在个人与社会之间的纽带作用,引导学生认识社会,增强社会责任感。这表明,关注职业体验导向的劳动形态是现代劳动教育的组成部分,将其纳入劳动教育课程内容是重要的设计策略。

劳动是人类最基本的社会实践活动,劳动创造人。职业既是一个人维持生计的必要

---

① 任平,贺阳.连通学校与现代社会生活的桥梁——德国中小学劳动教育实施路径及启示[J].外国中小学教育,2019(8):31.

手段，也是实现自我价值的重要途径，任何人都会进入职场，进行职业劳动，成为职业劳动者中的一员。因此，进行职业体验的劳动教育对尚未进入但终将进入职场的青少年来说十分必要。2017年教育部印发的《中小学综合实践活动课程指导纲要》将"职业体验"界定为学生在实际工作岗位上或模拟情境中见习、实习，体认职业角色的过程，如军训、学工、学农等，它注重让学生获得对职业生活的真切理解，发现自己的专长，培养职业兴趣，形成正确的劳动观念和人生志向，提升生涯规划能力。从中可以看出，职业体验的劳动教育不等于职业教育，它并不要求学生获得专门的职业知识与技能，而是侧重于培养学生的职业兴趣，帮助学生发现自己的特长，形成正确的职业价值观。但不同的职业对劳动者的素养要求不同。比如厨师需要了解各类食材，通晓各类烹饪方法；公交车司机需要熟练掌握驾驶的技能，能够随机应变；医生要对人体和药理有足够了解，能够做到对症下药。学生在进入社会之前对各种职业缺乏系统的、直接的认识，学校劳动教育就需要为学生提供体验和实践各种职业的机会和渠道，让学生在模拟、体验、实习中"预见未来的自己"，从而为今后的职业生涯做好前期准备或提前规划。

随着时代的变迁，尤其是产业结构的调整与变革带来了劳动形态的多样化，这使得劳动的分工也在不断调整，职业的布局与类型也在不断变化。随着高科技数字设备以及人工智能电子设备的应用，人类诸多岗位被机器所取代。根据英国牛津大学教授弗雷和奥斯伯恩2013年发布的一项研究报告指出，到2033年，许多职业将有大概率会消失，诸如电话营销人员和保险业务人员、运动赛事裁判、收银员、厨师、服务员等职业。可见，随着诸多已有职业的消失，新兴职业的出现，未来的劳动者，即现在的青少年群体将会面临更大竞争的职业压力。基于人工智能工程、大数据工程背景下，电子竞技、无人机驾驶、物联网安装等以高技术含量、高创新程度的高技术人员岗位需求会增加，而一些只需简单机械操作的岗位则会进一步被人工智能、机器人等程序化设备所取代。这种职业类型翻天覆地的变化要求现代劳动教育的内容也要随之发生深刻的变化。也就是说，学校劳动教育要更加注重职业体验式的劳动、提供学生多元化的劳动实践机会，从而帮助学生发现、发展自己的就业兴趣，渐渐明确自己的就业方向，对自己的未来职业进行科学明晰的生涯规划，同时让青少年形成正确的职业观、职业价值观以及良好的职业道德。

职业体验导向的劳动教育内容，就是要提供学生接触各种职业的机会，让学生进一步认识和了解各种职业，从而为自己制定职业生涯规划，同时形成正确的职业价值观。因此，学校应开展就业与升学指导课程，提供最新的就业信息，帮助学生进行良好的职业生涯规划，促进学生就业与升学。然而，目前已有类似课程的学校只有高校才开设，且只是针对毕业生开设的"大学生就业指导"课程，在具体的实施过程中也存在课时短、走流程、学分低等问题。这就意味着，对于没有机会接受高等教育的青少年而言，无法获得相关就业指导，而对于就业早的这群学生而言，他们才是真正需要这门课程进行职业指导的重点人群。开展职业导向的劳动教育课程,更重要的是不能局限于学校内部的狭小天地,而要借助校外各种资源为学生提供多元职业体验的机会,充分利用学校周边资源开展实习实训,与企业、工厂、职业学校以及社区等密切合作。此外,面对服务岗位需求的增加,学校应与社区合作共同开展志愿服务与公益活动,让学生在服务他人与社会的活动中发现自我的价值,树立尊重劳动者、劳动不分贵贱的意识,养成良好的劳动习惯与培养爱岗奉献的精神。

简而言之,现代学校劳动教育在课程内容的设计上要重点关注职业体验导向的劳动形态,将这一劳动形态作为主要的课程内容纳入劳动教育之中。在职业体验导向的劳动教育中,通过提供多样化的、面向真实生活的职业体验机会和劳动实践机会,让学生在体验中发现自己的职业兴趣、发挥自己的特长,进而科学地制定生涯规划,同时形成正确的劳动观、职业观等。

三、基于劳动工具变革对劳动形态的创新

现代劳动教育课程内容的设计要基于劳动工具变革对劳动形态的创新。劳动形态的更迭必定伴随着新的劳动工具的出现,因而劳动工具的变革就意味着新劳动形态的出现,新劳动形态的出现必定会对劳动者的素养提出新的要求,这就要求劳动教育在课程内容的设计上充分考虑到劳动工具变革对创新劳动形态的影响。

习近平总书记曾指出"历次产业革命都有一些共同特点:一是有新的科学理论作基础,二是有相应的新生产工具出现……"在某种程度上而言,劳动形态的演进与劳动工具的创新几乎是同时发生的,使用不同的劳动工具是认识不同的劳动形态的重要方式,从而获得不同的劳动经验、劳动技能或劳动能力。原始社会的劳动工具就是人的四肢与大脑,后来有了木棍、石器等工具,发展至今劳动工具变成了人本身与机器协作。从这个角度而言,没有劳动工具,就没有真正的劳动,所有的劳动都有与之相适应的劳动工具,因而,劳动工具代表着一定的劳动形态。如锄头、镰刀代表的是传统的农业劳动;插秧机、收割机代表着现代化的农业劳动。这也表明同样都是农业劳动也会因劳动工具的不同而呈现出不同的劳动形态。因此,学校劳动教育的开展需要从劳动工具演进的角度探寻新的劳动形态的变化,尽可能多地提供学生使用多样的、先进的劳动工具的机会,让学生在使用劳动工具的过程中加深对劳动的理解,形成正确的劳动态度与价值观。

从原始社会单纯依赖于人本身进行劳动,到工业社会依赖于机器生产,再到信息社会的人机协同,劳动工具从人自身发展到了人机协同,借助劳动工具人类能够进行不同形态的劳动。正如海德格尔所指出的,世界以某种操劳于周围世界上手事物的方式并为了这种方式亮相的,也就是说,这种亮相还是随着上手事物的上手状态进行了。[1]人类借

---
[1] 海德格尔.存在与时间[M].陈嘉映,王庆节,译.北京:商务印书馆,2019:77.

助劳动工具能够识别、认识使用这一工具后的微观或宏观世界,反之这一工具如果没有被好好利用则会失去其工具性价值。比如,超声波客观存在于自然界,但因超声波的振动频率超出了人耳朵听力的最大范围,因此仅凭人类的耳朵是无法听到的。通过相关技术手段的捕捉,超声波被广泛地应用于医学、军事、工业、农业等领域。在医学上,利用B超仪等医疗设备对胎儿进行检查,避免了在分娩过程中的意外情况,这在很大程度上提高了母婴的存活率。将超声波通过科学技术手段制作为劳动工具,人类的手足和视野等就被延展与扩充,进而利用这一技术工具造福人类。因此,现代劳动教育课程内容的设置要尽可能多地呈现多种先进的劳动工具供学生选择和使用。例如,日本东京都台东区立大正小学校手工课教室,就有分门别类的各种工具。随着年级不同,工具的上手使用被逐步安排。年级越高,工具越复杂。三年级之后,学生被训练使用教室中的简易木工机床。[1]在儿童使用劳动工具进行劳动的过程中,也要充分考虑到儿童自身的发展规律,在不同阶段选择适应儿童成长发育规律的劳动工具,促进儿童进行劳动实践与劳动锻炼。

工欲善其事,必先利其器。当已有的劳动工具无法顺利开展新的劳动形态时,劳动工具就面临着被改造、完善与创新。这也就是说,新的劳动工具的出现就意味着新劳动形态和产业结构的出现。比如,人类一开始对肉类的加工只是单纯靠手的撕扯和牙齿的咀嚼,后来学会用锋利的石头进行切割,再后来用刀进行分割,而现在可以用破壁机、绞肉机等把肉类加工成不同的肉制品,食品加工行业随之诞生。可见,劳动工具可以作为判断劳动形态是否发生变化与变迁的标志,越先进的劳动工具代表着越新型的劳动形态。因此,现代学校教育要关注各种劳动工具,传统劳动工具代表着传统工艺、传统劳动方式,同时蕴含着传统文化;新型劳动工具代表着新型劳动形态,也体现了新时代社会发展走向以及这一时代对劳动形态的需求、对劳动者劳动能力的最新要求。从劳动工具的变革过程中发现劳动形态的创新,并将不同的劳动工具纳入现代劳动教育的课程内容之中,不仅有助于拓宽青少年对现实社会发展的认知与适应,也有助于从劳动工具的历史性发展视角了解劳动工具、劳动形态的发展源头与变迁过程,从而更好地认识和运用最新的劳动工具,进而从事新旧结合的社会劳动实践。值得一提的是,积极引导学生改造甚至创造劳动工具也是劳动教育的重要内容。有人甚至将劳动定义为对劳动工具的使用和创造。劳动工具的创造就是要对现有的工具、技术进行探索,发现其有待改进的地方,从而进行劳动工具的创新、创造。这有助于避免学生被已有技术所遮蔽,安于现状不愿改进等情况的出现,培养学生创新、创造的能力与精神。

综上所述,劳动教育的课程内容就是各式各样的劳动,劳动工具的变革代表着不同的劳动形态,而不同的劳动形态对人类产生的影响也不同。因此,现代劳动教育的课程内容在开发和设计时,要注重劳动工具变革对劳动形态的新变化,从而将新劳动形态纳

---

[1] 卢晓东.劳动教育与创新:从工具视角开敞的意蕴[J].华东师范大学学报(教育科学版),2021,39(1):102.

入现代劳动教育的课程内容之中。开展劳动教育时要充分考虑劳动形态的创新,尤其是信息时代背景下科学技术发展及产业结构调整对劳动工具及劳动形态带来的变化。但劳动形态的变化也并不意味着单纯地用新形态取代旧形态,通常是呈现新旧融合的劳动形态样貌。也就是说,不仅要将代表着最前沿技术的新型劳动形态及其劳动工具纳入现代劳动教育的课程内容之中,同时也要合理利用与发挥传统劳动形态及其劳动工具的育人价值。

第五章

劳动教育课程资源的开发及利用

课程资源的开发与利用是构建课程体系的基础和关键环节,没有课程资源作为基础和支撑,课程的设计、实施与评价也无法正常开展。因此,劳动教育课程资源的开发和利用也正是构建劳动教育课程体系的关键所在,是劳动教育课程由边界课程走向跨界课程的重要环节。鉴于此,深入挖掘劳动教育课程资源,合理开发并有效利用相关资源,有助于构建、完善劳动教育课程体系,推动劳动教育发挥其独特的育人价值,培育学生正确的劳动价值观和良好的劳动品质,实现人的全面发展。

第一节 劳动教育课程资源的理论解释

课程资源是重要的教育资源,是课程实施运作及课程目标实现的重要基础和保障,对课程资源的认识,不仅直接制约着其开发、利用的程度和质量,而且也直接影响着课程的正常运作。劳动教育的课程资源是劳动教育课程中不可或缺的基本要素,没有劳动教育课程资源也就没有劳动教育课程可言,相反有劳动教育课程就一定有劳动教育课程资源作为前提。深入理解有关劳动教育课程资源的概念、特征、分类和价值,是合理开发、有效利用劳动教育课程资源的重要前提。

一、劳动教育课程资源的概念

从词源来看,"资"即"财物、本钱、供给、资助","源"指"水流起头的地方,引申为事物的来源",进而"资源"一词可解释为"生产资料或生活资料的天然来源"。又根据信息资源学的观点,资源可界定为自然界和人类社会中能创造物质和精神财富的各种客观存在或存在物。[1]而课程资源作为资源的一种,可以将其理解为构成课程系统的基本要素和客观存在物,是可能进入课程活动,直接成为课程活动内容或支持课程活动进行的物质和非物质的一切。[2]课程资源一定是能够为课程和教育服务,有利于课程实施、课程目标和教育目标实现的客观存在物。作为课程资源的各种事物,有的可以直接转化为课程,有的能够为课程的实施提供良好的条件,因此我们可以将课程资源定义为富有教育价值的、能够转化为学校课程或服务于学校课程的各种物质和条件的总称,包括劳动教育指导纲要、课程标准、教材以及学校、家庭和社会中所有有助于提高学生劳动素养和劳动能力,培养学生正确劳动价值观和良好劳动品质的各种资源。

---

[1] 段兆兵.课程资源的内涵与有效开发[J].课程·教材·教法,2003(3):26-27.
[2] 范兆雄.课程资源系统分析[J].西北师范大学学报(社会科学版),2002,39(3):101.

二、劳动教育课程资源的特征

劳动教育课程资源是一切社会生产生活实践中能够用于劳动教育活动的各种因素，它既是知识、信息和经验的载体，也是劳动教育课程实施的媒介，具有以下特征。

(一)实践性

劳动是一种实践，劳动教育发生在具体的劳动活动或劳动实践之中，这也就决定了劳动教育的课程资源具有鲜明的实践性，这是劳动教育课程资源区别于其他课程资源的最显著特征。劳动教育课程资源不停留于沉闷的教材之中，而是遍布于日常生活劳动、生产劳动、服务性劳动等各个方面的劳动实践之中。根据劳动的主题、空间分布、存在方式与状态、载体等的不同，劳动教育课程资源的类型、分布、样态以及形式也各有不同，如有日常生活劳动资源、生产劳动资源和服务性劳动资源，校内劳动资源和校外劳动资源，显性资源和隐性资源，物质形态的资源和精神形态的资源等。然而，无论这些课程资源的类型、分布、样态以及形式有多不同，它们都具有一个显著的共同特征，即实践性。也就是说，只有在人亲身参与的劳动实践中，这些劳动资源才能成为可以纳入劳动教育课程的资源，才具有发展人、培育人的育人价值。因此，在选择、利用这些课程资源开展劳动教育时，一定要让学生参与和体验具体的劳动实践、劳动活动，在劳动实践的参与过程中进行劳动教育，充分发挥家庭、学校、社会等各个领域的力量，从而实现劳动实践的综合育人价值。

(二)广泛性

《意见》指出，要把劳动教育纳入人才培养全过程，贯通大中小学各学段，贯穿家庭、学校、社会各方面，与德育、智育、体育、美育相融合。由此可见，劳动教育贯穿各个方面、各个阶段，与之对应，劳动教育的课程资源也是无处不在，具有广泛性的特征。劳动教育课程资源不只体现为劳动教育指导纲要、书本上的劳动知识等文字性的资源，也绝不仅限于对学生进行体力劳动训练的资源，而是涵盖日常生活劳动、生产劳动和服务性劳动等各方面的、具有劳动教育意义和价值的各个要素。具体而言，日常生活中的劳动教育课程资源主要体现为学生日常生活经常从事和接触的劳动活动，如个人卫生清洁、洗衣做饭、打扫卫生、整理杂物等。生产劳动中的课程资源主要体现为工农业生产实践劳动中的劳动活动，如种植、手工制作、工业制造等。服务性劳动中的劳动资源主要体现为服务劳动、公益劳动等主题的劳动活动，如志愿服务、社会帮扶等。就这一意义而言，只要有劳动，就有劳动教育，也就存在广泛的潜在性劳动教育课程资源。因此，在发掘劳动教育课程资源时，要广泛地挖掘、发现和利用各个领域、各个方面的劳动教育资源，提供学生更多的、广泛的劳动实践的机会，推动劳动教育课程的顺利开展与劳动教育育人目标的最终实现。

(三)价值负载性

　　劳动教育课程资源具有价值负载性,这是由我国劳动教育的性质和教育价值取向所决定的。劳动教育是中国特色社会主义教育制度的重要内容,直接决定社会主义建设者和接班人的劳动精神面貌、劳动价值取向和劳动技能水平。马克思主义劳动观是我国开展劳动教育必须遵循的价值取向,与之对应,作为劳动教育的重要载体和资源,劳动教育的课程资源在选择、开发和利用等过程中也要坚持马克思主义劳动观,坚持教育与生产劳动相结合、坚持劳动创造人和促进社会发展的基本价值导向。因此,劳动教育课程资源应该具有鲜明的价值负载性。马克思主义劳动观提出,劳动创造人,劳动是人的生命存在和全部社会活动的前提;劳动是人类全部社会关系形成和发展的基础;劳动是促使社会历史发展的根本推动力,人的劳动实践决定着社会的发展。这一劳动价值观反映在劳动教育的课程资源上就体现为:在劳动教育课程资源的开发和利用上,要始终坚持马克思主义劳动观,选择具有丰富育人价值的教育资源作为课程内容,充分而合理地利用所选课程资源,从而释放劳动的综合育人价值,实现人的全面发展;要在提升学生综合素质、促进学生健康发展的同时,把准劳动教育价值取向,引导学生树立正确的劳动观,崇尚劳动、尊重劳动,增强对劳动人民的感情,报效国家,奉献社会。

(四)时代性

　　特定时代的劳动教育课程资源总是特定时代的政治、经济、文化和教育等的产物,它充分地反映了这个时代对劳动教育的各种要求,而且不同时代对劳动的认识和理解不同,对劳动教育课程资源的开发和选择也不同,这使得劳动教育课程资源具有鲜明的时代性特征。在新时代背景之下,教育与生产劳动相结合的呼声越来越高,劳动教育被视为国民教育体系中的重要内容和学生全面发展的必要途径,人们对劳动和劳动教育有了全新的认识。在此基础之上,劳动教育课程资源也要体现新时代的特点,必须以习近平新时代中国特色社会主义思想为指导,寻找、挖掘、开发和利用能够传播新时代劳动观念、培养新时代劳动精神、传授新时代劳动技能的劳动教育课程资源。同时,随着科学技术的蓬勃发展,我们迎来了人工智能和大数据时代,新兴科技的普及和智慧产业的兴起使得社会劳动形态和人们的劳动方式发生着变化,这就意味着劳动教育课程资源也必须顺应时代潮流,彰显鲜明的时代特色。新时代的劳动教育课程资源必须能够反映新时代的劳动新样态,能够适应新时代科技发展和产业变革的需要,能够体现经济、文化、科技、产业等领域在新时代的发展变化,符合开展新时代劳动教育、培养新时代社会主义建设者和接班人的要求。

三、劳动教育课程资源的分类

劳动教育课程资源的分类,就是要建立劳动教育课程资源的次序和系统。具体地讲,就是要将劳动教育课程资源按照一定的分类标准和依据进行归属,再根据不同的特点将其区分开,以便更好地认识和掌握这些课程资源。对于劳动教育课程资源而言,可以进行如下分类。

(一)日常生活劳动资源、生产劳动资源和服务性劳动资源

根据课程资源的主题来源,可以将劳动教育课程资源划分为日常生活劳动资源、生产劳动资源和服务性劳动资源。日常生活劳动资源是学生在处理日常生活事务中可以获取和挖掘的、服务于劳动教育目的的资源,如个人卫生清洁、日常物品的整理、垃圾分类、洗衣做饭、打扫地面、清洗物品、归置杂物等,这些都是我们日常生活中经常接触和从事的劳动活动,可以被囊括进劳动教育课程资源中作为重要的日常生活劳动主题,用以培养学生基本的劳动习惯和劳动能力。生产劳动资源是工农业生产实践劳动过程中可利用的一切物质和条件,如种植、养殖、栽培、手工制作等生产劳动中包括的人力、物力和自然资源等,金工、木工、电工、陶艺等项目在内的劳动中包括的素材和条件,还有从工业、农业、水产业以及中华优秀传统工艺中得到的资源,这些都可以归属于生产劳动课程资源,能够帮助学生学会使用生产劳动工具并掌握相关的生产劳动技术,同时可以丰富学生的实践体验和职业感悟,使学生体会到劳动创造价值的幸福感,从而培养学生正确的劳动观念、勤俭奋斗的劳动精神和手脑并用的劳动能力。服务性劳动资源是从社会服务劳动中可获取到的劳动教育课程资源,包括社区环保、公共卫生清洁等公益劳动,助残、敬老、扶弱等爱心服务劳动,"三支一扶"、大学生志愿服务西部计划、"青年红色筑梦之旅"和"三下乡"等社会实践活动,通过对这些服务性劳动中资源的开发和利用,能够提高学生运用所学知识、技能为他人和社会服务的意识,培养学生的奉献精神并锻炼学生的服务劳动技能。

(二)校内劳动资源和校外劳动资源

根据课程资源的空间分布,可以将劳动教育课程资源划分为校内劳动资源和校外劳动资源。校内劳动资源主要包括四种:一是学校发放的劳动教育教材、教辅材料等,这是最直接的校内劳动教育课程资源;二是学校组织的与劳动教育密切相关的各种劳动活动,如校园卫生扫除、绿植维护、校园美化、校内文艺演出、帮扶慰问以及实验学习等;三是校内人文资源,如教师群体、班级组织、学生团体、校容校貌、校风校纪等;四是学校内部各种可以进行劳动教育的场所和设施,如校内绿化带、实验室、图书馆、教室等。校外劳动资源主要有两大类:家庭劳动教育课程资源和社会劳动教育课程资源。家庭劳动教

育课程资源主要有学生家长(家长的劳动习惯和榜样示范等)、家里所有的报刊和书籍、学生使用的学习用具,家中的电视、电脑、洗衣机等家用电器,家庭清扫和垃圾分类等日常家务劳动,等等。社会劳动教育课程资源比较广泛,有城市的博物馆、展览馆以及科技馆,工厂、党群机构和社会设施,社区劳动、社会实践和志愿服务等,还有社会中的自然资源、人文景观、民俗风情和农业生产等农业资源,这些都为开展劳动教育提供了丰富多样的社会劳动教育资源。

(三)显性资源和隐性资源

根据课程资源的存在方式,可以将劳动教育课程资源划分为显性资源和隐性资源。显性资源是指可以直接运用于学校劳动教育课程和教学活动的课程资源。根据《义务教育课程设置实验方案》和《普通高中课程方案(实验)》规定,综合实践活动课程、通用技术课程是实施劳动教育的重要渠道,所以综合实践活动课程和通用技术课程可以被视为显性资源。其他如劳动教育国家标准、校本教材、劳技课等,也都可以被视为显性资源。作为实实在在的存在物,显性资源可以直接成为劳动教育课程实施的便捷手段或内容,相对易于开发与利用。隐性资源是指以潜在的方式对学校劳动教育课程和教学施加影响的课程资源,如劳动风气、劳动氛围和劳动习俗,研学旅行、社会实践活动和公益劳动,劳动教育实践基地等。与显性资源不同,隐性资源的作用方式具有间接性和隐蔽性的特点,它们不能构成学校劳动教育课程的直接内容,但是它们对学校劳动教育课程及教学的质量起着持久的、潜移默化的影响,对其进行开发和利用更需要付出艰辛努力。

(四)物质形态的资源和精神形态的资源

根据课程资源的存在形态,可以将劳动教育课程资源划分为物质形态的资源和精神形态的资源。物质形态的资源就是以物质实体形式存在的课程资源,是看得见、摸得着的,如科技馆、展览馆、博物馆、社会的劳动机构、劳动教育基地、电脑、现代化劳动教育教学设备等,还有农田、工厂、车间、绿化带等,这些都属于物质形态的资源。而精神形态的资源是以观念、态度等形式存在的课程资源,如劳动价值观、劳动风气、社会劳动氛围、劳动榜样以及劳动素养、劳动精神和劳动品质等,这些就属于精神形态的资源。劳动教育不只是要求学生进行体力劳动,更是要培养学生手脑并用参与社会主义劳动和建设的能力和精神。因此,在劳动教育实践中,既要充分利用好物质形态的资源,切实培养学生良好的劳动习惯、提高学生劳动能力,又要重视并积极开发利用精神形态的资源,培育学生正确的劳动观、劳动态度、劳动品质等,通过物质形态的资源和精神形态的资源相配合,对学生进行体脑并重的劳动教育,让学生珍惜劳动成果、想要劳动以及学会劳动,实现劳动的综合育人价值。

(五)以人为载体的资源、以物为载体的资源和以活动为载体的资源

根据课程资源的载体形态,可以将劳动教育课程资源划分为以人为载体的资源、以物为载体的资源和以活动为载体的资源三种类型。以人为载体的资源又称为内生性资源,包括具有较高的劳动素养、丰富的生活劳动经验、扎实的劳动知识和精深的劳动技能的教师、工人、农民、劳动技术人才等各类人员,这些人员的最大特点是他们可以直接参与劳动教育课程实施,并对其他可用作劳动教育的资源进行深度加工,是劳动教育课程教学不断向前发展的不竭动力。以物为载体的资源是指以历史、现在和将来存在的物为载体的资源,即物化形态的劳动教育课程资源,这类资源数量较多,如劳动教育指导纲要、课程标准、劳动教育教学用书、教室、劳动实践基地等,只要是附载信息的物,都有可能成为此类课程资源。以活动为载体的资源是指所有日常生活劳动、社会生产劳动和服务劳动或其他劳动实践活动情景中所蕴含的丰富资源,表现为特定的劳动机会或劳动情景,这类资源有着艺术化的功效,具有动态性、随机性、即时性等特点,只是在特定的时空条件下存在,是不能完全复制的情景性资源。

(六)专门设计的资源和非专门设计的资源

根据课程资源与学习者的关系,可以将劳动教育课程资源划分为专门设计的资源和非专门设计的资源。所谓专门设计的资源,是指为开发和实施劳动教育课程专门设计的、从生产生活中挖掘并进行筛选、组合和深加工的学习资源,即从无到有创造的资源,如为劳动教育主题活动设计的系列学习材料、综合实践活动资源包、劳动与技术课程数据库等,包括相关文字材料、实物素材、录音录像、多媒体课件,以及相关活动场景和劳动机会等多种形式。而非专门设计的资源,是指本来并非为劳动教育课程直接设计而存在的,但具有一定劳动教育意义和课程价值的相关资源,如自然界、社会中广泛存在的具有多种特性和功能,可以直接或间接服务于劳动教育的资源,其他学科专业中可用于培养学生劳动能力和劳动品质的资源,以及社会工农业生产和职业行业中能锻炼学生劳动能力的资源等,这些都可看成是非专门设计的资源。

四、劳动教育课程资源的价值

针对现实中劳动教育被淡化和弱化的问题,学校应全面构建体现时代特征的劳动教育课程体系,开设劳动教育课程,使劳动教育具有系统性优势,凸显劳动的独特育人价值。而构建新时代劳动教育课程体系、实现劳动教育的育人功能都离不开劳动教育课程资源这一重要的课程组成部分。劳动教育课程资源在课程的设计与实施环节发挥着重要的作用,具有丰富的理论与实践价值,主要体现为以下几点。

（一）保证劳动教育课程目标的顺利实现

开发课程资源是为了促成课程目标的全面达成，这是课程资源最显性的价值。开设劳动教育课程的目标是要使学生理解和领悟马克思主义劳动观，培养勤俭、奋斗、创新、奉献的劳动精神，系统学习并掌握基本且必要的劳动能力，形成良好的劳动习惯和劳动品质，从而服务于立德树人的根本任务和培养全面发展人的总目标。而要引导学生形成科学的劳动观以及良好的劳动品质和劳动技能，就必须有大量、丰富且多样的课程资源做支撑，为劳动教育课程的实施提供素材保障，并为劳动教育课程目标的达成奠定坚实的物质基础。从某种意义上讲，劳动教育课程资源作为课程实施过程中富含课程潜能的内容系统和活动支持系统，是课程实施得以高效开展的依托和保证，为劳动教育课程及课程实施提供着源源不断的必需的物质、能量和信息。因此，没有劳动教育课程资源就没有劳动教育课程，也无法实现培养学生劳动素养、劳动品质以及促进学生全面发展的劳动教育课程目标。

（二）丰富劳动教育内容和方式，提高劳动教育质量

劳动教育课程资源对于丰富劳动教育内容与方式、提高劳动教育质量的价值主要体现为两方面。一方面，开发、利用丰富多样的劳动教育课程资源能够为劳动教育提供多样化的教育内容和素材，让学生接受全方面、多样化的劳动教育。劳动教育的课程资源具有广泛性的特点，不局限于教材和学校内部，而是包括教材在内的学校、家庭、社区等校内外一切有利于劳动教育课程实施、促进课程目标的实现以及促进学生全面发展的资源。丰富多样的课程资源为学生提供多样化的劳动内容与方式，使学生能够接触全方位、立体化、多元化的劳动知识、技能和价值观，促进学生理解和形成正确的劳动观，培养学生勤劳、奋斗等劳动精神，并形成良好的劳动习惯和具备基本的劳动技能和能力。另一方面，广泛多样的劳动教育课程资源能帮助教师打开教学视野、转变教学方式，推动学校劳动教育的创新性发展。教师作为课程资源的利用者和研究者，可以对不同的劳动教育课程资源进行不同方式和不同程度的开发和利用，这为教师转变劳动教育教学方式提供了机会，同时有利于合作、探究等新教学方式在劳动教育中的运用，也有利于实践锻炼、自主动手等劳动教育新形式的出现，从而有助于创造性地开展劳动教育。

（三）促进构建家庭、学校和社会三位一体的劳动教育体系

开展劳动教育是学校的主要责任，但也离不开家庭、社会等力量的支持，劳动教育课程资源为形成学校、家庭和社会一体化的劳动教育体系创造了必要条件。劳动教育体系建设是国民教育体系建设的重要组成部分，丰富多样的劳动教育课程资源是劳动教育体系建设的关键要素，没有劳动教育课程资源的广泛支持，再美好的劳动课程改革也难以落实。因此，劳动教育课程资源不仅是确保劳动教育课程质量的关键要素，而且是决定

劳动教育体系建设和改革成功与否的重要因素。从课程资源的空间分布来看,劳动教育课程资源包括校内资源和校外资源,校内资源主要是学校内部可以作为劳动教育素材和条件的资源,校外资源则集中于家庭和社会中服务于劳动教育的素材和条件,两类资源互通协调、合作共享,能够促进劳动教育课程的有效实施。只有打破劳动教育的学校困局,沟通、联系和整合校内与校外的资源,尤其注重加大对校外劳动教育课程资源的开发和利用,从而为劳动教育提供丰富的资源条件,才能发挥劳动教育的整体效应,从而形成学校、家庭和社会三位一体的劳动教育体系。

(四)推动教师专业化成长与发展

教师不仅是劳动教育课程的实施者,还是劳动教育课程资源的研究者和开发者。劳动教育课程资源的开发和利用依赖于教师的才华和智慧,同时也反作用于教师本人,为教师的专业提升搭建了平台。其一,劳动教育课程资源能够拓展教师的专业知识。若要开展劳动教育,教师本人必须熟悉劳动教育课程体系,明确劳动教育课程资源的内涵、性质、分类和特点等,并且要知道如何结合课程目标和课程需要开发和运用适当的课程资源。这就意味着教师必须广泛涉猎劳动教育相关知识,形成复合型的知识结构,因而也就有助于教师知识体系的拓展和优化。其二,劳动教育课程资源能够发展教师的专业能力。随着对课程资源认识的不断加深,教材已不再是唯一的课程资源,在教材之外还有许多素材可以作为劳动教育课程的补充性和扩展性资源,而对这些补充性资源的识别、开发、设计等有助于提升教师的专业能力。教师在实施劳动教育课程的过程中应根据开展课程的实际情况、学生的学习兴趣等因素及时对课程资源进行增补、重组和改造,从而不断提升自身的观察力、开发课程资源的能力、设计劳动教育教学的能力等,获得专业能力的突破和提升。其三,劳动教育课程资源能够激活教师的课程意识和资源意识。劳动教育课程资源具有人为命定性,教师是劳动教育课程资源的主要开发者,通过开发活动能够提高作为开发主体的劳动教育教师的课程意识和资源意识,改变教师传统的课程观和被动的课程实施地位,促使其主动参与劳动教育课程资源的挖掘、开发和利用,由被动接受和执行转为主动探索。

第二节 劳动教育课程资源的开发

劳动教育课程资源的开发是构建劳动教育体系、丰富劳动教育内容与形式、实现劳动教育课程目标的关键环节。在教育理论层面,劳动教育课程资源的开发将马克思主义"劳动育人"思想与陶行知"生活教育"理论有机结合,顺应我国基础教育课程改革的要求,推动劳动教育及劳动教育课程内容的深化,有助于增进对劳动教育课程内涵与意义的理解。在教育实践层面,劳动教育课程资源的开发提供了丰富的课程资源,满足了学生发展的差异性和多样化需求,有助于学生形成正确的劳动观、劳动习惯和劳动兴趣,掌握劳动技能,从而发挥劳动教育的独特育人性,促进学生的全面发展,实现劳动教育课程目标。

劳动教育的课程资源可以说是无处不在,关键就在于如何充分、合理开发这些资源,使之进入到劳动教育活动中,成为课程的有机组成部分。因此,总结、归纳劳动教育课程资源开发所要遵循的原则、可行的途径,是积极探索、挖掘丰富多样的劳动教育课程资源,保障这些资源得以顺利、合理开发的先决条件。

一、劳动教育课程资源开发的原则

(一)整合性原则

劳动教育课程资源的开发要遵循整合性原则。劳动教育是人才培养体系中不可或缺的一环,具有树德、增智、强体、育美的综合育人价值。劳动教育课程是一门综合性、跨学科的课程。因而,在劳动教育课程资源的开发过程中也要遵循整合性的原则,为劳动教育发挥综合育人价值提供可利用、有价值的课程资源。其整合性原则主要体现为以下两点。

其一,劳动教育课程资源的开发要整合家庭、学校、社会等各方面的力量。劳动教育作为一项综合性的教育活动,需要家庭、学校、社会等各方面形成共育合力,拓宽劳动教育途径,形成协同育人格局。具体而言,家庭应发挥基础性作用,在日常生活中让孩子养成从小爱劳动的好习惯;学校应发挥主导性作用,切实承担起劳动教育主体的责任,引导学生形成马克思主义劳动观,系统学习掌握必要的劳动技能;社会应发挥支持性作用,充分利用社会各方面资源,为劳动教育提供必要保障。因此,在开发劳动教育课程资源时,要将家庭、学校和社会中包含的劳动内容、场所、环境、工具、平台等课程资源相整合,形成综合性、跨学科的劳动教育课程资源。

其二,劳动教育课程资源的开发要综合考虑大中小学各学段的要求。大中小学各学段的劳动教育不是孤立的、随意安排的,而是要符合学生的年龄特点、遵循教育的发展规律,统筹规划和安排各个学段的劳动教育课程内容。在小学阶段,以个人生活起居、家庭劳动、校园劳动、简单的生产劳动等为主要内容,培养学生的劳动意识、劳动兴趣、热爱劳动的态度等;在初中阶段,兼顾家政学习、校内外生产劳动、服务性劳动等为主要内容,培养学生的劳动品质、公共服务意识和担当精神等;在高中阶段,以服务性劳动和生产劳动为主,使学生理解劳动创造价值,具有劳动自立意识和服务他人以及社会的情怀。因此,在开发劳动教育课程资源时,不能孤立地考虑这些资源在某一学段的劳动教育价值,而是要基于学生年龄特征和阶段性教育要求,综合而全面地考察这些资源在各个学段的育人价值。

(二)开放性原则

劳动教育课程资源的开发要遵循开放性原则。劳动教育课程资源分布广泛、类型多样,要以开放的心态对待一切可能运用于劳动教育的人类文明成果,尽可能最大化地开发促进劳动教育开展的潜在课程资源。

劳动教育课程资源开发的开放性原则包括类型的开放性、空间的开放性和途径的开放性。[1]类型的开放性,是指不论以什么类型、何种形式存在的劳动教育课程资源,只要有利于提高劳动教育教学质量和效果,都可以成为开发的对象。比如,无论是物质形态或精神形态的资源,还是以人为载体、以物为载体或以活动为载体的资源等,这些资源虽然在类型、存在形态和载体上不同,但都可以直接或间接服务于劳动教育课程的设计和实施,因而都可以进行深度开发。空间的开放性,是指只要有利于实现劳动教育课程目标、优化劳动教育教学效果,不论劳动教育课程资源的空间分布在哪里,不论是校内或校外,城市或农村,国内或国外,日常生活劳动、生产劳动或社会服务性劳动中的资源,都可以加以开发。途径的开放性,是指劳动教育课程资源的开发不应局限于某一种途径或方式,而是应该积极探索多种开发的途径或方式,尽可能地将各种途径或方式协调配合使用,从而拓宽、开发劳动教育课程的资源。

(三)科学性原则

劳动教育课程资源的开发要坚持科学性原则,即必须具有科学态度和科学依据。这一原则体现在劳动教育课程资源开发的全过程。

在课程资源开发之前,即在劳动教育课程资源的选择上要以科学理论和科学事实作为筛选课程资源的重要依据,确保课程资源是符合实际且科学的,尤其是在涉及客观劳动知识和劳动经验的课程资源选择上,要格外注意其真实性和可靠性。

在课程资源开发之时,要符合各学段学生的年龄特点和身心发展规律,为不同年龄段的学生开发和安排适合的劳动教育课程资源。一般而言,小学阶段的劳动教育课程资源开发要侧重个人清洁、家务劳动、校园环卫等方面的资源;中学阶段要结合家庭、学校和社会等多方面,侧重开发社会实践、公益服务等方面的资源;高职和大学要充分结合专业和职业特点,开发生产劳动和服务性劳动资源。

在课程资源开发之后,要以科学的态度看待已被开发和有待开发的劳动教育课程资源,不能把教科书等课程资源当作"圣经"。尤其是在倡导创新型劳动教育的时代背景下,要秉持科学态度,打破劳动教育就等于传授劳动技术、传递劳动结论的思维定势,注

---

[1] 徐继存,段兆兵,陈琼.论课程资源及其开发与利用[J].学科教育,2002(2):4.

重培育学生对劳动经验、劳动技能的质疑与批判精神,传递科学的劳动价值观和劳动理念。

此外,还要注意保持日常生活劳动、生产劳动和服务性劳动等各类劳动教育课程资源之间的动态平衡,保证校内劳动教育课程资源和校外劳动教育课程资源的合理配比,使劳动教育课程资源的开发与经济社会发展水平相适应,与社会生产劳动和学生生活成长环境相联系,并有一定的前瞻性和可持续性,从而为劳动教育课程提供科学支撑和有力保障。

(四)价值优先性原则

价值优先性原则也是劳动教育课程资源开发必须遵循的一个重要原则。劳动教育的总体目标是要帮助学生树立正确的劳动观念、具有必要的劳动能力、培育积极的劳动精神、养成良好的劳动习惯和品质。这意味着在进行劳动教育时,学生需要学习和提升的东西是多方面的,不仅包括各种各样的劳动知识、劳动经验和劳动技能,还包括劳动情感、劳动态度和劳动价值观等。这些多元的学习内容和课程目标必须以多元的课程资源为载体,每一种劳动教育课程资源都应该是侧重服务或优先服务于某一个或某几个劳动教育目标的,因此在进行劳动教育课程资源的开发时也应该遵循价值优先性原则。比如,中小学阶段的劳动教育课程目标是要帮助学生养成劳动习惯,掌握能够用于家庭劳动、生产劳动和社会服务的各项基本本领。这就必须优先开发能够服务于这一课程目标的劳动教育课程资源,那么对于参与家庭、学校和社会劳动所应该具备的知识、技能和素养以及社会为个人施展才能所提供的种种机会就要进行综合的了解,并做出恰当的判断,进而筛选出重点内容并优先运用于中小学劳动教育课程中。每一种劳动教育课程资源的服务对象和目标各有不同,在劳动教育课程资源的开发过程中应遵循价值优先性原则,必须在可选择的劳动教育课程资源的范围内,在充分考虑课程成本的前提下重点挖掘当前最需要的课程资源,并使之优先得到运用。

二、劳动教育课程资源开发的途径

劳动教育课程资源的开发包括三个阶段:资源调查阶段、资源分析阶段和资源规划阶段。这三个阶段是有机联系的整体,是支持、服务劳动教育课程资源开发以及劳动课程顺利实施必不可少的三个环节。

资源调查阶段是对家庭、学校和社会等各范围内,日常生活劳动、生产劳动和服务性劳动等各领域中所拥有的,可被开发、已被开发和有待开发的劳动教育课程资源进行整体盘点的过程。一般而言,进行劳动教育课程资源调查的途径主要包括三条。一是开展当代社会调查,关注和了解社会生活、生产实际情境和社会发展变化趋势,从中寻找能够作为劳动教育资源或服务于劳动教育课程的人力、物力或自然资源。同时要不断地跟踪社会生活、生产劳动的发展动向,跟踪科技进步和产业变革的动态,以便及时掌握劳动的新样态和劳动教育的新变化,第一时间捕捉和获取新时代的劳动教育资源。二是开展对学生的调查,审查学生在日常生活劳动、校园劳动和社会实践活动中以及为实现自己目标的过程中能够获取到的各种劳动教育课程资源,包括劳动知识与技能,生产劳动经验与生活经验,劳动情感、态度与价值观等方面的各种课程素材,以及相应的实施条件等。另外还要调查和了解学生的劳动兴趣和劳动喜好,研究学生感兴趣的生产劳动形式和方式,从中挖掘有价值的劳动教育课程资源。三是开展对学校的调查,了解学校目前有哪些劳动教育活动、形式和素材,学校现有的资源中哪些可以用于开展劳动教育。校长、教师等可以通过对学校的调查了解当前劳动教育课程资源的现状和存在问题,了解"我们拥有哪些资源",以及为了实现劳动教育课程目标"我们还需要哪些资源"。

资源分析阶段是在资源调查的基础上,系统地将家庭、学校和社会等内部环境与外部环境中的各种可开发的劳动教育课程资源,分别从优势、劣势、机遇和威胁四个方面进行综合评估,并提出符合实际的应对策略的过程。[①]在进行劳动教育的课程资源分析时,可以运用以下两种途径或方式。一是研究一般青少年以及特定受教学生的情况,以了解他们已经具备或尚需具备哪些劳动经验、劳动知识、劳动技能和劳动素养,确定不同学生的现有发展水平和发展差异,从而确定设计劳动教育课程的依据和开发劳动教育课程资源的标准,为有效分析所调查和捕获的劳动教育课程资源提供支撑。二是注意区分和鉴别不同类型的劳动教育课程资源,识别不同课程资源所具备的不同作用和功能,尤其是要科学认识和鉴别校外劳动教育课程资源,包括自然与人文环境、家庭资源、社区资源、各种生产劳动和服务行业的资源等,对丰富多样的劳动教育课程资源进行深刻认识和理性分析,发挥各类劳动教育课程资源的最大作用和最优功能。

资源规划阶段是在资源调查、资源分析的基础上,将校内外各种劳动教育课程资源有选择地纳入劳动教育课程的设计、实施和管理范围内,促进资源的整合与共享的过程。在劳动教育课程资源的规划开发阶段,最有效的途径是建立劳动教育课程资源管理数据库,拓宽校内外劳动教育课程资源的分享渠道,提高资源的开发和使用效率。比如,可以编制劳动教育课程资源登记表或记录表,把可以开发的劳动教育课程资源的类型、所有者、获取方式、开发动态和使用事项等登记造表、分类存档、归口管理。[②]这样一来一方面便于对各类资源进行查找、调用、更新和补充,另一方面也可以据此不断提高劳动教育课程资源的开发水平,更好地创造和积累劳动教育课程资源开发和劳动教育课程体系构建经验,实现劳动教育课程资源在更大范围地开发、交流和分享。每个学校都应该建立具

[①] 宋振韶.学校课程资源开发与利用的原则与途径[J].中小学管理,2004(12):10.
[②] 闫红敏,范蔚.刍议课程资源及其有效开发[J].教育理论与实践,2006,26(2):40.

有自己特色的劳动教育课程资源库,地方各级教育部门也应该建立劳动教育课程资源库,如此一来,既便于劳动教育课程资源的开发向深入发展,也便于教师和学生进行深层的劳动体验,而且通过信息技术把各校的各级各类资源库联系起来后,可以为学校和教师开发劳动教育课程资源提供多重服务和深度支持。[①]

除上述在劳动教育课程资源开发的不同阶段采取的有效途径和措施外,面对全面、广泛、多样的劳动教育课程资源,进行资源开发时也可借助以下途径。

(一)基于家庭环境开发劳动教育课程资源

家庭劳动是学生劳动的起点,良好的家庭劳动教育对培养学生的劳动习惯和劳动品质意义重大,因此必须重视家庭劳动资源的重要作用,立足于家庭环境积极开发劳动教育课程资源。基于家庭环境开发劳动教育课程资源可以从学生力所能及的家务活开始,从要求学生学会个人清洁、叠被子、整理房间、洗衣服、扫地、垃圾分类等家务劳动,逐渐过渡到要求学生掌握做简单的饭菜烹饪、日常修理等生活劳动技能,这些家庭劳动既拓宽了劳动教育课程的实施阵地,又丰富了劳动教育课程资源。总之,家庭生活中的日常清洁、日常消费、家庭饮食、采购与废弃物处理、家庭理财与税务等家政活动都是具有重要价值的劳动教育资源,必须立足于家庭环境,积极开发这些活动作为宝贵的劳动教育课程资源。

(二)基于学校环境开发劳动教育课程资源

与其他类型的劳动教育课程资源相比,学校内的劳动教育课程资源具有最持久、最深刻的教育性,也有着较高的安全性。[②]学校是学生学习、生活和劳动的重要场所,也是进行劳动教育的主要阵地,有着丰富的劳动教育课程资源可以挖掘,因此可以立足于学校环境积极开发劳动教育课程资源。如:可以充分利用学校的卫生包干区、宣传栏、墙面等校园环境开展劳动教育,丰富劳动教育课程资源;也可以依托校园绿化区和种植区开展劳动主题实践活动,包含树木果树种植、杂草清除、多肉盆景设计、五谷杂粮识别等项目,引导学生体验劳动乐趣、习得劳动技能、养成劳动习惯;还可以整合多种学科知识开展劳动教育实践,将学科知识与劳动教育相结合,为学生提供实践所学知识的机会。

除了校园环境、场地和学科知识之外,教师也是学校里重要的劳动教育课程资源。积极挖掘和开发教师这一重要的课程资源,能够为学生树立劳动榜样,促进劳动教育课程的顺利实施。一方面,教师对于劳动的态度和认识影响着学生劳动价值观的塑造;另一方面,教师的劳动经验和劳动能力影响着学生的劳动知识和劳动技能形成。因此,在

---

① 翟艳.学校课程资源开发制度建设:一个亟待解决的问题[J].天津市教科院学报,2009(4):28.
② 刘琨.中小学劳动教育实施方式与课程资源开发路径探索——以广州市荔湾区为例[J].教育观察,2020,9(15):45.

基于学校环境开发劳动教育课程资源时学校必须重视教师的作用,加强劳动教育教师队伍的建设,督促和帮助教师树立正确的劳动教育课程观。另外,教师也应不断提高自身素养,学习并掌握具有新时代特征的劳动新知识和新技术,成为学识渊博、视野开阔、教学技能扎实的新时代劳动教育教师。

(三)基于社会环境开发劳动教育课程资源

劳动教育不仅是家庭和学校的事,与社会也有着直接的联系,需要社会的踊跃参与,因此基于社会环境开发劳动教育课程资源也是一项重要途径。社会环境里可以开发的劳动资源是多种多样的,农田、林区、牧场、工厂、职业院校、劳动教育基地、少年宫、博物馆、文化馆等都是社会中重要的劳动教育课程资源。如:可以开发社会农田资源,组织学生体验翻地、除草、种菜、施肥、剪枝、采摘蔬菜等农业生产活动;也可以安排学生体验手工制作、木工、金工、陶艺、布艺等工业生产活动或者传统工艺项目;还可以号召学生参加社会公益活动、志愿服务、勤工俭学等服务性活动。

除了社会中的工农业生产劳动资源和服务性劳动资源外,在基于社会环境开发劳动教育课程资源时,还要关注到社会职业中的资源,将职业体验与劳动教育紧密结合,使职业体验也成为一种宝贵的劳动教育课程资源。职业体验是让学生在实际的工作岗位上或模拟情境中见习、实习,体认职业角色的过程。[1]将职业体验作为立足社会开发劳动教育课程资源的重要途径,有助于学生获得对职业生活的真切理解,在亲身体验中发现自己的专长和兴趣,形成正确的劳动观念,从而提升实际劳动能力与职业生涯规划能力。

(四)基于区域特色开发劳动教育课程资源

地方区域里有丰富多样、各具特色的资源能够用于开展劳动教育,这意味着在对劳动教育课程资源进行发掘时应该因地制宜,考虑不同地区的劳动传统和劳动特色,基于区域特色积极开发劳动教育课程资源。不同的地方区域拥有各自不同的社会资源、经济资源、环境资源、人口资源和文化教育资源,这些资源都可以被挖掘来作为劳动教育的课程资源,用以支持劳动教育课程的设计和实施。如:区域特定的气候、海拔、地形、地貌,区域内的农田、林区、工厂,具有区域特色的经济生产劳动形式和产业结构,区域文化传统和长期实践中流传下来的劳动知识、劳动技能、劳动设施、劳动产品,以及区域人民的劳动态度、劳动习惯和劳动价值观等,这些都是非常有价值的资源,可以被开发用于劳动教育课程之中。总之,要在保证开发通识性劳动教育课程资源的同时,积极结合区域特色,因地制宜地挖掘和开发所在地域的特色资源,不断拓宽劳动教育课程资源的开发途径,不断丰富劳动教育课程资源的内容和形式。

---

[1] 刘琨.中小学劳动教育实施方式与课程资源开发路径探索——以广州市荔湾区为例[J].教育观察,2020,9(15):45.

(五)基于时代发展开发劳动教育课程资源

随着信息技术和数字科技的高速发展,原有劳动形态不断变化,而新的劳动形态又在随时生成,因此数字化技术和信息化工具的使用已经成为新时代劳动教育课程的重要内容。[1]这也意味着劳动教育课程资源的开发必须关注时代的发展变化,紧跟时代的步伐。随着《中国制造2025》行动纲领的提出,新一代信息技术产业成为我国制造业未来发展的重点内容,科技创新成为时代发展的主旋律,这要求劳动教育课程也必须及时做出回应,劳动教育课程资源的开发应该凸显未来数字化、信息化和智能化的时代特征。如:紧跟时代发展趋势,加大计算机、信息技术等课程资源的开发比重,将数字媒体技术与网络社交、计算机编程、大数据分析等新兴知识内容纳入劳动教育课程之中,使学生可以掌握数字和智能劳动领域的基础知识;将人工智能和教育机器人、小型无人机、3D打印等内容引入劳动教育课程中,作为反映时代前沿的劳动教育课程资源,为学生提供充分接触前沿数字技术的机会。

第三节 劳动教育课程资源的利用

劳动教育课程资源的利用就是将开发出来的多种劳动教育课程资源融入劳动教育课程之中,充分挖掘这些劳动教育课程资源的教育教学价值并不断实现其价值的过程。课程资源的开发只是起始阶段,课程资源的利用才是真正发挥资源价值的关键阶段,开发出来的劳动教育课程资源只有得到合理、充分且有效的利用,劳动教育课程资源的价值和意义才能真正彰显,劳动的育人功能才能最终实现。为此,必须高度重视劳动教育课程资源的利用环节,积极探索劳动教育课程资源利用的有效策略,并随时关注资源利用过程中应注意的问题和应处理的关系,保证劳动教育课程资源的合理利用和劳动教育课程目标的顺利实现。

一、劳动教育课程资源利用的策略

(一)以学校为基点,充分利用校内劳动教育课程资源

学校在劳动教育中发挥着主导作用,因此,应以学校为基点,实现对校内劳动教育课程资源的合理有效利用。校内劳动教育课程资源是实现学校劳动教育课程目标、促进学生全面发展最基本、最便利的资源,因此劳动教育课程资源的选择和利用要率先着眼于校内资源,没有校内资源的合理有效利用,校外资源的利用就成为奢谈。在校内劳动教

---

[1] 任平,贺阳.当代德国学校劳动教育课程构建的经验与启示[J].中国教育学刊,2020(8):29.

育课程资源中,可用于劳动教育活动的文字性资料和教材是最为常见和基本的组成部分,劳动教育主体必须承认劳动教育相关教材的重要性,重视对劳动教育校本教材的研究,校长、教师、学生等校内群体应该结合劳动教育指导纲要,积极进行劳动教育校本教材的设计、编写和利用。但教材不是"圣经",不能照搬照用已有的劳动教育校本教材,而应对其进行"再创造",对其中的内容进行能动性地选择、拓展、补充和增删,以便更好地发挥劳动教育教材资源的作用。诚然,劳动教育校本教材并不是唯一的校内劳动教育课程资源,除教材外,学校里与劳动教育密切相关的各种教学活动,都是校内劳动教育课程资源的重要组成部分,而且是更加生动、鲜活的资源。如:校园美化、卫生清扫、垃圾分类、绿植养护等劳动实践项目;学校的图书馆、阅览室、实验室、绿化带、实践基地等劳动教育场所;教师群体、班级组织、学生团体、校容校貌等校内文化环境。对于这些校内劳动教育课程资源,也应加以整合和利用,发挥其劳动教育价值。

(二)以生活为起点,盘活劳动教育课程资源

劳动教育是以生活为本源、通过生活进行的教育活动,劳动教育课程资源的利用必须面向真实的生活世界和生活实际,以学生的现实生活为起点,打破生活和劳动的壁垒,依托生活,盘活劳动教育课程资源,结合生活,让学生在生活中接受劳动教育。劳动教育实际上也是一种生活教育,学生可以在劳动中丰富生活体验,从劳动中收获生活的乐趣,养成积极的生活态度与习惯,以便更好地适应未来生活。[1]因此,劳动教育课程资源的利用也要围绕学生的日常学习和生活,对学生身边的社会生活热点和亲历的劳动实践等进行充分挖掘,设计出与学生生活密切联系的劳动实践活动主题,真正盘活劳动教育课程资源。如:为了充分调动学生从"要我劳动"到"我要劳动"的积极主动性,可以从学生日常生活出发,利用个人卫生清洁、家务劳动、养殖种植等生活实践,加强对学生劳动能力和劳动习惯的培养;还可以以生活为起点,安排绿化小区、垃圾分类、整治周边环境、敬老院志愿服务等实践活动,使学生在熟悉的环境中开展劳动实践,让学生在动手动脑过程中发现劳动的乐趣,从而更加热爱生活,也更加热爱创造美好生活的劳动。总而言之,就是要将生活视作劳动教育的源泉,且劳动教育课程资源的利用不能脱离现实生活,一旦远离了生活,劳动教育课程资源就会成为空洞的、毫无价值的素材,就不能支撑劳动教育课程的开发和实施,也不能促成劳动教育课程目标的实现。

(三)以社会为补充,建立校内外劳动教育课程资源的协调利用机制

社会是开展劳动教育的重要辅助力量,社会中丰富多元的资源为劳动教育课程的顺利实施提供了必要的保障,是校内劳动教育课程资源的重要补充,对于充分实现劳动教育课程目标具有重要价值。因此,在利用劳动教育课程资源的过程中,必须以社会为补

---

[1] 卢丽华,于明业.基于新时代构建中小学劳动教育课程[J].中国德育,2020(2):10.

充,重视并充分、合理地利用社会中的劳动教育课程资源,建立起校内外劳动教育课程资源的协调利用机制。劳动教育虽以学校为主阵地,但离不开社会各界力量的支持与配合。在开展劳动教育时要充分利用校内外的课程资源,要跳出学校圈子,以社会为补充,根据劳动教育课程教学的实际情况和学生发展的具体需要,充分利用校外的图书馆、博物馆、展览馆、科技馆、青少年活动中心、工厂、农村等社会资源,丰富的自然资源以及各种公众网络资源。这不仅能够为学校劳动教育提供丰富多样可利用的素材和条件,弥补校内资源的短缺与限度,同时也能配合、辅助和督导学校切实开展劳动教育。校外的劳动教育课程资源是校内课程资源的重要辅助和补充,二者是相辅相成的关系,可以借助现代网络技术和信息工具,形成校内外资源的协调利用和共享机制,实现校内外劳动教育课程资源的互通有无、优势互补。建立校内外劳动教育课程资源的协调利用和共享机制,不仅可以帮助学校充分挖掘和合理利用社会或其他兄弟学校的劳动教育课程资源,也可以实现校内劳动教育课程资源向外辐射,促进资源的交流和合作,实现劳动教育课程资源的高效利用。

(四)以实践基地为据点,整合利用各类劳动教育课程资源

劳动教育实践基地和实习实训基地既是学生参与劳动实践的重要平台,也是充分整合和利用劳动教育课程资源的关键据点。以实践基地为据点,将校内外、生活与生产、学习与工作等领域的劳动教育课程资源整合在一起,能够丰富劳动教育的课程资源,并实现对这些资源的有效利用。具体而言,可以依托校内已有的实训基地资源,形成自建式基地群,以自身优势为出发点,搭建优势明显的特色劳动教育课程资源基地,包括金工木工实践基地、传统技艺实践基地、各种职业劳动实训基地等实践据点;还可以依托周边社区或当地共有的劳动实践资源,合作共建实习实训基地群,由学校和一些社会机构合作开发专项式劳动体验实践教学场所,以校企合作特色劳动资源为基础,合作实施劳动教育研究、见习、跟岗顶岗、实习实训等专业劳动实践,通过优质资源引进和优势资源输出,整合和利用广泛的劳动教育实践课程资源。总之,以实践基地为据点,结合校内外、周围社区、社会机构等形成劳动教育基地群,是对一切有价值的劳动教育课程资源进行充分利用与整合的有效策略,十分有助于劳动教育的开展,能够让学生在基地实践中体验劳动乐趣、接受劳动挑战、锻炼劳动能力、养成劳动习惯。

(五)以现代科技为突破点,突出信息化劳动教育课程资源的利用价值

现代科技的蓬勃发展使得信息化资源成为教育教学和课程开发的重要资源。信息化资源面广量大,包罗万象,突破了传统劳动教育课程资源的狭隘性,对丰富现代劳动教育内容、建立新时代劳动教育课程体系具有重大意义。因此,现代劳动教育必须以现代

科技为突破点,积极挖掘和合理利用信息化劳动教育课程资源,从而彰显其时代意义,发挥其育人价值。现代科技的发展进步赋予了劳动教育新内涵与新样态,公共网络提供和传递了丰富多样的劳动知识、信息与资讯,强大的多媒体模拟功能创设了劳动实践和实习实训的模拟情境与操作平台,具有便捷性、实时性与交互性的5G网络加速了劳动的交流与分享。可见,科技的进步和网络的普及大大扩充和丰富了劳动教育的课程资源,如何合理利用信息化劳动教育课程资源成为劳动教育的焦点。在信息社会的劳动教育中,劳动教育课程资源的利用不局限于传统的资源类型,而要灵活、充分地运用现代信息技术、互联网技术、新媒体以及新兴技术等,广泛采集和精心挑选有教育价值的素材作为劳动教育课程的资源,运用现代化理念和智能技术促进劳动教育教学方式向参与式、合作式和探究式转变,并借助现代化信息平台多样式地呈现和利用课程资源,不断丰富劳动教育课程资源的类别类型、表现形式和呈现方式。也就是说,可以充分利用互联网、新媒体等技术搜集、整理丰富多样的劳动知识等,形成更加直观、立体、多元的劳动教育课程资源体系,推动劳动教育课程资源的利用顺应时代发展趋势,进而凸显劳动教育的现代化育人价值。

二、劳动教育课程资源利用过程中要注意的问题

(一)劳动教育课程资源的利用必须纳入劳动教育课程改革计划

　　课程改革政策的制定与实施需要有充足的课程资源支持,劳动教育课程改革政策和计划的有效执行与落实,也必须保障有相应的劳动教育课程资源支撑。如果制定政策时没有考虑实施政策所需的资源,而且如果没有必要的资源,学校、教师和学生就会处于需求得不到满足的局面。[1]因此,劳动教育课程改革计划必须将劳动教育课程资源的建设和利用纳入其中,在政策和计划中保障各种劳动教育课程资源能够得到合理开发和有效利用。具体而言,国家和各级政府在劳动教育课程计划中必须保证为劳动教育分配足够的基本资源,使其达到开展实施劳动教育的起码要求,包括提供足够的教师、时间、材料、设备、适当和安全的场所。另外,劳动教育课程改革计划中还必须充分考虑到劳动教育课程资源消耗、补充、维护和更新所需要的投入,要有课程成本的观念。学校也需要建立一种能够鉴别、保管并让教师及时利用典型教学材料的机制,确保教师在需要时可以获得必要的劳动教育教学材料。[2]若劳动教育课程资源的利用没有得到劳动教育课程改革计划或课程政策上的应有保证和必要支持,那么劳动教育课程资源的挖掘和利用将举步维艰。

---

[1] 国家研究理事会.美国国家科学教育标准[M].戢守志,等译.北京:科学技术文献出版社,1999:276.
[2] 吴刚平.课程资源的开发与利用[J].全球教育展望,2001(8):30.

(二)劳动教育课程资源的利用要紧扣劳动教育课程目标

紧扣具体的劳动教育课程目标、有针对性地利用劳动教育课程资源,是劳动教育实践中值得注意的问题,这针对的是部分教育工作者在劳动教育课程资源的认识与利用上存在着的盲目、随意、浅表、零散等现实情况。具体来说,紧扣劳动教育课程目标、合理利用劳动教育课程资源可以从以下两方面着手。一是结合劳动教育课程目标进行劳动教育内容的扩充。在实际教学中,现有教材或校内的劳动教育内容是远远不够的,甚至是匮乏的,这就要求教师深刻地理解、分析劳动教育的课程目标,依据目标从校内外的课程资源中挖掘、扩充劳动教育的课程内容,从而让学生在丰富的劳动教育实践活动中接受更为全面的劳动教育。二是结合劳动教育课程目标创设劳动教育课程实施条件。劳动教育课程资源不仅包括开展劳动教育所需的素材,还包括实施劳动教育课程的场所和平台。开展劳动教育不只是需要物质资源支持,更需要有针对性的劳动教育场所、设施与平台做支撑,这就要求教师要深入解读劳动教育课程目标,充分挖掘和利用劳动教育课程资源,结合目标要求和现实需求寻找与劳动教育相适应的平台和资源,创设劳动教育课程实施条件。

(三)劳动教育课程资源的利用要因地制宜

劳动教育课程资源的利用要结合当地在经济、文化、自然与地理等方面的实际情况,根据各区域和各学校的具体实践,充分且合理地运用可利用的资源,避免盲目或一刀切现象,实现因地制宜地利用劳动教育课程资源。目前在劳动教育课程资源的利用方面存在的主要问题包括:眼界和视野比较狭窄,多是局限在介绍本地区物质资源、特色劳动经验等方面,对本地课程资源的利用不够充分;思路比较单一,认为本地劳动教育课程资源的利用就是补充乡土劳动教育教材,少有考虑把本地的劳动教育课程资源作为劳动教育课程实施的必要条件或者把区域劳动教育课程资源与学校劳动教育课程有机地融为一体。针对这些问题,劳动教育课程资源的利用必须注意因地制宜,立足本土和区域,充分把握地区优势与特点,从本地区资源中全面挖掘和充分利用独具区域劳动特色、体现区域劳动特点、彰显区域劳动风格的劳动教育课程资源,充分体现和保留区域劳动教育的独特性、地方课程资源的丰富性。这在民族地区的劳动教育中尤为凸显,如何保持各民族的劳动文化特色、保留各民族的劳动传统,因地制宜地运用和转化劳动资源,是当前丰富劳动教育课程资源、开展劳动教育值得探究的问题。

(四)劳动教育课程资源的利用要充分且全面

充分且全面地利用劳动教育课程资源是资源利用过程中值得注意的重要问题,这是针对长期以来"劳动教育校本教材就是唯一可利用的劳动教育课程资源"的错误认识而提出的。与纸张印刷时代的要求相适应,教材一直是我国学校教育的主要课程资源,以至于人们常常误以为教材就是唯一的课程资源。[①]然而事实上,从劳动教育课程资源的概念定义及类型划分就可看出,劳动教育课程资源的类型多种多样,劳动教育的教材不是唯一的课程资源,而且其相对作用呈下降的趋势。因此,在利用劳动教育课程资源的过程中,要正确理解劳动教育课程资源的内涵、分类与价值,打破将劳动教育教材作为唯一课程资源的认识误区,积极利用校内外各种劳动教育课程资源,尤其是日常生活劳动、生产劳动和服务性劳动中可被开发运用的劳动教育课程资源。即使在利用劳动教育校本教材时,也要注意不能照搬照用,而是要深层次地钻研教材,创造性地使用教材,对其中内容进行选择性地拓展、补充和增删,实现教材结构上的突破,体现新时代对劳动教育的多样化需求。

(五)要重视教师的作用,巧妙利用教师资源

教师本身就是重要的课程资源。在劳动教育课程的实施过程中,教师不仅决定着劳动教育课程资源的选择和利用,而且教师自身就是劳动教育课程实施的基本条件资源。[②]随着基础教育课程改革和学校内部教育教学改革的深化,教师是教育和课程改革的关键性因素,是重要的教育和课程资源的观点越来越引起人们的关注,许多教师甚至在自身以外的课程资源极其紧缺的情况下"化腐朽为神奇",实现了课程资源价值的"超水平"发挥。因此,在进行劳动教育课程资源的利用时,必须注意对教师资源予以关注和重视,积极发挥教师的作用,巧妙利用教师这一重要的劳动教育课程资源。教师作为劳动教育课程资源具体体现在:一是教师对于劳动的态度和认识影响着学生劳动价值观的塑造;二是教师的劳动经验、劳动知识和劳动能力等影响着学生劳动知识的习得和劳动技能形成。由此可见,作为重要课程资源的教师不仅推动着劳动教育课程的实施与资源的选择利用,同时也为学生树立了劳动榜样,潜移默化地影响着学生对劳动教育课程的学习兴趣,对学生劳动素养的发展起着至关重要的作用。所以,必须高度重视教师的作用,发挥教师资源的最大价值。从学校层面而言,就是要始终坚持把教师队伍建设放在首位,督促教师不断学习和掌握新时代劳动知识和劳动技能;从教师自身而言,就是要不断提升自身劳动素养和劳动品质,并且不断锻炼自己开发和利用其他劳动教育课程资源的能力。

(六)要发挥学生能动性,尊重学生主体价值

学生作为劳动教育的主体,不是被动地接受劳动教育,而是能动地、创造性地进行劳动实践,选择性地知觉外在信息,建构对劳动的理解,因而在利用劳动教育课程资源的过程中要充分考虑和尊重学生的主体价值。学生本身具有较为丰富的生活和劳动经验,在

---

① 吴刚平.课程资源的开发与利用[J].全球教育展望,2001(8):28.
② 吴刚平,樊莹.课程资源建设中的几个认识问题[J].教育理论与实践,2001,21(7):41.

进行劳动教育的过程中,学生都是带着先前经验和个人理解参与劳动实践活动的。也就是说,每个学生本身就是开展劳动教育的知识源和资料包,蕴藏着丰富的价值和作用,是劳动教育中充满活力的潜在资源。在开展劳动教育时,学生不仅是劳动教育的对象,也是劳动教育的主体和重要的课程资源来源,尤其是在现代技术广泛运用到生产生活等各领域的背景之下,学生获取劳动讯息和劳动体验的途径更加多元化,积累的劳动经验和劳动知识也越来越多,他们已有的知识、经验、经历、兴趣等都可能成为课程资源。[①]学生已有的劳动知识和劳动经验等是可被开发利用的劳动教育课程资源,随着这一认识的逐步加深,在劳动教育课程资源的利用过程中,必须时刻关注学生这一不可或缺的主体和参与者已成为共识。劳动教育课程资源的利用必须注意,要尊重学生的主体价值,调动学生的能动性与积极性,密切联系学生的生活经验,激活学生的劳动经验背景和劳动知识储备,为更好地利用劳动教育课程资源创造良好的条件。

---

① 朱水萍.课程资源开发的认识误区及变革策略[J].教育理论与实践,2006,26(2):42.

第六章

劳动教育课程实施

劳动教育在我国教育体系中占据举足轻重的地位,它是推动人的全面发展的关键环节。自新中国成立以来,我国始终强调劳动教育的重要性,如"教育与生产劳动相结合""坚持体力劳动与脑力劳动相结合"等理念,在不同时期的教育方针中均有体现。然而,受传统高考导向的影响,学校教育偏重于智育,其他教育领域在实际操作中受到不同程度的忽视,导致学生在智育之外的其他方面发展受限,"高分低能"等问题在教育领域逐渐显现。

这种现象的产生,反映出实践与政策之间的偏差。由于各种原因,实际教育活动并未完全遵循国家教育法规和政策的要求,导致课程实施过程中存在诸多问题。因此,在改善外部环境的同时,加强劳动教育课程实施环节至关重要。即使课程方案制定得再完善、明确、可操作,如果忽视实施环节和其中的问题,劳动教育课程仍难以得到有效执行。这也提醒我们,在课程领域,不能简单地认为只要课程计划完善,就能自然而然地达到预期效果,而应对实施过程中的各种因素给予充分的重视和关注。

第一节 劳动教育课程实施概述

课程实施是20世纪六七十年代以来新兴的课程研究领域之一,在现今也是备受关注的课程论问题。人们很容易将课程实施与教学等同起来,事实上,二者在本质上是不同的,研究所涉及的领域和内容也是有诸多差别的。

一、劳动教育课程实施的内涵

在20世纪60年代以后,国外课程领域逐渐达成了一种共识,即认为涉及学校课程的教育改革过程通常包括三个阶段:第一阶段是做出使用课程计划的决定,亦称为"发起"或"动员"阶段;第二阶段是实施或最初使用阶段;第三阶段是常规化或制度化阶段。[1]其中,第一阶段为"课程采用",即确定采用何种课程计划和方案,属于课程计划采纳和决定使用阶段。第二阶段为"课程实施",即确定了使用何种课程计划之后,开始将其在实践中实行。因此,课程实施实际上是课程计划的实行过程。关于课程实施的定义,目前学界较为认同的是:把新的课程计划付诸实践的过程。由于新的课程计划往往蕴含着新的变化或变革,是要改变现有课程状况与理想或者预期课程计划的差距,因此,课程实施本身就是将理想或者预期的课程变革引入实践。

美国学者古德莱德曾提出五种不同层次的课程。一是理想的课程,指的是由一些研究机构、学术团体和课程专家提出应该开设的课程,这种课程常常以设想、建议、规划或

---

[1] 施良方.课程理论:课程的基础、原理与问题[M].北京:教育科学出版社,1996:129.

计划的形式表现出来,其影响取决于是否被官方采纳。二是正式的课程,是指由教育行政部门规定的课程计划、课程标准和教材。三是领悟的课程,指的是作为课程实施者的教师所领会的课程,不同的教师对正式课程的理解并不相同,因此领会的课程与正式的课程之间有所差异。四是运作的课程,指的是在课堂上实际实施的课程,由于课堂教学受到学生、教学环境等多种因素的影响,教师在实施的过程中需要进行不断的调整,所以,教师领会的课程和在课堂实际实施的课程也可能会有一定的差异。五是经验的课程,指的是学生在教学过程之后实际体验到的东西,每个学生从同一课程中所获得的经验、体会受各种因素的影响也会有所区别。从这五种课程来看,"理想的课程"和"正式的课程"实际上为课程计划的制定和采用阶段,而"领悟的课程"、"运作的课程"和"经验的课程"为课程计划进入课程实践,是课程实施阶段,并且,课程实施阶段又经历不同的环节。这也说明,课程理论和实践研究不仅要关注课程计划的制定和决策,也要关注课程实施的环节和因素,只有二者都达到科学、准确、有效,学校课程才能够取得切实的效果。

基于对课程实施的分析,劳动教育课程实施,总体来说,就是将学校的劳动教育课程计划付诸实践的过程。

课程计划包括国家、地方和学校三个层面。国家或地方的课程计划是国家或地区教育主管部门根据国家或地区的教育方针、政策、目的以及学校的性质统一制定和颁发的,对一定学段的课程进行总体规划的课程文件。比如我国目前所实行的由教育部颁布的《义务教育课程设置实验方案》《普通高中课程方案(2017年版2020年修订)》都属于国家层面的课程计划。一般来说,国家或地方的课程计划是宏观意义上的规划,对课程门类、课时比例等进行了总体说明。而劳动教育作为学校教育的一个方面,其具体规划应当是基于国家和地方的总体要求,由学校根据自身特点自行开发和设计。劳动教育课程计划往往体现在学校总体课程计划中,包括其开设的内容、开设的形式和课时比例等。

二、劳动教育课程实施的特点

劳动教育作为五育的内容之一,在实施过程中除了具有其他教育内容的共有特点外,还具有一些特殊之处。

(一)整体性

学校课程本身涵盖五育的各个方面,是一个整体。而具体到劳动教育课程,其本身也自成一个整体。这是指学校在进行劳动教育课程规划时,会从多方面来进行设计,比如课堂内的知识技能传授、课堂外的实际操作和具体实践,校内、校外资源的共同开发和利用,学校和社会、家庭的配合,等等。这也就说明,劳动教育课程不仅仅是传递劳动教育知识和技能,也不仅仅是进行劳动技术操作和实践,而是二者相结合。其实施的形式上也是校内外结合,学校、社会、家庭等合力。因此,从这个意义上说,劳动教育课程实施具有整体性,需要通过多种途径、多种形式来整体发挥合力作用,才能共同达到劳动教育目标。如果只注重实际技能的掌握,就会缺少相应的劳动教育基本知识和理论,反之,则会使理论流于形式,不能真正提高学生的实践能力。

(二)多样性

劳动教育的目标包括基本的劳动知识与技能、劳动态度和劳动习惯等,从这个角度看,劳动教育实际上包含多重目标,目标具有多样性。这也决定了劳动教育课程实施的多样性。劳动知识与技能的获取需要必要的讲授、讲解和分析,也需要学生通过实际的"作业"来体会和领悟劳动所蕴含的知识与技能,二者是相辅相成、不可分割的。因此,在劳动教育课程的实施上,就需要做好两方面的安排,既要有理论、知识的讲解,必要的课上讲授和演示,也需要有实践基地和场所供学生进行实际操作。同时,劳动教育的内容既包括生产和技术劳动,也包括家政家务劳动、社会公益性劳动等多方面,其内容和活动形式也是多种多样的。

(三)开放性

教育有广义和狭义之分,广义的教育包括学校教育、社会教育和家庭教育几个方面,而狭义的教育单指学校教育。尽管如此,学校教育也不是游离于社会和家庭之外的,在诸多方面需要社会和家庭的配合。就劳动教育课程实施而言,在学校的劳动教育课程计划中,除了学生在学校所能够完成的任务外,很多方面还需要借助社会和家庭的力量共同完成。比如涉及某些职业的体验项目,需要利用社会、社区相应资源;基本的家政家务劳动,需要学生在家中完成;等等。也就是说,劳动教育课程实施需要在不同场所和环境中完成,而实施地点不仅仅局限于学校内部,其空间是开放性的,是面向广阔社会的,并可以存在于学生生活的方方面面。正因如此,其活动内容和形式是开放的,需要学校进行合理有序的规划和设计。

(四)主体性

劳动教育作为全面发展教育的组成部分之一,对人的发展发挥着其他四育所不能替代的功能。劳动教育课程的实施归根结底要落实到学生身上,需要通过学生的脑力活动和体力活动来共同实现。从这个意义上来说,劳动教育课程实施需要学生的亲身参与和实践,需要学生主体性的充分发挥。以往的劳动教育未受到高度重视,往往流于形式或表面化,学生缺少必要的参与和践行,主体性发挥得不够,劳动教育理论知识、实践能力和态度观念没有得到充分发展。一些学校甚至以智育课程取代了法定的劳动教育课程,致使劳动教育空有其表。家庭中的劳动教育也往往由于家长较为重视子女的学业而徒有其名,家长代劳一些教育活动的现象也仍然存在。这些都使得学生作为劳动教育主体和劳动教育受益者的角色发生偏移,未能有效发挥劳动教育中的主体作用,从而影响了其身心的全面发展。

三、劳动教育课程实施的作用

在中小学实行劳动教育课程,实现教育与生产劳动和社会实践相结合,是培养全面发展的人的重要途径,对于学生形成正确的劳动观念、劳动品德具有重要意义,对于培养学生的创新精神和实践能力也具有积极作用。

(一)促进学生的全面发展

教育与生产劳动相结合,不仅是提高社会生产的一种方法,更是造就全面发展的人的基本途径。人的全面发展,是人的体力和脑力的全面、和谐、充分发展。因此,劳动教育为人的全面发展提供了条件和基础。通过实施劳动教育,学生可以获得有关劳动工具和劳动对象的知识,并且在实践过程中将所学知识与实际劳动联系起来,有助于劳动知识的理解和掌握,进而促进智力的发展。苏霍姆林斯基曾经说过:"我通过许多学生的例子确信,谁要是为不断揭示新的关系和相互联系的有趣劳动所吸引,他的思想就不可能杂乱无章,语言也不可能因循守旧,因为,他不仅劳动,而且还思索和判断因果关系,计划未来的工作。""劳动,不仅仅意味着实际能力和技巧,而且首先意味着智力的发展,意味着思维和语言的修养。"[1]劳动教育的实施对学生的劳动观念、劳动态度、劳动纪律等提出了一定的要求,要求学生能够吃苦耐劳、坚持不懈,这对于培养学生热爱劳动、遵守劳动纪律、爱护劳动果实、持之以恒等优秀道德品质具有积极意义。劳动教育往往与具体活动和操作等相联系,这有助于学生身体机能的锻炼,促进身体的发育和体质的增强。劳动教育实践过程以及劳动教育成果同时包含着美的因素,也有助于学生审美意识、审美能力的培养。总的来说,五育对人的发展的作用不是割裂开来单独发挥作用的,而是相互融合、彼此包含共同发挥作用。人的全面发展是在人的"劳动"中实现的,劳动教育蕴含着对一个人德智体美诸多方面的要求,劳动教育在发挥自身作用的同时,对于学生的德智体美方面同样具有一定的积极意义和重要的促进作用。

(二)培养学生的创新精神和实践能力

人类从原始社会直到今天的现代化社会,其文明的发展无一不是劳动的成果。人类在劳动中发现,在劳动中思考,在劳动中发明,在劳动中创造,从而推动社会的进步。未来社会更是一个创新的社会,它需要每个人都具有创新精神和创新能力。所谓创新精

---

[1] 苏霍姆林斯基.给教师的一百条建议[M].周蕖,王义高,等译.天津:天津人民出版社,1981:59-60.

神,就是人们在综合应用已有的知识、信息、方法和其他相关基本条件,提出新观点、新方法、新思路的过程中所表现出来的意志、信心、勇气和锲而不舍的精神。[1]实践能力,是个体在社会实践中解决实际问题的能力。无论是创新精神和实践能力,都需要以实践活动为载体,在实践活动中加以发展。劳动教育不仅促进了学生创新精神和实践能力的发展,而且通过组织学生参与实际劳动活动,让他们在真实的劳动环境中,利用劳动工具和资料进行劳动。在这样的过程中,学生充分动手动脑,体脑结合,将所学的劳动知识和技能有机结合,进而利用自己的想象力和创造力,对物质资料进行重新组合和创新改造。这样的体验,不仅锻炼了学生解决问题的能力,也极大地提升了学生的创新精神和实践能力。

(三)培养学生良好的意志品质

劳动不仅创造了人本身,也创造了教育。劳动教育是历史发展的必然结果,也是我国社会主义教育的重要特征。劳动教育往往与吃苦耐劳、艰苦奋斗等优秀品质紧密联系,这些优秀品质无论在任何社会发展时期都是极其宝贵的。我国社会主义制度的形成、社会主义建设的持续发展,都离不开全体劳动人民传承和发展这些优秀劳动品质。年轻一代更应该树立为共产主义奋斗的远大理想,把用辛勤的劳动来建设一个现代化的社会主义强国作为自己应当肩负的重大历史任务,立志做社会主义建设的自觉劳动者。劳动教育的实施,可以使学生养成良好的劳动习惯以及艰苦奋斗的优秀品质,树立以劳动为光荣、以艰苦奋斗为光荣,以好逸恶劳、贪图享受、奢侈浪费为耻辱的思想观念。同时,劳动实践有助于锻炼学生的意志品质,帮助学生养成坚持不懈、努力奋斗的劳动态度和劳动精神。这些优秀品质无论对于学生的学业学习,还是未来的生活工作都具有终身的积极意义,能够帮助学生正确认识和看待事物,养成面临困难不退缩、肯攀登的学习工作斗志,形成解决问题的意识和能力,这对于学生的发展具有持续性作用。

第二节　劳动教育课程实施的途径

2018年9月10日在北京召开的全国教育大会上,习近平总书记强调:"要在学生中弘扬劳动精神,教育引导学生崇尚劳动、尊重劳动,懂得劳动最光荣、劳动最崇高、劳动最伟大、劳动最美丽的道理,长大后能够辛勤劳动、诚实劳动、创造性劳动。"对于近些年来被严重忽视了的劳动教育来说,这是重建和奋发的重要契机和新的起点,更是努力构建德智体美劳全面发展的教育体系的应有之义。中小学劳动教育的实施有多种途径和方

---

[1]《教育学原理》编写组.教育学原理[M].北京:高等教育出版社,2019:186.

式,结合新时代劳动教育的内涵和特点,可以从认知与活动、独立与融合、国家课程与学校课程、校内与校外几个方面来思考学校劳动教育的实施。

一、落实国家课程和地方课程中的劳动教育

劳动教育贯穿于多种学科中,在其他学科的教材中经常有劳动内容和要求的体现。比如,部编版的《道德与法治》教材中有专门关于劳动的讲述,都是贴近儿童生活实际的。其中,二年级上册第二单元"我们的班级"中就有"我是班级值日生""装扮我们的教室"等内容,要求学生了解值日生的日常工作以及如何装扮教室等问题。该单元的目的是使学生热爱同学、老师和班集体,形成集体责任感和班级主人翁意识。此部分教材中贯穿着大量关于值日生工作和教室装扮的相关问题,学生在亲自参与体验值日工作和装扮教室的过程中,不仅了解了班集体需要大家的热爱和维护,也同时进行了相应的劳动教育。三年级下册第二单元"我在这里长大"中有关于扔垃圾、刮掉小广告、领养绿地等内容,除了使学生了解自己生活的地方、热爱自己的家之外,还培养了学生通过自己的劳动解决所在地生活中存在问题的能力。又如,部编版《语文》三年级上册第一单元"语文园地"中,就有一部分内容为:"在班里组织几个兴趣小组吧!试着给每个兴趣小组取个响亮的名字,吸引有相同爱好的同学一起开展活动。"并列举了一些兴趣小组的名称,如"篮球侠""巧手剪纸组""鲲鹏航模队""探索者小队""黑白棋社"等。其中很多小组如剪纸、航模、探索者都需要学生亲自动手实践,这属于劳动教育方面的内容。再如,教科版《科学》三年级上册中的"水""空气""天气"中,有关于水沸腾、水结冰、冰融化,做"热气球",测量气温、降水量,观测风、云等内容,这些内容在提高学生基本科学知识和素养的同时,间接培养了学生的劳动能力。

另外在地方课程方面,也蕴含着大量的劳动教育内容。比如,重庆地方教材《心理健康教育》三年级下册,第五课"多彩的课外活动"中"体验大舞台"部分,就有体验类内容:"休息日到了,小伙伴们要到你家做客,你准备安排什么活动?"并配有相关图片及文字("做小厨师""下棋""读书"等)。再如,重庆地方教材《中小学公共安全与生命教育》三年级下册,第二课"学做家务会防范"中,讲述的就是关于打扫卫生、修理玩具、做饭、削水果时需要注意的安全问题。这些内容都需要学生结合自己实际的劳动亲身经验和体验,才能真正理解其重要性和防范措施。

可以说,国家课程和地方课程中的很多科目,尽管不是以劳动教育为主要目标进行设计,但是其中蕴含着大量的劳动教育内容,教师如果按照其要求严格实行,不仅能够加深学生对所学科目内容的理解,而且有助于学生劳动教育思想观念和意识的形成,以及劳动知识和技能的提高。

二、实施专门的劳动教育校本课程

除了国家课程和地方课程之外,课程三级管理中还有一种课程形式,即校本课程。校本课程是学校为实现教育目标或解决学校自身的教育问题,根据国家或地方制定课程纲要的基本精神,以学校为主体,结合学校的性质、特点、条件以及可以开发利用的资源,由校长、教师、学生、家长或社区人员等合作开发的课程。其特点是以学校为基地、以学校为基础、以学校为主体、以学校为整体、以满足本校学生的学习需求为宗旨。

2020年7月7日,教育部印发了《指导纲要》,其中明确规定:"在大中小学设立劳动教育必修课程。中小学劳动教育课平均每周不少于1课时,用于活动策划、技能指导、练习实践、总结交流等,与通用技术和地方课程、校本课程等有关内容进行必要统筹。"因此,可以在学校的校本课程建设中,设置专门的劳动教育课程。第一,学校根据本校实际设计独立的劳动教育课程。在当前中小学劳动课程的开设率较低,实施效果也不尽如人意的情况下,学校可以构建一门特色化的劳动教育校本课程,贯穿不同年级,并对其进行整体设计。这门劳动教育课程可以有教材,教材内容包括具体的单元和活动内容,并规定具体的课时比例和授课时间,以及实施和评价等。这类劳动教育课程体现为学科化的形式,但是在实际运作中要结合课内外学生的实践活动。第二,结合学校现有设施资源开设活动类的劳动教育课程。这类劳动教育课程以活动类的为主,主要是学校充分利用自身条件和资源,开发学生喜爱的劳动课程。比如,有的学校开展了"小农夫体验"劳动课程。学校在空出的土地上种植蔬菜,作为小农夫体验基地,并专门请种植人员带领学生参加蔬菜种植、施肥、采摘的每一步流程。每个班有自己的责任田。平时学生还可以在责任田里观察植物来进行写作、绘画。每周每个班级都会有固定的时间段到责任田进行劳动。通过这样的校本课程,学生不仅有了劳动的体验,更能掌握基本的劳动知识与技能,也能培养劳动的信念和情感。

三、学科教学中渗透劳动教育内容

为了培养学生的劳动精神和劳动能力,单一形态的劳动教育难以承载新时代劳动教育功能的实现。新时代中小学劳动教育必须走整合化的实践路径,实现劳动教育与学科课程、各类活动课深度融合。《指导纲要》明确规定:"中小学道德与法治(思想政治)、语文、历史、艺术等学科要有重点地纳入劳动创造人本身、劳动创造历史、劳动创造世界、劳动不分贵贱等马克思主义劳动观,纳入歌颂劳模、歌颂普通劳动者的选文选材,纳入阐释勤劳、节俭、艰苦奋斗等中华民族优良传统的内容,加强对学生辛勤劳动、诚实劳动、合法劳动等方面的教育。数学、科学、地理、技术、体育与健康等学科要注重培养学生劳动的科学态度、规范意识、效率观念和创新精神。"该文件不仅提出了教材编写要融入劳动教育的要求,同时也提出各科教学要结合学科自身特点进行适当的劳动教育。具体来说,在与学科课程的融合方面,可以根据学科的性质和内容,统筹合理安排教学内容,从三维目标转向"五育"目标,融劳动教育于其中。如在中小学政治、语文等学科教学中,注重劳动观念和态度教育,以培养学生树立正确劳动观念和形成良好的劳动品格;在物理、化学、生物等学科教学中,注重劳动基础知识和基本技能教育,从而提升相关的职业技能,为从事未来的职业做准备等。[1]

以语文学科为例,劳动教育在语文学科渗透的过程中,要结合各个年级学生的学习特点,将劳动教育进行拆分渗透。比如,在讲解《邓小平爷爷植树》时,由于授课对象主要是二年级学生,因此可以注意引导学生关注劳动行为,注重劳动体验心得的分享。教师可以以此课为契机,留出课堂时间让学生分享自己的劳动经历以及自己劳动后的体会。对于低年级的同学,只要让他们形成劳动观念,热爱劳动,在劳动中获得快乐,即达到了教学目的。在写作方面,教师可以给出与劳动相关的命题,如以"五一劳动节""记一次劳动""劳动最光荣"等为题目,进行命题作文的训练。学生在练习习作的同时,也能够主动地思考劳动和自身的关系,反思劳动对于自己的意义和劳动的价值。[2]

又以物理学科为例,学生学习初中物理之后可获得相应的基本劳动技能,并可以进行自我服务劳动或创新劳动,为将来进行学习实践、参加社会公益性活动以及职业劳动做好准备。学生学习机械运动知识后,会使用刻度尺和秒表;学习质量和密度后,会使用量筒、天平等仪器;学习生活用电后,能使用试电笔鉴别零线和火线;学习简单机械后,会使用螺丝刀、扳手、瓶盖起子、羊角锤等工具。另外,教师应适时引导学生在理解物理原理、物理研究方法、实验仪器使用方法的基础上,将劳动技能应用于生活,如在煮食物时,火并不是越大越好,水烧开以后,只需要小火保持水沸腾就好,因为液体沸腾后,还会吸收热量但是温度保持不变;在家中挂相框时,为了挂正,可以自制重垂线来进行辅助,因为重力的方向总是竖直向下的;在为家中的盆景设计自动供水装置时,可将一个塑料瓶装满水倒扣在盆景中,使瓶口刚好被浸没,因为大气压强的作用,可使水不会一下都流出来。[3]将劳动技能应用于生活,会让学生直观看到劳动的结果,也会让学生为通过劳动取得劳动成果而感到满足,从而体验到劳动的价值和成就感。

四、结合灵活多样的校园活动开展劳动教育

在新时期,劳动教育的内涵较以往有了更为宽阔的范围,已不再仅仅局限于生产劳动,学生在学校内、家庭中的一些涉及操作性、技术性的活动都可以称之为劳动,比如学

---

[1] 余文森,殷世东.新时代中小学劳动教育的内涵、类型与实施策略[J].全球教育展望,2020,49(10):100.
[2] 王小锋.浅谈如何在语文学科中渗透劳动教育[J].考试周刊,2020(92):48.
[3] 汤祖军,刘文婷.寓劳动教育于初中物理教学[J].中国现代教育装备,2020(18):15.

校中的班级管理、卫生打扫、纪律维护等。因此，除了上述劳动教育课程形式外，学校可以充分结合学校内的各种活动来开展劳动教育，从而扩大劳动教育课程的外延，充分发挥学校内部优势，实现校内资源的有效利用。第一，结合学校现有的常规活动实施劳动教育课程。这类劳动教育课程主要是结合学校及班级的一些日常活动展开。比如，上海市闵行区七宝明强小学创立了"强强当家"的校本劳动体验项目，希望学生在"明事理、明自我、强体魄、强精神"的"两明""两强"校训指引下，通过校园当家实现学生自主性劳动，共同创造校园新生活。学校进一步梳理和完善"强强当家"的系列化劳动内容，形成"班级当家：班级岗位我能行；校园当家：校园管理我参与；家庭当家：家务劳动我有责"的三位一体学生劳动当家系列。其中，班级当家系列，以各个班级的各种小岗位建设为载体，形成集合班级教室卫生、自主管理、纪律维护等各种岗位的劳动，让学生在班级常态化生活中通过自主的劳动实践实现班级生活的自主创造。校园当家系列，以三至五年级每个班级每周轮流参与校园自主管理劳动为载体，形成集合升旗仪式、礼仪示范、文明评价、互动宣传等管理型的劳动体验，让学生在参与示范、引导、评价中体验校园管理的劳动收获。[1]第二，设计各类相关活动促进劳动教育的实施。学校可以整体进行规划，在每个学期、每个年级都进行哪些劳动教育方面的活动，可以将这些内容固定下来，作为学校劳动教育的内容之一。同时，也可以根据实际情况进行灵活调整和更新，适时改变原有安排，增加新的内容。一是可结合社会活动日进行劳动教育，如结合植树节、学雷锋纪念日、五一劳动节、农民丰收节、志愿者日等，开展丰富的劳动主题教育活动。二是设计学校自身特色的劳动教育活动，如有的学校在高年级中开展烹饪大赛，要求每个学生要学会1个炒菜、1个凉拌菜，在这样的比赛中，学生的生活技能得到了提高，更保持了高涨的生活热情；在低年级中开展整理书包、系鞋带等生活技能的比赛；等等。这些劳动活动锻炼了学生的生活技能，丰富了学生的学校生活，让学生更加乐于享受学校生活，对生活有更深刻的理解和更美好的期待。三是举办优秀人物事迹宣讲和展示活动，如举办"劳模大讲堂"、"大国工匠进校园"、优秀毕业生报告会等劳动榜样人物进校园活动，让学生在校园里近距离接触劳动模范，聆听劳模故事，观摩精湛技艺，感受并领悟勤勉敬业的劳动精神，树立正确的劳动观念。

五、家庭中实施劳动教育

家庭是开展劳动教育的重要场所，家庭劳动对学生劳动能力、劳动习惯、劳动意识的培养至关重要。2020年3月20日，中共中央、国务院颁发的《意见》中指出："家庭要发挥在劳动教育中的基础作用。注重抓住衣食住行等日常生活中的劳动实践机会，鼓励孩子自觉参与、自己动手，随时随地、坚持不懈地进行劳动，掌握洗衣做饭等必要的家务劳动

---

[1] 姚凤,王晓.发达地区小学劳动教育的养成路径探寻[J].福建教育学院学报,2020,21(10):21.

技能,每年有针对性地学会1至2项生活技能。鼓励学校(家委会)和社区等组织开展学生生活技能展示活动。学生参加家务劳动和掌握生活技能的情况要按年度记入学生综合素质档案。鼓励孩子利用节假日参加各种社会劳动。"然而有关于家长对学生家务劳动的教育情况调查显示,约45%的学生家长会经常或一直教孩子做家务的知识和技能,而约55%的学生家长在日常生活中偶尔教或不教自己的孩子做家务的知识和技能,总的来说这一情况是不够乐观的。[1]鉴于此,学校开展劳动教育要高度重视和充分利用家庭的作用,通过家庭和学校形成劳育共识,让家长重视劳动教育在孩子成长中的重要性,积极尝试通过家庭劳动引导孩子的全面成长。比如,有学校设立了不同学段的家庭劳动教育内容。对于小学低学段学生,教师将整理书包、自己穿衣、收拾桌子等录制成微视频推广到家庭中,帮助家长有条理地指导孩子。其中,特别针对一年级的新生,在每年的新生家访中,教师会将学校劳动教育清单发放给家长,指导家庭进行切实可行的家庭劳动教育,帮助家长做好小一新生的学前适应。对于小学中学段学生,则要求完成洗碗、拖地、整理衣橱、打扫餐桌等家务劳动。对于小学高学段学生,要求学会简单的饭菜烹饪、整理自己的房间、简单移植植物等家务劳动。[2]总的来说,在家庭劳动事务中,家长要培养孩子主动承担家庭劳动的责任意识,结合孩子的实际能力给予他们充分的实践劳动机会,教给孩子劳动的方法,逐步培养孩子良好的劳动意识和劳动习惯。同时家长要善于抓住孩子的劳动动机,积极鼓励孩子参与劳动活动,并且根据劳动成果给予适当的表扬,让孩子在劳动中全面发展自己,体会劳动带来的成就感与快乐。

六、整合利用社会资源开展劳动教育

劳动教育不仅是学校、家庭的责任,也是社会教育的重要责任。社会上蕴含着各种可供学校开展劳动教育的资源、设备设施,能够扩大学校劳动教育的范围和途径。对于社会在劳动教育中的作用,《意见》中指出:"社会要发挥在劳动教育中的支持作用。充分利用社会各方面资源,为劳动教育提供必要保障。各级政府部门要积极协调和引导企业公司、工厂农场等组织履行社会责任,开放实践场所,支持学校组织学生参加力所能及的生产劳动、参与新型服务性劳动,使学生与普通劳动者一起经历劳动过程。鼓励高新企业为学生体验现代科技条件下劳动实践新形态、新方式提供支持。工会、共青团、妇联等群团组织以及各类公益基金会、社会福利组织要组织动员相关力量、搭建活动平台,共同支持学生深入城乡社区、福利院和公共场所等参加志愿服务,开展公益劳动,参与社区治理。"具体来说,第一,利用社区资源开展实践类的劳动教育课程。学校可以结合本校劳动教育课程的规划,与社会诸多领域和机构建立长期的合作关系,将其作为学校劳动教

---

[1] 庞茗萱,高维,程亚楠.天津市小学生劳动教育现状调查研究[J].上海教育科研,2017(8):48.
[2] 胡赟赟.新时代小学劳动教育的实践路径探究[J].教育科学论坛,2020(20):23.

育的实践基地和场所,开展定期的劳动教育实践课程,比如安排一定时间的农业生产、工业体验、服务业实践等劳动课程。有的学校开展"乐学"主题的系列研学活动,学生亲自体验采茶、制茶、品茶,在亲身的实践中感受劳动的乐趣;在"植物园探秘"社会实践中,小组成员之间分工合作、团结一心闯过重重关卡,最终完成探秘闯关;参观川菜博物馆,学生自己动手现场制作川菜。[1]这一系列的社会实践活动,采取多种形式的评价,让学生在劳动教育的过程中感受到,只有自己乐于动手、团结协作、吃苦耐劳,才能着手解决问题,这些精神恰恰是现代社会需要的。第二,开展社会公益活动实施劳动教育课程。参加社会公益活动,不仅让学生体会到通过自己的双手和劳动给别人带去的快乐,还能培养学生的社会责任感和公德意识。比如,对于小学低学段的学生,可以设置诸如"我为环境做贡献""我爱一花一草一木"等专题,让孩子进入社区做一些捡垃圾、浇水、除草等简单的公益活动,在教师带领下初步体验劳动的快乐;对于小学中学段的学生,可以设置诸如"我是环保宣传小卫士""我是文明交通劝导员"等专题,让学生做一些环保宣传、调查、演讲等活动,慢慢意识到社会公益劳动对自我成长具有重要意义;对于小学高学段的学生,可以设置诸如"我为敬老院服务""我为山区儿童献爱心"等专题,让孩子们到敬老院帮助那些孤寡老人,传递自己的一份爱心,明白通过自己的劳动可以让许多人感受到快乐与温馨,并愿意主动参加社会公益劳动。[2]学生能通过社会公益劳动明确感受到自己的劳动所带来的成果和反馈,形成热爱劳动、尊重劳动的观念,养成良好的劳动习惯。

第三节　劳动教育课程实施的条件

劳动教育课程实施涉及众多领域,既包括校内的学科类、活动类课程,也牵涉校外的家庭和社会机构,是一个较为复杂和系统的体系。要保证其有效实施,需要充分做好各种保障工作,协调好相关利益群体。

一、劳动教育课程的开展常态化

课程设计是课程实施的前提和保证,其规划方案制定的科学性和合理性直接影响着课程实施的进程和效果。劳动教育课程实施也是如此。

第一,学校要制定清晰明确的劳动教育课程规划。学校的课程规划是对所有学段、年级全部课程的整体规划,包含了课程目标、课程设置、课程实施和评价建议等内容。此规划中应当将劳动教育课程纳入其中,规定劳动教育的课程类别和课时安排。除此之

---

[1] 胡赟赟.新时代小学劳动教育的实践路径探究[J].教育科学论坛,2020(20):24.
[2] 陈林,卢德生.小学劳动教育的路径及保障[J].教学与管理,2019(17):12.

外,在学校总体课程规划的前提下,可以单独制定关于劳动教育课程的规划,作为一个独立的课程文件对劳动教育发挥指导作用,这样更为详细和明确。这个课程规划应具备四个特点。一是适切性,即这个规划必须紧贴国家关于劳动教育的政策要求,满足当前学校学生劳动教育的迫切需要,且学校能够具备和利用规划中提出的各类条件和资源来有效开展劳动教育课程。二是明确性,即劳动教育课程的设计清晰明确,开设哪些类型的课程、课时比例关系等一目了然,不模棱两可。这样在具体实施过程中教师就可以直接开展针对性的实践活动,从而避免因表述不清而引起的不必要误解和纠纷。三是可操作性,即劳动教育课程的设计在学校的胜任范围内,在实践中能够开展和运行。如果规划过于繁杂、不清晰,或者条件过高使学校的师资无法胜任,或者外部资源、场所不易获取、利用,都将导致劳动教育课程无法正常施行。四是实用性,即劳动教育课程规划符合学生的发展需要,能够产生较好的效果。所设计的劳动教育课程能够从根本上解决学生现存的劳动教育方面的问题,实施后能够对学生劳动观念、劳动知识、劳动能力等产生比较明显的影响。

第二,劳动教育课程的实施要常规化。劳动教育课程规划制定完成后,并不等于其育人任务就得以实现,还需要将规划付诸实施。一些学校尽管制定了劳动教育课程规划,但是出于种种原因而未将其真正付诸实践,劳动教育课程就成了一纸空文。因此学校要按照规划要求,切实将劳动教育课程实施下去,包括各个年级的安排、不同类型课程的实施等,并将其作为学校教育内容的一个重要方面,持续开展下去,形成同学科教学、活动教学并驾齐驱的课程类型,从而全面发挥学校教育对人的发展的作用。

二、学校内部人员的理解和践行

在制定了科学、合理的劳动教育课程规划后,需要学校全体人员的高度重视和配合,方能够将劳动教育课程有效地施行下去,取得实际效果。

第一,校长观念和态度转变。校长在学校的课程发展中起着决定性的作用,其观念和思维的转变直接决定着劳动教育课程规划和决策的程度和水平。校长自身对劳动教育的态度决定着学校组织的重视程度和学校成员对劳动教育的态度。如果校长能够在学校中创造出良好的氛围,鼓励开发劳动教育课程,教师就会愿意承担必要的风险来完成这项工作。我们可以毫不夸张地讲,校长对于改革的短期成效或长远成效都起到了很重要的作用。当教师认为某一项计划并不为校长所支持时,这项计划就很难出成效。而受到了校长积极支持的改革计划是最有可能进展顺利并取得成效的。因此,劳动教育课程的有效实施首先需要校长的观念和态度转变。

第二,专业稳定的教师队伍。教师是课程的执行者,任何课程的落实都离不开一支稳定的专职教师队伍。劳动教育也不例外。教师是劳动教育的实践者、开拓者、引领者,是劳动教育的有机主体部分,因此教师的劳动教育意识、情感、知识与能力是进行劳动教育的基本保证。相关调查表明,有近70%的劳动教育课是由其他科任教师承担,有30%左右则是由专职教师承担。[①]由此可见,劳动教育在师资配备上大多数是由其他科任教师兼任,缺乏专职的劳动教育教师。因此在教师队伍建设方面,主要应加强以下两项工作。一是配齐劳动教育专职教师。现实中的一些劳动教育,是综合性与专业性极强的课程,缺乏专业性的教师最终会造成劳动教育的效果不佳。在这方面,根据国家近些年相关文件精神,学校可以加大劳动教育课程专职教师的引进和培养力度,努力建设一批业务能力强的劳动教育专职教师。与此同时,一些劳动教育方面的内容贯穿于学校其他学科和活动类等课程之中,需要其他学科教师的支持和参与,因此,其他学科教师也不能置身事外,要结合学校整体的劳动教育规划,积极做好与所教课程中蕴含的,或与所教课程相关的劳动教育内容,从而实现全方位、多体系劳动教育的育人效果。二是加强劳动教育专职教师的素养提升。积极开展教师培训,如专题讲座、主题研讨等,提升教师的劳动理论知识。加强教师与实践基地的有效合作,如实地调研、指导等,使教师在提升理论知识的同时,能够将理论与实践结合,从而更好地指导学生。提高教师自身的教学能力,鼓励教师创新教学方式,多创设与学生生活、自然场景相贴近的情境来激发学生对劳动的兴趣,获取劳动的技能,培养热爱劳动的情怀。

第三,行政管理部门的积极协调和充分配合。行政管理部门分工明确,有各自的职责和具体工作,为学校教学的高效正常运转提供了有力保证。劳动教育的有效实施也离不开行政人员的积极配合和参与管理,比如教师的招聘、选用、定岗定位、技能培训等都需要行政人员的组织和管理,劳动教育课程的安排、教师的配备需要行政部门处理好课时比例、时间分配、人员分岗等,劳动教育所需的实践基地或校外资源也需要行政部门进行广泛的联络并与之达成合作协议等一系列烦琐工作。因此,劳动教育的有效开展,不仅仅涉及领导的决策、教师的施行,还涉及外围协调工作的保证。离开了必要的安排和统筹协调,劳动教育一些活动、内容的开展将会受到限制和影响,劳动教育的实施就可能是不完整的,学生劳动技能等方面的发展就会受到一定程度的影响。

三、校外资源的合理利用与开发

新时代的劳动教育包含了日常生活劳动、生产劳动、服务性劳动,内容的多样性决定了劳动教育的阵地不能局限于学校常规教室课堂内,而是要注重儿童身体空间位移,将儿童置身在多样化的劳动情境空间中,引发儿童与所处劳动空间的"场共鸣"。这样,才能真正起到劳动教育的功效。因此,学校可以与相关部门和企业合作,建立劳动实践基地,利用所处区域丰富多元的资源来设计和开展劳动教育。例如,蔬菜水果园、饲养园、

---
① 陈林,卢德生.小学劳动教育的路径及保障[J].教学与管理,2019(17):13.

无土栽培室、烹饪室、陶艺室、电器室、木工室等。在这里,学生可以进行相关领域的观摩学习和实际操作,可以充分思考和尽情发挥自己的知识和技术能力,从而让自己获取劳动知识与技能,产出劳动果实,获得劳动体验和情感态度。具体来讲,一是开发、建设校外劳动基地。社会各企业部门应该履行社会责任,除开放实践场所外,还应充分利用所在地资源,引导学生走进自然空间,获得身临其境的劳动体验。二是升级、改造校内劳动基地。学校作为教育的主阵地,校园经过升级、改造后也能成为开展劳动教育的基地。比如,厦门市集美区的杏滨小学、集美第二小学、宁宝小学虽然校园面积较小,但是它们充分开发校园中的"犄角之地",使之变为劳动基地,或是将连廊改造为蔬果种植区,或是利用教学楼间空地,将其开辟为"百草园""耕读园"等。三是租用、借用劳动基地。劳动内容的多样性决定了劳动教育课程的多样性,采用开发、建设、升级、改造、借用、租用等办法创造劳动教育基地,可以适应"多样性"劳动教育的需要。[1]

四、家校协作的切实开展

家庭教育开始于学校教育之前,是所有教育的基础,决定了孩子未来的成长和发展。与学校教育相比,家庭教育持续时间较长,与孩子成长关系更为直接。父母的认知观念、行为举止都能够潜移默化地影响学生的劳动意识、劳动观念以及劳动行为。劳动教育内容较为丰富多元,包括家庭中的日常生活劳动。因此,学校的劳动教育需要家长的配合,如若家长仅仅以孩子的学习为第一要务,除了学习活动之外的其他任何活动都不予支持,劳动教育将失去其本意和作用。具体来讲,一是转变家长的劳动教育观念。学校可以通过家长会、劳动教育讲座和弘扬劳动光荣主旋律等方法,促进家长思想上的转变,让家长认识到劳动是一个人生活的基本技能,对于学生的成长、适应未来生活必不可少。二是家校共同携手,践行家庭生活劳动教育。在开展劳动教育过程中,可以建立多元的家校沟通形式,形成家校共育的有效合力。教师针对不同学段的学生,制定家庭劳动教育清单,录制微课,利用大数据时代下的微信、QQ、家校合作App等方式推广,具体指导家长对孩子实施劳动教育。通过填写家庭劳动记录卡、班级群打卡、微视频录制等多种方式进行评价,优秀的孩子和家长一起在全校讲述自己的家庭劳动故事,提高学生和家长的劳动教育幸福感和认同感。[2]三是鼓励家长参与学校和学生的劳动教育。学校的劳动教育对象是学生,但是劳动形式和参与主体上可以多样。学校可以设置一些劳动项目,让学生家长与学生一起完成相关内容,携手开展劳动体验,让家长感受到劳动对于孩子成长的价值以及孩子在此期间的收获。比如,可以开展"厨房小比拼"主题劳动教育活动,家长、学生共同完成一道菜的制作,通过菜品的制作、展示和品尝,学生在做中学,这

---

[1] 陈田.劳动教育的再认识及其实施路径[J].福建教育学院学报,2020(9):9.
[2] 胡赟赟.新时代小学劳动教育的实践路径探究[J].教育科学论坛,2020(20):23.

种寓教于乐的形式,拉近了教师、学生、家长之间的距离,家长能够更多地参与学校的教育活动,实现家校的良性互动,共同助力学生发展。

五、社会媒介宣传的有力推动

劳动教育不仅是学校、家庭的责任,也是社会教育的重要责任。良好的社会劳动氛围和正确的劳动教育舆论引导,能够为学生劳动教育的发展提供更加广阔的空间。21世纪,新媒介时代已经到来,技术进步不断推进人们日常生活内容的革新,媒介环境在当代学生生活与成长中扮演着越来越重要的角色。因此,社会媒介在此方面应当发挥积极的推动作用,着力宣传、弘扬先进的劳动思想和观念。一方面,社会媒介要有自觉的劳动教育责任意识,要大力宣扬和支持劳动教育,表达国家对劳动教育的基本态度,站在国家发展战略的层面上引导劳动教育发展的方向,营造尊重劳动、崇尚劳动的良好社会风尚,避免传递不当的劳动价值观,避免有悖于"勤劳、奉献、敬业、工匠精神"等正确劳动价值观的负面宣传,引导青少年摒弃"不劳而获、啃老、炫耀性消费"等不正确观念。另一方面,社会媒介要利用丰富多样的手段和形式开展劳动教育宣传。比如,开展先进事迹人物传播,赞颂各领域劳动者所表现出来的劳动精神,宣传劳动光荣的观念,引起学生对劳动的关注,使学生以优秀劳动人物为榜样,自觉学习其劳动精神并以此为荣。在寒暑假,不同媒介组织可以开设"劳动者之歌"系列节目,青少年报刊可以开设"我是劳动小能手"等专栏,让正确的劳动观念引导学生的健康成长。[①]总的来说,社会媒介通过结合新时代发展的新特点,充分利用电脑、电视、手机、报刊等,宣传劳动者的奋斗历程,把正确的劳动价值观传送给学生,让美好的生活要靠劳动去创造的思想播种到青少年的心中,这也是营造良好社会风尚、践行社会主义核心价值观的有效途径。

第四节 劳动教育课程实施需要注意的问题

劳动教育课程的实施是全方位、多角度的,需要学校、家庭和社会三者发挥合力的作用,方能取得较好的育人效果。然而,由于传统教育观念的影响和限制,劳动教育课程在实施过程中会遇到诸多问题和阻力,阻碍其独特价值的实现。学校在实施劳动教育课程过程中,需要注意下面这些问题,才能保证劳动教育育人目标的实现。

---

① 李红婷.小学生劳动教育的价值定位与实践路径[J].教育理论与实践,2020,40(11):13.

一、明晰劳动教育的核心和宗旨

《指导纲要》针对劳动教育内容明确指出,小学低年级:以个人生活起居为主要内容,开展劳动教育,注重培养劳动意识和劳动安全意识,使学生懂得人人都要劳动,感知劳动乐趣,爱惜劳动成果;小学中高年级:以校园劳动和家庭劳动为主要内容开展劳动教育,体会劳动光荣,尊重普通劳动者,初步养成热爱劳动、热爱生活的态度;初中:兼顾家政学习、校内外生产劳动、服务性劳动,安排劳动教育内容,开展职业启蒙教育,体会劳动创造美好生活,养成认真负责、吃苦耐劳的劳动品质和安全意识,增强公共服务意识和担当精神;普通高中:注重围绕丰富职业体验,开展服务性劳动和生产劳动,理解劳动创造价值,接受锻炼、磨炼意志,具有劳动自立意识和主动服务他人、服务社会的情怀。劳动课程的核心价值体现在:理论层面——树立正确的劳动观,培养愿劳动、会劳动、能劳动的劳动者;实践层面——劳动具备持久性、多样性、重复性、强度性、价值性等五个特性。[1]教师必须想清楚劳动教育的高标准定位,及其如何与基层实施层面高保障对接。在实际教育活动过程中,因教师对劳动教育认知不足,劳动存在着被教师误用的现象。劳动成了教师惩戒学生不良行为的手段,成了强制儿童努力学习的工具,更成了教师手中驱赶儿童前进的鞭子。有调查发现,84.7%的教师将劳动作为一种惩罚学生的手段,只有15.3%的教师没有将劳动作为惩罚学生的一种措施。例如,每天值日、打扫卫生区、又脏又苦的劳动,都让犯错误的学生来做,并规定其完成时间,这必将使受惩罚的学生心里留下阴影,并且使其对劳动教育产生一定的偏见。[2]因此,教师应当充分认识到劳动教育的本意和核心价值观念,明确其为我国人的全面发展教育的组成部分之一,避免自己在实践中对劳动教育的误解和滥用。

二、按国家规定切实完成劳动教育课程

《意见》明确指出:"……将劳动教育纳入中小学国家课程方案和职业院校、普通高等学校人才培养方案,形成具有综合性、实践性、开放性、针对性的劳动教育课程体系……根据各学段特点,在大中小学设立劳动教育必修课程,系统加强劳动教育。中小学劳动教育课每周不少于1课时,学校要对学生每天课外校外劳动时间作出规定……根据需要编写劳动实践指导手册,明确教学目标、活动设计、工具使用、考核评价、安全保护等劳动教育要求……确定劳动教育内容要求。根据教育目标,针对不同学段、类型学生特点,以日常生活劳动、生产劳动和服务性劳动为主要内容开展劳动教育。结合产业新业态、劳动新形态,注重选择新型服务性劳动的内容……"可以看出,《意见》明确规定了中小学劳

---

[1] 陈田.劳动教育的再认识及其实施路径[J].福建教育学院学报,2020(9):9.
[2] 代云.新时代小学生劳动教育问题及策略研究——以淮南市D小学为例[D].安庆:安庆师范大学,2020.

动教育要设计完整的课程体系,要有必需的课时和时间保证,并具体说明了劳动教育的内容构成等问题。但现实的情况是,目前劳动课程实施率低,即使在课程表上体现了劳动课的存在,但劳动课时较少,且常常被"主科"占用。调查显示,劳动教育课每周一课时的占59.3%,每周两课时的仅占11.3%,另外从未上过劳动课以及不清楚的分别占23.8%、5.6%。此外,劳动课经常被其他课占用的情况占51.2%,偶尔被占用的情况占27.3%,而劳动课从未被"主科"占用的仅有14.6%,还有6.9%的学生存在不清楚的情况。[①]另有研究经过收集多省份多所中小学各年级共计43份课程计划表发现,不开设劳动课程的比例占46%,开设的占35%,相关课程占8%,不清楚的占11%;在劳动课时安排上,0课时占46%,1—2课时占43%,3—6课时占7%,超过6课时占4%。[②]可以看出,尽管国家规定中小学要开设劳动教育课程,但是现实中一些学校仍然存在未开设、未足量开设或者即使开设也被其他学科挤占的情况,这说明劳动教育的观念尚未完全深入基层,传统教育观念的影响仍在一定时期内存在。鉴于此,学校要充分认识到劳动对于学生发展的重要意义,明确国家关于劳动教育的有关规定和基本精神,全面贯彻和落实相关政策,真正实现国家对于学生发展的重大期盼和精心布局。

三、采用多种形式实施劳动教育课程

劳动教育的实施形式多种多样,既包括劳动理论技能知识的讲授,也包括具体的实践活动;既包括学校内部的劳动教育,也包括家庭和社会中的劳动教育。正是因为如此,劳动教育的范围比较广泛,途径和方式灵活多样,能够全方位地发展学生的劳动观念、劳动技能及劳动习惯等。然而现实情况是,学校开展劳动教育的方式主要是以教师授课为主,学生在教师指导下自主学习方式占14.3%,以学生自己实践的方式开展劳动教育的占10.7%,不存在根据学校的特色开展相应活动的劳动教育情况;关于劳动教育内容方面,劳动知识的传授占73.2%,关于劳动技能的培养占22.7%,只有4.1%的内容是培养劳动习惯的,而对于"劳动情感"方面的培养,学校的劳动教育中几乎没有涉及。[③]另有研究显示,当学生被问到"你在学校经常参加哪些类型的劳动实践活动?"的问题时,有91.7%的学生表示自己经常参加班级卫生大扫除的活动,有54.9%的学生表示自己经常参加校内义务劳动,有26.9%的学生表示自己经常参加校外义务劳动,有26.4%的学生表示自己经常参加其他形式的劳动。[④]可以看出,学生参加的劳动活动仍然集中于"做值日生"和"班级卫生大扫除"这样的形式之中,实施途径单一,教育内容缺乏深度和厚度,难以吸

---

① 代云.新时代小学生劳动教育问题及策略研究——以淮南市D小学为例[D].安庆:安庆师范大学,2020.
② 赵娅倩.新时代中小学生劳动教育的实践探析[D].长春:吉林大学,2020.
③ 代云.新时代小学生劳动教育问题及策略研究——以淮南市D小学为例[D].安庆:安庆师范大学,2020.
④ 赵洋洋.中小学劳动教育的实践困境与出路研究[D].重庆:西南大学,2019.

引学生的劳动兴趣,激发学生的创造性和创新意识的觉醒。因此,在新的历史条件和政策精神下,学校除了进行常规的劳动活动外,应该多角度思考和探索新颖的劳动教育途径和形式,充分挖掘学校内部物质和人力资源,打造具有时代气息、体现生命活力的新时代劳动教育体系和活动形式,比如结合传统节日、活动日等设置劳动教育课程,开辟校内劳动实践场所,结合校园文化设计劳动教育课程等,从而真正实现劳动教育活动形式的多样化和丰富性,引导学生形成全面正确的劳动观念,全方位培养和锻炼学生的劳动能力。

四、完善劳动教育保障机制

《意见》和《指导纲要》中,都从劳动实践场所、师资队伍、经费投入几个方面提出了如何保障中小学劳动教育的有效实施。《指导纲要》还专门针对劳动教育的评价问题,提出了将劳动素养纳入学生综合素质评价体系,将过程性评价和结果性评价结合起来等新要求。这些方面,都是劳动教育有效实施的重要保障。没有必要的劳动实践场所和专门的教师、专业人士的指导,缺乏资金建设校内外劳动教育场所和实践基地、补充劳动教育器材和耗材,缺少科学的劳动教育评价体系,都将致使劳动教育的实施空有形式,预期目标难以实现。在这方面,现实的情况是,当前劳动教育实施过程的各项保障机制目前处于缺位的状态,其中最重要的就是专业教师短缺,师资力量薄弱。从师资上来看,学校安排任课教师教授劳动教育课程的占57.1%,由外聘的兼职教师担任劳动教育课程的占39.3%,由其他教师教授劳动教育课的占3.6%,没有安排专业的劳动教育教师。[1]任课教师和兼职教师由于未经过专门学习,在面对劳动教育诸多问题时不能给予专业性解答,必然会引发学生对劳动教育的轻视,降低其从事劳动教育活动的兴趣和积极性。从评价上来看,目前大部分学校的学生评价机制尚未将劳动教育纳入其中,也会导致劳动教育在实施中的不受重视和流于形式。因此,要使劳动教育真正落到实处,就要扎扎实实做好外围保障工作,开辟校内外劳动实践场所,增加劳动教育专任教师并在考核评聘上同等对待,加大校内外必要设备设置购置的经费投入,将劳动教育评价纳入学生的综合素质评价中,加强学校与家庭、社会的协调和配合等,从而全方位做好劳动教育的保障工作,促进劳动教育真正落地实施并取得良好效果。

---

[1] 代云.新时代小学生劳动教育问题及策略研究——以淮南市D小学为例[D].安庆:安庆师范大学,2020.

第七章

劳动教育课程评价

《深化新时代教育评价改革总体方案》在对劳动教育课程评价论述中明确指出:"加强过程性评价,将参与劳动教育课程学习和实践情况纳入学生综合素质档案。"《意见》也明确提出:"设置劳动教育课程……根据需要编写劳动实践指导手册,明确教学目标、活动设计、工具使用、考核评价、安全保护等劳动教育要求。"国家对劳动教育课程评价的重视,充分彰显了劳动教育课程评价在劳动教育课程建设体系中的作用和价值。劳动教育课程旨在帮助学生掌握基本劳动知识、形成基本劳动能力以及塑造基本劳动素养,最终促进学生全面发展。劳动教育课程评价作为劳动教育课程体系的重要组成部分,它的作用在于通过对劳动教育课程的内容进行评定、诊断、反馈、激励以及预测来实现对学生劳动素养状况的了解和对劳动教育课程内容质量的认识。本章内容共有三个部分,第一部分为劳动教育课程评价的理念与原则,第二部分为劳动教育课程评价的实践逻辑,第三部分为劳动教育课程评价的指标初探。各部分内容之间相互衔接,共同构成了劳动教育课程评价的体系框架。

第一节 劳动教育课程评价的理念与原则

一、劳动教育课程评价的理念

2020年3月,中共中央、国务院发布《意见》明确提出要把劳动教育纳入人才培养全过程,劳动教育越来越受人们重视;2020年7月,教育部发布的《指导纲要》为劳动教育课程体系的构建指明了道路。而构建系统完备的劳动教育课程体系离不开劳动教育课程评价。

劳动教育课程评价理念是人们在长期的实践中所形成的对劳动课程评价活动的理性认识和理想追求,也代表了人们对劳动教育课程评价的价值取向。劳动教育课程评价的理念应该能够回答"劳动教育课程评价是什么"和"劳动教育课程评价应该做什么"这两个基本问题。"劳动教育课程评价是什么"这一问题包括劳动教育课程评价的价值引领和原则遵循等;"劳动教育课程评价应该做什么"这一问题包括劳动教育课程评价体系的运行系统、劳动教育课程评价的主体对象、劳动教育课程评价的内容设计、劳动教育课程评价的方法技术等。[1]由此出发,本节以《指导纲要》为基准,并结合其他相关政策文件,提出新时代劳动教育课程评价应遵循的理念。

---

[1] 孙万国,刘苹苹.哲学视域中的发展性课程评价理念[J].教学与管理,2009(21):58.

（一）价值维度：坚持发展性评价，体现育人导向

《指导纲要》明确提出"劳动教育是发挥劳动的育人功能，对学生进行热爱劳动、热爱劳动人民的教育活动"，强调要"发挥评价的育人导向"。学生是发展性主体，教学是立足当下面向未来的事业，劳动教育是培养学生劳动素养的育人活动，因此坚持发展性评价是劳动教育课程评价理念的首要原则。劳动教育的发展性课程评价理念以学生为主体，将学生看作可发展和有潜力的独立个体，侧重于评价过程中的协商交流和对话，侧重于学生劳动素养的培养，体现劳动教育的育人导向。

因此，在劳动教育课程评价理念的原则上，要坚持发展性评价，体现育人导向。一方面，发展性评价要真正发挥作用必须坚持目标导向。在整个评价过程中，要贯彻目标导向，学校应以劳动教育目标为出发点进行劳动教育课程评价体系的整体构建，教师应该能够明确教学目标并灵活运用教学技术对学生进行引导和培养，学生应该能理解学习目标并进行自我反思。另一方面，发展性评价要求在整个评价活动中有一个总体价值遵循，即《指导纲要》中所提出的"强化劳动观念，弘扬劳动精神"。在新时代的劳动教育课程评价的要素中，其核心是劳动精神和劳动价值观，因此劳动教育课程设计不应拘泥于外在形式（如劳动技能）而忽视其劳动价值观的培养和学习。劳动教育课程评价作为课程设计的指挥棒，也应更关注学生在劳动教育活动中的实际表现，注重从行为表现中分析把握劳动观念形成情况，始终以劳动价值观的培养为评价的基本价值遵循，体现发展性评价的根本之义，发挥育人导向。

（二）过程维度：注重体系整体性，运用系统性思维

《指导纲要》提出，要将"劳动素养纳入学生综合素质评价体系"。因此新时代的劳动教育课程评价体系理应纳入人才培养和评价体系全过程，并与其他各级各类人才培养和教育评价体系相衔接。体系的完整性不仅指体系自身的完备程度，更包括与其他各级各类教育系统的衔接程度。体系的系统性也不仅仅在于它本身，更取决于该体系在它所属的整体中的运行流畅度。

因此在劳动教育课程评价的过程中，一方面，应注重劳动教育课程评价体系与其他课程评价体系的相互衔接关系，从整体的观点和视角考察各体系，保障各类体系之间的和谐运行以及相促相生。当前，无论是对于学生个体的评价，还是在衡量学生全面发展情况的评价体系中，或者是在学生评优评先、升学、毕业等重要节点上，劳动素养的评价因素所占比重都较少，甚至没有。针对这种状况，学生劳动素养评价应纳入基础教育质量监测、职业院校教学质量评估和普通高等学校本科教学质量评估体系中，让它们作为一个整体共同发展，从而实现培养具有"核心素养的新型人才"的目标。另一方面，应注重劳动教育课程评价体系自身的系统性和完备性，保障劳动教育课程评价体系的正常且

有效率运行。因此在制定劳动教育课程评价体系时只有厘清劳动教育的目标、内容和主体,秉承系统性的理念对其进行顶层设计,才能系统构建较为完备的评价体系。

(三)主体维度:强调以生为本,引导社会多元参与

在劳动教育课程评价的主体上,强调要以生为本的同时引导社会多元参与。所谓以生为本就是把学生的生存和发展作为最高的价值目标,一切为了学生,一切服务于学生。评价主体上的"以生为本"更强调尊重学生自身意识和发展需要,这意味着在评价的主体上以学生自评为主。因此在劳动教育课程评价活动中应该引导学生诚实记录其在劳动活动中的表现情况,帮助学生进行正确的自我评价和归因训练,这有利于培养学生诚实劳动,同时能够促进学生进行自我反思。

《指导纲要》明确提出要建立协同实施机制,让家长主动指导和督促孩子完成家庭、社区劳动任务,同时多渠道引入社会力量参与学校劳动教育。劳动教育是社会、学校和家长共同创造的事业,学校作为主体、家庭提供基础、社会保障资源,三方面共同构建了劳动教育课程的协同育人机制,因此劳动教育课程评价应该始终贯彻"多元参与"的理念。纵观过去的课程评价研究和实践,评价的主体都趋于统一化和权威化,而立足于新时代的劳动教育课程评价理应打破主体单一的藩篱,学生固然是最为重要的主体,但是教师和家长以及社会各方的力量同样不可忽视,他们作为学生劳动素养培养中不可或缺的一环,理应是劳动教育课程评价中不可或缺的主体。在评价的过程中,教师可通过观察学生在实际活动中的表现对其进行评价,社会公众也应以各种各样的渠道参与评价过程之中。另外,新时代的劳动教育课程评价应合理分配学生、教师、家长以及社会公众的评价权力,建立职权清晰、公平公正的评价体系。

(四)技术维度:结合现代信息技术,坚持公平兼顾效率

《指导纲要》明确提出要彰显时代特征,紧跟科技发展和产业变革。当前世界正处于前所未有之大变局,知识经济时代寻求和呼唤创新型人才的出现。信息技术蓬勃兴起之后,劳动教育课程评价也逐渐驶入与现代技术结合的轨道,为立足世界发展的新形势,劳动教育课程评价的技术应该与时俱进,准确把握新时代下劳动教育评价技术和途径的变化,创新劳动教育评价技术和途径,使劳动教育课程评价驶入时代发展的快车道。

一方面,技术与评价结合,公平是底线。劳动作为创造人、创造世界、创造未来的生产性活动,发生在每时每刻,发生在各处各地,以前的技术着重量化评价而忽视质性评价,这在很大程度上是由于技术的局限性,因为无法通过可信的方式收集可靠的数据,也就无法进行全面的分析和评价。而当前科技的发展和进步使得教师对学生的学习状况掌握更加全面,基于区块链的去中心化特征使得数据更加可信。学校可以利用教育与信息化的进一步结合,建立智慧校园,从而开展劳动教育的过程监测。另一方面,劳动教育

课程评价与现代信息技术结合,能够在保证公平的同时兼顾效率。传感器等新型技术可以用来感知学生情绪变化,物联网与个人终端结合也使得评价得以每时每刻进行,另外使用多渠道多途径进行信息收集,建立学生综合素质分析档案,可以使评价更加全面且有效。

(五)内容维度:保证与时俱进,体现劳动教育内容新形态

劳动教育课程的内容随着时代的变化几经转换,在新中国成立初期以生产技术教育和体力劳动为主,改革开放后劳动教育课程正式成为必修课,强调职业技术教育,随后劳动教育课程被取消设置,仅作为综合实践课程的一部分存在,直到2020年《指导纲要》的颁布,才正式将劳动教育课程作为必修课,纳入中小学课程体系当中。而在当前的劳动教育课程内容中,日常生活劳动、生产劳动和服务性劳动应齐头并进,不能偏废。

在新时代,应秉承劳动教育课程评价的内容与时俱进的理念,体现劳动教育内容新形态。其一,《指导纲要》指出要将日常生活劳动教育贯穿大中小学始终。日常生活劳动、生产劳动和服务性劳动中包含的知识、技能与价值观的学习贯穿学生的生活,劳动教育与生活密不可分,劳动教育课程评价的内容也应与其衔接,加强劳动教育重点内容的评价比重,发挥评价作为教育内容的指挥棒的正向引导作用,促进教育内容的进一步更新。其二,内容评价的重点从注重知识技能转向注重学会学习的评价。劳动教育不仅注重劳动技能的养成,更关注在劳动技能养成过程中学生劳动素养和品质的习得,更关注学生创造性进行劳动的能力。其三,劳动教育课程评价内容应该层层分级。不同年龄段的学生由于其知识背景及年龄、经验的不同,所评价的主要和次要内容也应该有所区分。

(六)结果维度:关注以评促改,建立评价反馈和监督机制

有学者认为评价能完成的最大贡献是确定课程需要改进的方向,也有学者明确提出评价最重要的意图不是为了证明,而是为了改进。因此,新时代的劳动教育课程评价应秉承"以评促改"的理念,即在对待评价结果上,从关注学生的过去变为关注学生的未来,更加关注结果对学生的激励作用。同时评价体系的健康运行离不开社会公众的监督,反馈和监督机制能够传达和反映社会民众的意见,防止评价体系与生活脱节,也能够帮助评价体系更为完备。因此,新时代的劳动教育课程应建立评价反馈和监督机制,保障评价系统正常运行。

二、劳动教育课程评价的原则

建立劳动教育课程评价的原则,既是对劳动教育课程理论体系的完善,也是对劳动教育课程实践的质量保障,更是作为劳动教育课程在落实立德树人根本任务进程中的重

要支撑。建立劳动教育课程评价的原则，需要结合劳动教育课程的目的、特点、价值、理念等，提出根本规范与基本要求。原则，即观察问题、处理问题的准则。由于课程评价活动兼具事实描述与价值判断的双重属性，因此课程评价的原则既需要有利于实证经验的客观记录与收集，又需要有明确的价值导向。劳动教育课程以马克思关于人的全面发展学说为价值基础，以劳动实践为主要内容，培养学生正确劳动价值观和良好劳动品质，实现人的全面自由发展，促进学生以劳树德、以劳增智、以劳强体、以劳育美、以劳创新，具有鲜明的中国特色社会主义课程特点。在一般意义上，课程评价要求导向性、科学性、系统性等原则，结合信息技术发展、大数据等时代背景与劳动教育政策要求，以及劳动教育课程的特殊意义与育人使命，建立劳动教育课程评价的原则既需要回应课程评价自身的功能与价值，又需要回应劳动教育课程的理论基础与价值取向。具体而言，主要遵循以下几项原则。

(一)科学性实践原则

科学性实践原则是根据劳动教育课程的主要内容和实施途径提出的。劳动教育的主要内容包括日常生活劳动、生产劳动和服务性劳动中的知识、技能与价值观。因此，劳动教育课程评价需要根据具体内容与实施途径选择具有科学性的、可操作性强的评价方式。劳动教育课程评价的科学性实践原则是指，基于劳动教育课程的实际内容与发展情况、特征或规律，实事求是、恰如其分地选择适当的方法进行评价，确保评价过程科学有效、利于执行，评价结果真实可信、准确可靠。

具体而言，劳动教育课程评价的科学性实践原则主要有以下三层含义。一是以科学决策的程序指导劳动教育课程评价全面系统、严谨清晰。科学决策相对于经验决策而言，具有全面客观、严谨准确等特征。劳动教育课程因其鲜明的实践性特征，可以借助现代化信息技术、大数据的辅助实现对劳动教育课程实施过程与结果的证据收录，促进量化评价与质性评价相结合，为评价的科学性提供保障。二是以"实事求是"的思想引领劳动教育课程评价，遵循其课程本质规律，亦是对劳动教育课程本身所倡导的"诚实劳动"的重要回应。正如《指导纲要》中指出的，要建立诚信机制，实行写实记录抽查制度，对弄虚作假者在评优评先方面一票否决。以"实事求是"的思想引领劳动教育课程评价，既是对中国共产党的思想路线的重要回应，也是新时代劳动教育课程坚持社会主义办学方向的重要体现。三是以"现实可行"为指南，根据评价内容与对象的实际情况安排合理的评价方案，既要考虑到评价方案的可接受程度和可执行程度，又要考虑到评价自身需要合乎目的、合理有效，使劳动教育课程评价能够真正为学生全面发展服务、为落实立德树人根本任务服务、为推进中国教育现代化服务。

(二)创造性激励原则

创造性激励原则主要是根据劳动教育的本质特征以及"发挥主体作用,激发创新创造"这一理念而提出的,目的是充分发挥劳动教育课程评价"强化劳动观念,弘扬劳动精神"的导向性、激励性的作用。由于劳动自身具有鲜明的创造性特征,使得劳动教育课程评价不应是统一的标准化测试,而应该是多样的、开放的、包容的,能够激发出无限潜力与可能性的评价,促进学生尊重劳动、热爱劳动。劳动教育课程评价的创造性激励原则是指,对劳动教育课程实践过程中的创造性给予鼓励。该原则关注学生实践能力与创新精神的养成,能使劳动教育课程的育人价值得以充分发挥。

具体而言,劳动教育课程评价的创造性激励原则主要有以下三层含义。一是激励与保护劳动教育课程在实践过程中的创造性。由于劳动本就是创造物质财富与精神财富的过程,而且劳动教育的重点就在于有目的、有计划地组织学生参加日常生活劳动、生产劳动和服务性劳动,让学生动手实践、出力流汗,接受锻炼,磨炼意志,培养学生正确劳动价值观和良好劳动品质。因此,劳动教育课程的创造性激励原则要求教师评估创造力和奖励富有创造力的表现,同时允许学生犯错,让学生为创意负责,鼓励学生之间进行富有创造力的协作,鼓励学生对环境进行考察等。二是尊重师生在劳动教育课程中的个性化行为,即,既尊重学生在劳动教育课程实践中的个性化创新,又尊重教师多样化、差异化的评价。三是要结合多元主体进行开放式评价,多角度发现价值、巩固价值、创造价值。劳动教育课程需要多元化的课程评价主体,丰富课程评价的视角与价值,全方位彰显劳动教育课程的育人价值与作用。新时代劳动教育的内在根植性能指导学生真正理解劳动创造人的价值内核,领会劳动所包含的辛勤、智慧、正义、自由等内在意义,并以此促进学生形成正确的劳动品格。[1]

(三)连续性发展原则

连续性发展原则是根据劳动教育课程存在形式而确立的。劳动教育课程评价的连续性发展原则是指,劳动教育课程评价遵循学生身心发展规律与教育教学规律的基本要求,始终贯穿劳动教育课程实施全过程。

具体而言,劳动教育课程评价的连续性发展原则主要表现为评价反馈形成时间上的连续性。劳动教育课程贯穿大中小学各个阶段,其课程评价应在时序上形成相互协调、相互促进的评价体系。如实行动态生成的档案袋评价,先由师生共同制定档案袋评价标准,然后收集学生劳动表现证据,最后学生以反思清单或报告的形式明确改进方向,完成阶段性反思。

---

[1] 康翠萍,龚洪.新时代中小学劳动教育课程的价值旨归[J].教育研究与实验,2019(6):71.

(四)审美性鉴赏原则

审美性鉴赏原则是根据劳动教育课程的综合育人价值确立的。教育部、共青团中央和全国少工委印发的《关于加强中小学劳动教育的意见》中表明劳动教育要"以劳树德、以劳增智、以劳强体、以劳育美、以劳创新"。因此,劳动教育课程评价应充分发挥其审美性特征。劳动教育课程评价的审美性鉴赏原则是指,以审美的价值取向对劳动教育课程的过程与结果进行鉴赏式评价,发挥其以劳育美的作用,使学生得以在劳动过程中感受美、欣赏美、创造美,促进学生尊重劳动、热爱劳动的情感态度与价值观,达到人与工具、人与自然、人与社会的和谐共生。

审美性鉴赏原则要求以尊重、鉴赏的视角挖掘劳动教育课程潜在的美学意蕴与价值,充分体现对劳动过程与成果的珍惜与欣赏,促进学生感知劳动乐趣、爱惜劳动成果、唤起劳动热情,促进劳动教育课程的文化价值、育人价值的实现。其中,尊重和鉴赏的前提是以理解为基础,避免使用单一的价值判断,破坏劳动教育课程的创造性。杜威在其著作《评价理论》中指出,只要能够将现有的欲望、兴趣置于它们与过去条件的关联中进行判断,就可以在这样的前后关系中理解它们,这一前后关系使它们能够在可观察、可接受经验检验的根据的基础上得到重新评价。可见,这种尊重、鉴赏的视角需要深入理解前后经验之间的关系,从而使劳动教育课程评价发挥其对学生的劳动品格涵养功能。

(五)持续性改进原则

劳动教育课程评价包括过程性评价和结果性评价两种评价方式。就过程性评价而言,劳动教育课程在实施的每个环节都需要进行监测跟踪评价,换言之,劳动教育课程评价是一个持续性的评价过程。《指导纲要》明确了小学阶段、初中阶段、普通高中阶段、职业院校阶段以及普通高等学校阶段的劳动教育内容。这些内容都是劳动教育课程监测评价的对象。从时段上看,这些学段纵贯学生的整个学习阶段,是一个持续性的过程。处在每个阶段的学生都要进行相应阶段的劳动教育课程监测评价。不管是处在特定阶段内的学生,还是要经历所有学习阶段的学生,他们接受劳动教育课程学习都是一种持续性的学习过程。在这个持续性的过程中,前一个环节的劳动教育课程学习的状况会影响到后一个环节的学习,因此,前一个阶段的评价反馈对于学生的学习改进至关重要,劳动教育课程评价的改进必须贯穿学生接受劳动教育课程学习的全过程。

具体而言,劳动教育课程评价的持续性改进原则主要有以下两层含义。一是学生的身心发展具有连续性特征。从学生成长的阶段来看,学生在每一个阶段内必须完成阶段内的劳动教育课程任务,学生缺少前一个阶段的任务必然会影响到下一个阶段的劳动教育课程任务的完成。因此,学生必须不断改进每个阶段内的学习方式,努力完成阶段内的任务目标。二是课程要经历"实践—评价—改进—再评价—再改进……"的螺旋式循环过程。劳动教育课程首先需要经历教师的教学和学生的课堂学习与课外实践,然后跟踪监测劳动教育课程实施的情况,并进行劳动教育课程评价反思,最后对劳动教育课程评价的信息进行改进。完成第一次的劳动教育课程实施的所有目标任务后,紧接着又要开始新一轮的再评价、再改进,依次循环下去,最终实现劳动教育课程质量的提升。

第二节　劳动教育课程评价的实践逻辑

劳动教育课程的评价活动在实践中涉及评价的评价主体、评价客体、评价手段三个方面,即劳动教育课程对"谁来评""评什么""怎么评"等具体问题做出了回应。因而,劳动教育课程评价的实践逻辑主要表现为评价主体在积极参与过程中,通过一定的评价手段为其提供评判的标准,全面审视劳动教育课程在劳动实践中的真实样态。

一、劳动教育课程评价的主体

评价主体在整个课程评价过程中具有重要的导向性作用,这就对评价主体所具备的知识、能力、素养等各方面提出了较高的要求,劳动教育课程评价是否有效、科学直接受到评价主体水平高低的影响。

(一)劳动教育课程评价主体的人员构成

学界关于劳动教育课程评价主体所发挥的作用认识并不统一。一些学者认为,在劳动教育课程评价中教师应该发挥重要作用,此外,劳动教育课程评价还要融合代表不同阶层和利益团体的相关人士,以及专家学者、行政管理者、学生及家长等各方利益相关者。也有学者从课程编制与实施的角度来看待劳动教育课程评价,他们认为,劳动教育课程评价的主体应由不同利益群体所组成,劳动教育课程评价应该坚持多元化价值取向,评价主体要涵盖教师、课程专家、学校管理者、专业技术人员以及社会第三方评价机构人员。这些观点都表明,劳动教育课程评价必须做到主体多元化。因为不同评价主体是由代表不同价值取向、不同利益的评价者所构成,能反映更多人的需要,能从多个角度去思考问题,这样才能够减少劳动教育课程评价中的失误,避免劳动教育课程评价中的偏见,使评价更客观、更真实,保证评价民主、公平,从而更好地发挥劳动教育课程评价的分析、诊断、激励、导向等功能和作用,不断促进劳动教育课程的完善和发展,提高劳动教育课程满足社会和学生的需求。

劳动教育课程评价主体的人员构成主要有教师、课程专家、学校管理者、专业技术人员以及社会第三方评价机构人员。具体来看,一是教师,这里的教师包含两种身份的教师,一种是负责劳动教育的专门科任教师,他们是进行劳动教育课程评价的直接参与者;另一种就是班主任,班主任负责统筹班级事务。《指导纲要》将劳动素养纳入学生综合素质评价体系中,而班主任作为班级事务的统筹者自然要参与到劳动教育课程评价活动中来。二是课程专家,课程专家直接参与了劳动教育课程的编制,对劳动教育课程有着十分透彻的理解。课程专家参与劳动教育课程评价能够为整个评价工作提供理论指导。三是学校管理者,劳动教育课程评价是发生在学校场域中的教育实践活动,学校管理者是劳动教育课程评价的管理者,他们能够为劳动教育课程评价提供必要的支持保障。《指导纲要》指出:"学校要建立健全劳动教育组织实施的工作机制。明确主管校领导,设置机构或明确相关部门负责劳动教育的规划设计、组织协调、资源整合、师资培训、过程管理、总结评价等。"由此可见,劳动教育课程评价是学校管理者的重要管理事务。四是专业技术人员,《指导纲要》明确提出要鼓励、支持各地利用大数据、云平台、物联网等现代信息技术手段,开展劳动教育过程监测与记实评价。现代化的评价工具特点在于操作的专业化,因此必须依靠专业技术人员的力量才能顺利完成现代信息技术环境的劳动教育课程评价工作。五是社会第三方评价机构人员,2015年教育部颁布《关于深入推进教育管办评分离 促进政府职能转变的若干意见》,其中明确指出:"在做好内部评估的同时,要主动委托第三方开展全面、深入、客观的评估。"据此,劳动教育课程评价需要将社会第三方评价机构人员纳入评价主体之中。

(二)劳动教育课程评价主体的遴选标准

劳动教育课程评价主体的人员构成是在一定标准条件下遴选出来的。总的来看,知识结构、能力水平、个人素质和评价态度是劳动教育课程评价主体遴选的四个基本条件。

第一,知识结构。劳动教育课程评价是一项专业领域的教育评价活动。那些能够胜任此项工作的评价人员所要达到的首要标准就是要有合理的知识结构。评价人员进行劳动教育课程评价需要的专业知识主要有马克思主义劳动观基本理论知识、马克思关于人的全面发展学说知识、课程基本理论知识、教材开发知识、教材评价知识、评价的理论与实操知识等。劳动教育课程评价人员只有熟悉上述两种及两种以上的专业知识才能符合从事劳动教育课程评价的基本条件。

第二,能力水平。劳动教育课程评价不仅要求评价人员具有大量的扎实的基本理论知识,还要求其能够将理论转化为实践操作的能力,如进行劳动教育课程评价指标的制定、测量与分析的能力。除此之外,劳动教育课程评价人员还应具备沟通交流能力和团队协作能力等。

第三,个人素质。劳动教育课程评价涉及学生的切身利益。家长和社会对学生劳动素养的关注程度在一定意义上是基于利益角度考量的。在这个意义上,劳动教育课程评价人员的个人素质就显得尤为重要了。劳动教育课程评价人员只有具备较高的个人素质才能不被外界环境所干扰,才能保证劳动教育课程评价的真实与客观。

第四,评价态度。评价者的评价态度对评价结果具有重要影响。评价主体要秉持公平正义的理念,摒弃功利主义思想,避免让评价工作带有功利色彩。另外,劳动教育课程评价主体要有重大责任感和使命感,能够充分认识其所从事工作的重要意义,唯有秉承这种态度,才能确保评价结果的科学性、公正性和有效性。倘若评价主体对劳动教育课程评价认识不够准确,评价工作就会出现偏差,价值目标厘定不清,不能获取在劳动教育课程建设中存在的真实问题,进而难以提出具有针对性的改进建议。

(三)劳动教育课程评价主体的任务要求

劳动教育课程评价主体是需要承担一定量的任务的。根据评价的运行机制,这些任务包括劳动教育课程评价的跟踪、劳动教育课程评价的反馈以及劳动教育课程评价的改进三个部分。

第一,劳动教育课程评价的跟踪。劳动教育课程具有跨时段和跨空间的特点。跨时段:劳动教育课程根据学生的年龄特点将劳动任务划分为小学阶段劳动任务、初中阶段劳动任务、普通高中阶段劳动任务、普通高等学校(职业院校)阶段劳动任务。每位孩子都要接受从小学到初中阶段的劳动教育任务,有些学生还会继续接受更高层次的劳动教育任务,这些学生从小到大的学校劳动教育状况都会被记录在自己的成长档案袋里,这些跨时段的材料是对学生劳动教育情况跟踪的重要材料。跨空间:学生的劳动教育有些是需要在课程上学习基本劳动知识,还有一些则是要在课外劳动实践中获得,这些信息都需要被及时跟踪记录在学生的劳动素养档案袋之中。

第二,劳动教育课程评价的反馈。劳动教育课程评价的目的在于审视当前教师教学和学生学习劳动教育课程的真实样态,对于其中的优点进行经验总结推广,而对于其中的不足则需要深刻分析原因,找到问题的症结。劳动教育课程评价者的作用就在于准确、及时地将这些信息反馈给教师、学生、课程专家以及教育管理部门。

第三,劳动教育课程评价的改进。一门成熟的劳动教育课程往往需要经过多次的修订和审议。课程评价的改进就是建设高质量课程体系不可或缺的环节。劳动教育课程评价的改进就是针对劳动教育课程在实施过程中存在的问题进行反思并不断改进。劳动教育课程评价人员是帮助劳动教育课程主体进行问题剖析,并对其提出改进建议。此外,劳动教育课程评价的测评工具会随着现代科学技术的发展而不断升级,因此这就需要劳动教育课程评价人员适应信息时代的技术变化,不断改进和优化劳动教育课程评价工具,以此助力劳动教育课程质量提升和促进学生劳动素养养成。

二、劳动教育课程评价的内容

劳动教育课程评价的内容包括劳动教育课程化教学理论内容与劳动教育课程化实践操作内容两个部分。其中劳动教育课程化教学理论内容的评价,主要包括以马克思主义劳动观为价值引导,掌握必备知识技能,培育积极劳动精神,形成良好劳动习惯和品质,最终服务于无限丰富的新时代中国特色社会主义实践。实施劳动教育重点不仅仅局限在理论思想上的认知学习,还包括劳动教育课程化实践操作的考核,主要是指有目的、有计划地组织学生参加日常生活劳动、生产劳动和服务性劳动。劳动思想理论认知学习是基础,劳动教育课程化实践操作是重点。只有从认知层面高度认可,在具体实践中才会有正确的行动。二者缺一不可,知行合一。劳动的多样性,决定了劳动教育课程评价的内容多元化。

三、劳动教育课程评价的方略

评价方法的选择对劳动教育课程评价无疑具有重要的意义,它是保证劳动教育课程评价客观有效的重要标尺。选用有科学性和可操作性的评价方法,对劳动教育课程评价结果的获得起到重要的支撑作用。在课程评价过程中,评价方法是保证评价工作顺利开展的重要依托,只有选对了方法才能达到事半功倍的效果。在课程评价领域,定性研究和定量研究是两种较为常见的评价方法,以上两种评价方法在劳动教育课程评价中也同样适用。从国际发展趋势来看,以往以课程目标为对象的课程评价模式已经越来越不受关注,而以课程实施过程、课程评价主体为主要评价对象的模式逐渐占据主导地位,人们越来越崇尚评价的研究特性和评价的多方参与。

(一)劳动教育课程评价的定性方法

定性评价是人们按照一定的评价标准,对社会现象或事物的属性有无价值及有什么价值所进行的判定和评估。定性评价是认识事物和评价事物的起点和基础,当人们去认识事物或现象时,首先是评定它的性质,确定它是属于哪一类现象或事物,然后人们才进行具体的认知和评价。定性评价的优点在于它能使评价主体较为直接地抓住事物或现象的主要性质或特点,以及它与主体利益和需要之间的价值关系。

定性评价关注隐藏在事物背后的深层次的心理、文化、制度等价值因素,这是定量评价无法胜任的领域。定量评价的好坏取决于数理统计工具的选用,而定性评价是通过对典型性小样本进行资料分析,涉及的不仅是数值,更重要的是对隐藏在事物表象背后的意义的挖掘与呈现,劳动教育课程定性分析就是要从纷繁复杂的资料中找到秩序、类型,并说明这些秩序与类型反映出来的问题与意义。评价者的自身素质对劳动教育课程评价的结果影响较大。

劳动教育课程的定性评价是基于对劳动教育活动的现场观察甚至亲自参与,从受教育者的主观感受中去理解劳动教育问题的来龙去脉,从而找到解决问题的线索。其理论依据是,现实世界是一个复杂多变的动态环境,同样的东西不同的人会有不同的感受。劳动教育课程的定性评价可以单独进行,也可与定量评价结合进行。其常用方法有深入访谈法、现场观察法、书面材料分析法等。

劳动教育课程定性评价的问题的选取要紧紧围绕劳动教育实践中最核心、最有价值的问题来展开,在关注教育共性问题的同时,更应该聚焦劳动教育自身特色的内容,并将一个个抽象的问题转化为具体化的评价问题。但与定量评价不同的是,劳动教育课程定性评价的问题并不是一开始就很明确的。劳动教育课程定性评价的过程就是一个对话的过程,评价者在真实的劳动教育课程实践教学场景中向学生或者任课教师提出一个问题,请学生或任课教师来回答,最终会有什么样的观点出现,评价者先不去做出预设,如果学生或任课教师的回答有出人意料之处,这时评价者就要继续追问下去,直至探明事情的真相。

定量评价的抽样对样本的选择比较严谨,定量评价的样本要能全面、准确地代表总体。而定性评价对样本量的要求不高,抽样重在样本选择的典型性,也不必准确地代表总体,选择典型样本重在挖掘现象背后更深层次的本质。劳动教育课程定性评价中常用的抽样方法有极端抽样、普通抽样、配额抽样、滚雪球式抽样等。同其他定性研究相同,劳动教育课程评价的定性评价也有其系统的流程,具体来讲主要包括评价问题的选取、抽样、资料收集与分析。

劳动教育课程评价的工具选取比较灵活,可以用事先编制好的访谈提纲等质性研究工具去现场收集资料,也可以不借助任何外在工具仅通过研究者自身的条件进行评价研究。在劳动教育课程定性评价中评价者可以在评价现场进行实地查看,将调查研究与问题梳理有机结合,边开展研究,边明确问题,边寻找主要的调查对象。因此,有人说定性评价就是将评价者本身作为评价工具。

(二)劳动教育课程评价的定量方法

定量评价是指评价主体依照一定的评价标准和数学工具对一定客体的价值进行的量化评估,是对价值量的判定、衡量和比较。定量评价依赖于定性评价,又是定性评价的深化。

在大机器生产的特殊历史背景下,人们对自然科学越来越重视。十八世纪末科学主义教育思潮兴起,量化研究开始在教育研究中受到重视。此后很长一个时期,定量评价一直占据着评价领域的主导地位。课程评价自诞生之日起,就与这种教育科学化的时代追求联系到了一起。毋庸置疑,定量评价如果使用恰当,确实能凸显教育现象和教育问题,提供具有说服力的证据。[①]在对劳动教育课程进行定量评价时,比较典型的定量评价方法有科学计量法和数理统计分析法。

1.科学计量法

科学计量法就是借助有关科学文献产生、传播和利用的定量数据,试图描述科学交流以及研究活动的内在规律,运用数学的语言(数字、符号、图表或公式)和模型去阐述科学过程的理论和实践,经过数学和统计学处理,得出供人们进行分析,预测或者管理控制的定量结果。[②]因此,科学计量法可以研究劳动教育课程评价的结构和发展规律,对劳动教育课程实施效果进行评价,开展劳动教育课程实施效果的预测等。总之,科学计量法为劳动教育课程评价的研究提供了崭新的途径和有效的方法。

2.数理统计分析法

数理统计分析法是通过对某些现象的频率的观察来发现该现象的内在规律性,以及通过对现象的归纳,建立数学模型,并进行计算和检验。狭义地讲,数理统计的内容可以分为实验设计和统计推断两大部分。实验设计是一种有计划的研究,包括一系列有意图性地对过程和要素进行控制,对观测结果进行统计分析以便确定过程变异之间的关系,进而改变该过程的研究。数据的收集处理可以归于这个范畴。统计推断主要包括参数估计和假设检验,通常称为推断统计学,比如通过样本估计总体的期望和方差,并做出统计检验,给出其置信区间等。从广义上来说,数理统计学是研究如何运用数据收集、处理与分析的基础性学科。[③]

(三)劳动教育课程的综合评价方法

劳动教育课程定量评价的优点在于能够直观、简洁地解析复杂的课程问题,仅通过对大量获取的数据进行合理化的分析和解读,即可对评价内容做出客观、清晰的评价。然而,劳动教育课程评价过程的复杂性使得定量评价的弊端易显露出来,有人提出了对定量评价的五项批评:一是定量评价忽视了教育方案不容易测量的重要方面;二是当评价者通过不鼓励主流方案的重新开发而加强实验控制时,评价者或课程开发者的利益会发生冲突;三是定量评价趋向强调行政人员和研究者的利益,而不是教师对实践问题的兴趣;四是定量评价过于重视预期结果而轻视非预想的结果;五是定量评价忽视了不可能对课程目的达成。

劳动教育课程定性评价与定量评价有所不同,劳动教育课程定性评价更加重视参与课程评价的相关利益群体对劳动教育课程做出的结论性意见,在评价过程中因立场不同

---

① 李雁冰.质性课程评价研究[D].上海:华东师范大学,2000.
② 庞景安.科学计量研究方法论[M].北京:科学技术文献出版社,1999:9.
③ 马力.大数据环境下人文社会科学评价创新的研究[D].湖北:武汉大学,2016.

出现的不同意见可通过协商对话达成一致,最终形成令各方较为满意的一致性评价结果。而且在劳动教育课程定性评价过程中评价主体需要亲临现场,通过与评价对象建立信任关系,进而进行评价工作的深入展开。定性评价因为评价主体与评价对象的亲密接触,从评价对象的切身利益出发,使得其综合大量资料所得出的评价结果真实可信,而且也深得评价对象的拥护。总的来看,劳动教育课程定性评价更多是从整体的视角来分析和把握问题,在评价过程中,将评价对象置于复杂的社会环境中,考虑多方面要素对受教育者施加的不同影响,因此,其所获得的结论更具有全面性、深刻性。该方法更注重透过事物现象去探寻其本质,也正因为如此使得其对课程评价的研究更为深入透彻。劳动教育课程定性评价也有其自身的缺陷,如总体效益较低、主观性强、对评价者个体依赖性较大等局限性。①

从以上对两种课程评价方法的优缺点的分析,可以看出两种课程评价方法在适用范围和操作规范上都有很大的不同。劳动教育课程评价最终指向"培养什么样的人"这一根本目的,因此我们就不能以简单的"多与少""对与错"来评价,要更多地关注学生对劳动意义的理解与获得、关注学生的身心全面发展。因为任何一种方法都是一种巧妙的简化。由于每一种简化都是一种歪曲,所以要批判一桩理论,不应以"对与错"这样的问题开始,而应指明该理论适用的范围,以及超出该范围后它的失败。②综合评价就是尝试运用多种方法对劳动教育课程进行评价。劳动教育课程评价在研究过程中能够综合运用两种研究方法,可以互相弥补二者的不足,从而消除二者的争论,为有效开展课程评价活动做出各自的贡献。

《指导纲要》指出:"学段结束时,要依据学段目标和内容,结合综合素质档案分析,兼顾必修课学习和课外劳动实践,对劳动观念、劳动能力、劳动精神、劳动习惯和品质等劳动素养发展状况进行综合评定。"由此可见,进行劳动教育课程评价最主要的评价方式是采用综合评价方法。

具体来看,根据学生的身心发展特点以及《指导纲要》对学生劳动教育素养的目标要求,在小学低学龄阶段,劳动教育课程评价比较适宜采用以定性评价为主的综合评价方法,这种评价方式旨在了解学生劳动教育课程发展的整体样貌,通过对学生各个方面的劳动教育课程学习的行为表现进行综合性的评判,帮助学生建立良好的劳动习惯和掌握基础的劳动操作方法。在小学中、高学龄阶段,劳动教育课程评价应采用以定量评价为主的综合评价方法,这种评价方式的目的是要在了解学生的劳动教育素养一般发展状况的基础上凸显每位学生劳动教育的能力和知识专长。另外,《指导纲要》明确指出:"在高中和大学开展志愿者星级认证。高中学校和高等学校要将考核结果作为毕业依据之一。

---

① 高臣.中等职业学校德育课程评价研究[D].重庆:西南大学,2016.
② 怀特海.观念的冒险[M].周邦宪,译.北京:人民出版社,2011:234.

推动将学段综合评价结果作为学生升学、就业的重要参考。"以定量评价为主的综合评价方法能够通过精确的量化评价工具和精准的大数据分析为每一位中高学龄段的学生准确、科学地绘制劳动教育课程学习数字画像,这些数字画像能够为学生的升学、就业提供重要参考。与此同时,学生的劳动教育课程的情感学习体验是无法通过定量评价获得的,因此这就需要通过定性评价对中高学龄段的学生进行劳动教育课程评价,并记录到学生的劳动教育成长档案袋之中。

第三节　劳动教育课程评价的指标初探

劳动教育课程评价的指标是将抽象的概念转化为可操作的实体,即对评价内容的具体化、可操作化。从劳动教育课程评价指标的形成过程来看,其大致要经历寻找理论依据、提炼评价指标、构建指标体系三个阶段。本节内容是在明确劳动教育课程评价的价值立场基础上,确立劳动教育课程评价指标的理论依据,并结合评价指标的操作方法,以此初步筛选出劳动教育课程评价的理论维度。

一、劳动教育课程评价指标的确立依据

马克思主义劳动观第一次系统深刻阐述了劳动对人类社会发展的决定性作用,它具有强烈的人学意蕴,对于理解和把握人的全面发展具有重要的指导意义。新时代中国特色社会主义继承和发展了马克思主义劳动观,将人视为社会发展的主体,把实现人的自由全面发展作为最高价值追求。基于此,本研究将马克思主义劳动观确立为劳动教育课程评价指标的主要理论依据,通过汲取马克思主义劳动观中的理论营养,以此构建出劳动教育课程评价指标。

(一)马克思主义劳动观的人学意蕴

马克思在《1844年经济学哲学手稿》中指出,正是在改造对象世界中,人才真正地证明自己是类存在物。这种生产是人的能动的类生活。通过这种生产,自然界才表现为他的作品和他的现实。因此,劳动的对象是人的类生活的对象化,人不仅像在意识中那样理智地复现自己,而且能动地、现实地复现自己,从而在他所创造的世界中直观自身。正是通过生产劳动,人才能够将其与猿区别开来,"人之为人"的价值才得以存在。人是一切社会关系的总和,人的社会关系活动史就是人的生产劳动实践史。

马克思主义劳动观的基本内容,即对物质资料生产作用和人类社会关系发展的客观规律的揭示,充分肯定了劳动人民是社会财富创造的源泉,人民在社会发展中处于主体

地位。[1]劳动者只有在劳动中才能将主观的认知与客观的世界联系起来,也唯有劳动才能实现自身价值,实现完美人格塑造。

马克思认为,大工业生产使得那种终生固定从事局部操作的工厂手工业的分工的生产关系得以瓦解。而工厂分工的特点是劳动已完全丧失了专业的性质。但是,当一切专门发展一旦停止,个人对普遍性要求以及全面发展趋势就开始显露出来。工厂消除着专业和职业的痴呆。[2]马克思从现代生产的时代背景来思考职业分工与劳动者自身发展的问题,他认为要用全面发展的个人来代替只承认一种局部社会职能的局部个人,人的全面发展问题是现代生产的不可违背的客观规律。[3]马克思认为,教育与生产劳动相结合是造就这种人的唯一方法。大工业的发展在生产出现分化的同时,生产技术基础在走向统一,这是两种对立着的趋势。尽管生产活动门类繁多,但多种工艺过程所依赖的生产技术基础都是物理学、化学等一般原理在生产领域的应用。生产的分化变动要求人的智力和体力多方面的发展,生产技术基础的统一又为掌握生产过程的基本原理提供了可能。所以,智育、劳动教育就在人的全面发展上占有重要位置,劳动技术教育对现代劳动者掌握生产过程的基本原理是十分重要的。而参加现代化生产劳动是一个人学习现代科学知识、掌握生产原理与操作技术的必经之路。现代生产劳动对劳动者的劳动素养提出了高要求,不仅要求劳动者具备娴熟的劳动技能,还需要劳动者具有积极的劳动精神。现代化生产劳动对全面发展的人的需求比以往任何时候都更为迫切。全面发展的人的培养,不读书仅劳动不行;不劳动仅读书也不行;不读现代科学技术的书不行;不参加现代化的生产也不行。

(二)马克思主义劳动观的继承和发展

"人类是劳动创造的,社会是劳动创造的。"习近平总书记从唯物史观出发,深刻阐释了人类社会是由劳动创造的,劳动的重要性不言而喻,劳动是人类生存和发展的最基本条件,人类创造的物质财富和精神财富都是由劳动而得来的。从马克思的"劳动创造了人本身"到习近平总书记的"劳动是人类的本质活动",是对唯物史观劳动思想的继承与发展。从这个意义上讲,习近平新时代中国特色社会主义思想中关于"劳动"的思想,是对马克思主义劳动哲学的继承和发展,是新时代中国特色社会主义理论体系的重要组成部分。

马克思认为劳动贯穿人整个生命活动的全过程,是发展社会、创造历史的唯一途径,所有形式的劳动只存在分工上的不同,并没有高低贵贱的区别。习近平总书记指出:"我们的根扎在劳动人民之中。在我们社会主义国家,一切劳动,无论是体力劳动还是脑力

---

[1] 李雨辰.新时代马克思劳动观的人学意蕴[J].晋中学院学报,2021,38(1):27.
[2] 上海师范大学教育系.马克思恩格斯论教育[M].北京:人民教育出版社,1979:68.
[3] 孙喜亭.教育原理[M].北京:北京师范大学出版社,2003:243.

劳动,都值得尊重和鼓励;一切创造,无论是个人创造还是集体创造,也都值得尊重和鼓励。全社会都要贯彻尊重劳动、尊重知识、尊重人才、尊重创造的重大方针,全社会都要以辛勤劳动为荣、以好逸恶劳为耻,任何时候任何人都不能看不起普通劳动者,都不能贪图不劳而获的生活。"诚然科学研究人员、医务工作者、人民教师、人民子弟兵值得尊重,城市清洁工、快递从业者、普通农民等基层民众同样值得我们去尊重,为社会发展进步而努力工作的各行劳动者都值得尊重。在每个岗位上奋斗的人都有着属于自己独特价值的劳动意义,只有各司其职、诚实劳动,才能保障社会不断向前发展,人民长久安居乐业。正因如此,劳动创造的"美"无可替代,劳动创造的"物"不可或缺,劳动创造的"未来"没有捷径。劳动教育是未来国家建设者理解劳动本质、认识劳动价值的重要途径,在实践的过程中应抓住理论根本,避免教育的形式化,在五育并举的基础上不断进行探索与创新。①党的十八大以来,习近平总书记立足马克思主义劳动观,在多个场合强调劳动者的重要地位,多次论述社会主义劳动教育的重要性,特别是强调在教育指导方针中着力体现劳动教育,在教育过程中注重德智体美劳全面发展,并把劳动教育纳入培养社会主义建设者和接班人的总体教育规划。

习近平总书记指出,"劳动是推动人类社会进步的根本力量","劳动是一切成功的必经之路"。习近平总书记立足马克思主义劳动观,强调了劳动创造的历史价值,丰富和发展了马克思主义劳动观。劳动不仅创造了人类,而且创造了社会,并推动着社会历史向前发展。正是站在这一理论高度上,习近平总书记指出:"人民创造历史,劳动开创未来。"从马克思的"劳动是任何一个民族存在和发展的基础"到习近平总书记的"劳动开创未来",进一步揭示了劳动与社会发展的本质联系。

进入新时代,马克思主义劳动观的实践发展不断推向深入。2020年3月20日,中共中央、国务院颁布了《意见》,《意见》阐释了全面加强新时代大中小学劳动教育的重大意义,劳动教育是中国特色社会主义教育制度的重要内容,直接决定社会主义建设者和接班人的劳动精神面貌、劳动价值取向和劳动技能水平。《意见》还明确了劳动教育的总体目标和分阶段目标,总体目标涉及劳动价值观、劳动精神、劳动基本能力和劳动习惯等劳动教育领域的核心内容。分阶段目标,对大中小各学段的劳动教育的内容和方式进行了详细介绍。

为深入贯彻习近平总书记关于教育的重要论述,全面贯彻党的教育方针,落实《意见》精神。教育部于2020年7月印发了《指导纲要》,其立足马克思主义劳动观立场,强调劳动是一切财富、价值的源泉,劳动者是国家的主人,一切劳动和劳动者都应该得到鼓励和尊重;倡导通过诚实劳动创造美好生活、实现人生梦想,反对一切不劳而获、崇尚暴富、贪图享乐的错误思想。《指导纲要》清晰阐明了劳动教育的本质与功能,劳动是创造物质

---

① 田鹏颖,李雨珊.劳动教育的本体地位、本体价值及实践创新[J].中国劳动关系学院学报,2021,35(1):38.

财富和精神财富的过程,是人类特有的基本社会实践活动。劳动教育是发挥劳动育人功能,对学生进行热爱劳动、热爱劳动人民的教育活动。《指导纲要》再次明确劳动教育总体目标,准确把握社会主义建设者和接班人的劳动精神面貌、劳动价值取向和劳动技能水平的培养要求,全面提高学生劳动素养,使学生树立正确的劳动观念、具有必备的劳动能力、培育积极的劳动精神、养成良好的劳动习惯和品质。

二、劳动教育课程评价指标的形成过程

任何一种评价指标在形成过程中都会受众多因素影响,主要受评价环境、评价对象和评价主体三个方面因素的影响。其中,评价对象的影响最为明显,评价对象的数量多寡、结构复杂程度对评价指标的形成有重大影响。一般来说,如果评价对象数量多,结构和关系复杂,那么评价对象之间存在的共性因素就相对减少,可比性难度也相应加大。另外,评价主体的知识、能力和素质也会对评价指标的形成产生重要影响。同时,评价指标的形成也会受到如政策环境、经费投入、技术方案、评价测量工具与评价方法等的影响。因此,一个完整的劳动教育课程评价指标体系的形式是一系列综合因素共同作用的结果,是在特定的环境与条件下,评价主体对评价对象认识的过程、程度及结果。

在任何评价中,绝对科学合理的指标是不存在的,研究者所追求的只能是能够满足研究需求,相对科学合理的指标,没有一个万能通用的指标适用于全部的科学研究,但会有一种通用的构建指标的一般方法和模式。评价指标是由不同的维度所构成,而劳动教育课程评价指标主要是由劳动价值观、劳动能力、劳动精神以及劳动习惯和品质四个一级指标构成,每个一级指标下又有具体的二级表现指标(见表1)。

表1 劳动教育课程评价指标

一级指标	二级表现指标
劳动价值观	劳动幸福观
	劳动使命观
	劳动平等观
劳动能力	劳动设计能力
	动手操作能力
	团队合作能力

续表

一级指标	二级表现指标
劳动精神	勤俭节约精神
	敬业奉献精神
	劳模精神
	创新精神
劳动习惯和品质	劳动自主
	劳动诚信
	劳动责任
	劳动安全规范

（一）劳动价值观

思想引领行动，劳动教育课程评价指标的第一个一级指标就是劳动价值观。劳动价值观包括劳动创造幸福的劳动幸福观，为祖国和人民而奋斗的劳动使命观，体力劳动和脑力劳动同等重要的劳动平等观。因此，学校应该根据这些内容合理地开展劳动价值观教育。

1.劳动幸福观

新时代我国社会主要矛盾已经转化为人民日益增长的美好生活需要和不平衡不充分的发展之间的矛盾。解决这一主要矛盾的突破口在劳动，这是因为人们在劳动中创造幸福生活，在劳动中体验收获的幸福感，在劳动奉献中实现自身的价值，从而让自身的人格得到升华。在新时代，相较于物质文化需求，人们对美好生活的需求更加广泛、更加迫切。劳动教育理应关注这一重大社会背景，通过劳动教育，不同学龄段的学生能够在动手实践、出力流汗中体会到劳动幸福感，体会到劳动创造幸福，奋斗成就美好生活的真正内涵。由于新时代社会主要矛盾发生了变化，所以在学生中进行劳动创造幸福的劳动价值观教育，有利于学生在劳动中创造美好生活，提升感受幸福的能力。[1]在这个意义上，劳动幸福观教育也就成了劳动教育课程不可或缺的组成部分。因此，劳动幸福观是衡量劳动价值观的重要指标。

---

[1] 蔡亚楠.新时代大学生劳动教育研究[D].河北：河北大学，2020.

2. 劳动使命观

劳动教育不仅仅要让学生懂得劳动是什么？有何价值？更要让他们明白为什么要劳动。新时代就要有新作为，青少年应树立远大抱负，自觉担负起民族复兴的使命和任务。劳动使命观丰富着劳动价值观，劳动使命观教育是为劳动者打好精神底色的重要实践。作为劳动价值观的重要内容，劳动使命观教育是衡量学生劳动整体素质不可或缺的重要指标。

3. 劳动平等观

劳动平等观倡导的是体力劳动与脑力劳动同等重要的理念，二者都是作为人的整体性活动，没有高低贵贱之分。劳动平等观教育本质上就是素质教育的一种表现形式。具体而言，劳动平等观教育就是知识教育与劳动教育的有机结合，理论教育与实践活动的融通。习近平总书记指出："在我们社会主义国家，一切劳动，无论是体力劳动还是脑力劳动，都值得尊重和鼓励；一切创造，无论是个人创造还是集体创造，也都值得尊重和鼓励。"劳动平等观教育既是新时代劳动教育的重要内容，又是为实现党和国家的教育目标和人的全面发展的内在需要。

（二）劳动能力

2020年教育部印发的《指导纲要》在劳动教育总体目标中对学生具有必备的劳动能力进行了阐述："掌握基本的劳动知识和技能，正确使用常见劳动工具，增强体力、智力和创造力，具备完成一定劳动任务所需要的设计、操作能力及团队合作能力。"

1. 劳动设计能力

劳动设计能力是学生学会生活的必备能力。生活观察、思维想象、动手实践和生活经验是形成学生劳动设计能力的必要元素。具体而言，首先，生活观察是丰富认知的重要途径，学生进行生活观察是理解事物发生规律的最直接、最有效的形式，也是形成劳动设计灵感的主要来源。其次，思维想象是学生进行劳动设计的关键构成，离开了思维想象，学生的劳动作品就成了模仿品，而富有想象力的劳动设计作品不仅具有实用价值，还具有较强的审美观赏能力。再次，学生的动手实践是劳动设计的基础，缺乏了动手实践，再好的作品构想永远只会是一种想法而已。最后，学生的生活经验能够触发学生进行劳动设计的灵感，并能够帮助学生在操作过程中顺利完成各项任务。劳动设计能力是践行杜威"做中学"思想的具体体现，学生在劳动实践中以设计的形式将自己的想法表达出来，并通过自己的劳动付诸实践，能够从中感悟到劳动创造美的价值，体验到学习的乐趣。在学校教育教学中，学校要注重培养学生的劳动设计能力，要为学生提供劳动设计的场所和资源；教师要引导学生学会观察，学会思考，激发孩子们的想象力，同时还要充分认识到劳动设计能力是学生全面发展的重要组成部分。

2. 动手操作能力

动手操作能力是学生生存的必备能力。学生的动手操作能力不是先天就有的,而是在受到后天环境的影响中形成的。学校是学生系统学习劳动知识理论和方法的场所。学生在学习到劳动的知识理论和方法后,如果缺少必要的动手实践,最终的结果可能会出现"纸上谈兵"和"高分低能"的现象。因此,学生在学习劳动的知识理论和方法后,需要参加一定量的动手操作实践锻炼,只有通过这种方式,学生才能掌握劳动的动作要领,从而将观念的理论知识转化为动手实践的能力。从学生参加劳动实践的内容来看,生产劳动是学生进行劳动操作能力的主要领域。生产劳动涉及基础手工生产与制作、基础农业生产劳动和基础工业生产劳动三个方面的知识与技能。不同学龄段对学生的生产劳动知识与技能要求也会不同。一般而言,基础手工生产与制作主要限于简单的动手操作,参加科技含量较低的生产劳动内容,如手工主要涉及剪纸、折纸和泥塑等形式;基础农业生产劳动主要包括耕种、施肥和采摘等活动;基础工业生产劳动主要限于简单的器械制作与维护等。

3. 团队合作能力

劳动任务一般分为个人劳动和集体劳动。个人劳动,顾名思义,它是由个人独立操作完成的劳动,而集体劳动则是由团队合作完成的劳动。生活中,由于每个人面临的情况不同,因此所要承担的任务也会不同。一些任务是仅凭个人力量就能完成,而大多数的情况下,劳动任务都是十分复杂的,在这种情况下,个人是无法胜任的,必须借助团队的力量才能完成。在这个意义上,团队合作能力也是劳动能力的一种构成成分。学生参与的劳动内容主要有日常生活劳动、生产劳动和服务性劳动。在这些劳动内容中,生产劳动和服务性劳动的任务往往都会比较复杂繁重,这些劳动任务都需要学生具备团队合作能力。

(三)劳动精神

劳动精神是关于劳动的理念认知和行为实践的集中体现,凝结了坚守尊重劳动、崇尚劳动和热爱劳动的价值取向,涵育科学劳动、辛勤劳动和诚实劳动的社会风尚,以及锻造体面劳动、创造性劳动和幸福劳动的实践品格。劳动精神体现了劳动者的优秀劳动意识、劳动理念、劳动态度和劳动习惯,是人的主体性的彰显和人的本质力量的外化,也是劳动者对人类发展和社会进步的理性认知与感性实践的精神结晶。劳动精神主要包含勤俭节约精神、敬业奉献精神、劳模精神和创新精神。

1. 勤俭节约精神

勤以立身,本意是勤俭才能生存下去。一个人乃至一个民族只有崇尚艰苦奋斗、勤俭节约才能创造并积累大量的物质财富。勤俭是实现社会物质财富增值的最重要方式,离开了这种品质,劳动实践的质量和效果将会难以保证。历史上无数仁人志士、文人墨客都十分强调勤俭在持家、立国中的重要地位。勤俭节约的优良传统美德正是在一代又一代人的传承下,融入了中华文化的血脉之中。无论是在物质匮乏的古代,还是物质财富极大丰富的现代,勤俭节约都是我们不可丢弃的传统美德,它更应该是劳动精神的重要组成部分。学生在接受劳动教育时,教师不仅要教会学生劳动的技能和本领,更应该向学生传递勤劳节俭的劳动精神。广大学生只有懂得了勤俭节约的劳动精神的深刻内涵,才能从内心深处敬畏劳动人民、珍惜来之不易的劳动成果,才能自觉践行不怕吃苦、不怕受累的劳动精神。

2. 敬业奉献精神

敬业奉献精神是指主体以高度的责任感和使命感,对自己所从事事业的积极投入和执着追求的态度。相对于劳模精神、工匠精神,敬业奉献精神表现得更为抽象,但敬业奉献精神对于大中小各学段学生的人生发展却又是十分必要。敬业奉献精神教育在实践层面,表现为向学生传递积极投入事业、勤奋努力工作、尽职尽责服务等理念;在精神层面,表现为将忠诚态度、奉献精神、进取精神等人生价值观隐匿在学生的思想观念中,支持和引导学生行为的方向,形成行为和价值的统一。作为一种文化精神,敬业奉献精神是一个民族凝聚力的象征,是一个民族勇于创新、走向辉煌的强大动力。[1]劳动教育具有独特的育人功能,通过对受教育者进行敬业奉献精神教育能够使每个受教育者的潜能和创造力得到充分发挥。

3. 劳模精神

劳模是劳动者中的楷模,他们在各自的工作岗位上辛勤劳动、诚实劳动、创造性劳动,也因此取得各种荣誉。劳模精神教育的学理依据就是通过榜样示范来激发学生参与劳动的热情,使学生树立"劳动最光荣、劳动最崇高、劳动最伟大、劳动最美丽"的劳动观,使学生懂得劳动创造美好生活的重大意义。[2]劳模精神是劳动精神的内核,劳模用自己的辛勤劳动服务社会,造福人民,把职业视为服务社会的平台,热爱本职工作,忠于劳动职责,勇于探索,敢于创新,在自己平凡的岗位上创造不平凡的业绩。[3]从劳模精神的教育意义上来看,劳模精神教育能够帮助青少年从小确立主人翁的责任感和对祖国、人民

---

[1] 张萃萍.敬业精神:社会发展的内在精神动力[J].社会科学,2002(6):34.
[2] 王海亮.当代中国劳模精神研究[D].哈尔滨:哈尔滨理工大学,2019.
[3] 程德慧.习近平新时代劳动教育观论析[J].职业技术教育,2019,40(6):23.

的无限责任感。劳模精神教育被视为劳动教育课程内容的重要组成部分,通过劳动教育课程的理论和方法来对学生的劳动精神的表现状况进行观察,从而得出对学生的客观评价,引导学生实现全面发展。

4.创新精神

劳动随着时代进步而不断地被赋予新的内涵。在古代,劳动会受到生产工具局限性的制约,人们的劳动方式是以体力劳动为主,劳动的创新程度较低,劳动的产出效率也较低。随着近代科学技术的发展,大量的新技术被发明和创造出来,人们制造和使用工具的能力显著增强,人类开始逐渐摆脱体力的束缚,体力劳动开始被脑力劳动所取代。脑力劳动最大的特点就在于劳动的灵活性增强,劳动的创新元素增多。创新是驱动社会进步的重要推动力。随着现代人工智能时代的到来,人类对创新思维的期待更加高涨。《中国学生发展核心素养》将实践创新纳入了六大素养之中,其中对学生劳动创新的定位是在主动参加的家务劳动、生产劳动、公益活动和社会实践中,具有改进和创新劳动方式、增强劳动效率的意识。从这个意义上看,劳动创新成了当今社会最为主要的社会实践方式。因此,学生必须在劳动中锻炼创造性思维能力,在劳动中激发创造性能力。学生只有具备了劳动创新能力,才能在未来社会更好地施展个人才华,创造个人价值。

(四)劳动习惯和品质

劳动习惯和品质是个人参与劳动实践锻炼不可或缺的重要组成部分,它与劳动价值观、劳动能力和劳动精神既相互独立又相互联系。从内容构成上看,劳动习惯与品质主要包括劳动自主、劳动诚信、劳动责任和劳动安全规范四个方面的内容。

1.劳动自主

劳动自主是指学生能够自觉主动、积极自愿地投入到家务劳动、班级服务劳动等劳动活动之中,形成自觉能动的能力和主动劳动的习惯。从活动类型上看,劳动自主可分为脑力自主劳动和体力自主劳动。脑力自主劳动是指学生在面对一项复杂的劳动任务时能够自觉地动用自己的大脑进行思考,并能够顺利地完成劳动任务。脑力自主劳动是新时代学生适应未来社会的必备素养。倘若学生缺乏脑力自主劳动的实践锻炼,那么他们就会缺乏创新精神,难以胜任学业上的任何困难挑战。所谓体力自主劳动就是指学生能够积极主动地参与劳动实践,并能够接受一定强度和难度的劳动实践锻炼的一种实践方式。例如,参加学校组织的义务植树活动,去敬老院参加志愿服务劳动等。学生通过参加这些社会实践能够磨炼自己的意志,增强克服困难的信心,同时在实践中他们还能够掌握基本的劳动技能,体验到参与实践劳动的乐趣,感受到劳动的价值。

在劳动自主行为养成方面,要让学生明白劳动教育不仅是单纯为了学会劳动,还应当让学生懂得把劳动同生活结合起来。学校开展劳动周活动是比较常见的对学生进行劳动教育的方式之一,一般就是结合有教育意义的特殊日子,进行相关劳动活动实践,如结合植树节组织学生进行校园绿化美化活动,在学雷锋纪念日、志愿者日组织学生参加志愿者服务活动,依托五一劳动节开展校园集体劳动,结合农民丰收节组织学生参与农业生产活动等。通过这些有教育意义的集体劳动和主题学习,积极传播劳动光荣、创造伟大的思想,磨砺学生的劳动意志,促使其养成劳动习惯。[①]

2. 劳动诚信

劳动诚信是指学生养成尊重劳动事实、遵守劳动规范的行为品格。伦理学意义上的劳动等同于劳动诚信,旨在培养学生诚实劳动、尊重劳动者、珍惜劳动果实、讲究劳动中的公平关系,比如劳动与报酬的关系(含无偿的义务劳动)、劳动成果的公平交易、按劳分配的伦理诉求、认同科学技术对劳动质量和价值产生影响的观念等。[②]因此,学生要树立诚实守信的劳动观念,既要珍惜自己的劳动成果,还要诚信地获取别人的劳动成果。从内容上看,劳动诚信可分为观念上的劳动诚信和行为上的劳动诚信。观念上的劳动诚信是指学生要树立诚信劳动的价值观念,摒弃不劳而获的思想观念,对待他人的诚信劳动应该予以尊重和赞赏;行为上的诚信劳动是指学生要通过自己的诚信劳动获得劳动成果,对待他人的劳动成果要诚信获取。劳动诚信的优良品质必须从学生抓起,学校应该通过主题班会、话剧会演等活动宣传劳动诚信的事实案例,并通过正、反两方面的案例分析来宣扬尊重劳动事实、遵守劳动规范、诚信劳动的价值意义,培养中小学生形成劳动诚信的优良品质。

3. 劳动责任

劳动责任是指学生要在各阶段发展过程中形成各类劳动实施责任感,具体表现为个人、学校、家庭以及社会劳动责任等。从内容上看,学生的劳动责任感表现为个人劳动责任感和社会劳动责任感两个方面。在个人劳动责任感方面,学生能够认真对待自己所要承担的劳动任务,并能够认识到自身的任务对团队任务的影响,但在社会劳动责任感方面,当代学生缺乏主动组织和领导劳动任务的意愿。学生的个人劳动责任感能够在学校以及家庭的服务性劳动中达到较好的培养效果,但社会责任感的形成较为困难,其主要原因在于中小学生心智发展不够成熟,难以理解自身社会责任感的含义和意义。因而,通过组织参加社会公益性劳动,能够使中小学生体会到作为社会成员具有一定的社会责任,比如参加公益性防沙植树活动,使学生明白爱护环境的社会责任等。培养学生的劳动责任感能够唤醒学生的劳动自觉性,让学生从内心形成劳动责任感。

---

① 何欣.初中阶段劳动教育的有效落实[J].思想政治课教学,2020,8(8):15.
② 刘次林.劳动作为一种素养[J].教育发展研究,2019,38(10):3.

4.劳动安全规范

劳动安全规范是指学生能够严格按照生产生活劳动的操作规范,安全顺利地完成任务的一种意识行为。它不仅是学生提升劳动本领、磨炼意志的前提和保障,还是提高其劳动质量和效率的重要路径。劳动安全规范作为新时代中国特色社会主义合格劳动者的必备素养,对于未来社会的发展意义十分重大。教育部印发的《指导纲要》中就将安全规范视为劳动习惯和品质的重要内容,并在学段上对安全规范教育的目标进行了详细阐述,在小学低年级阶段,注重培养劳动意识和劳动安全意识;在初中阶段,养成认真负责、吃苦耐劳的劳动品质和安全意识。由此可见,中小学阶段是培养学生劳动安全意识的关键时期。

培养学生的劳动安全规范需要通过理论知识讲解和动手实践操作两种方式来实现,教师通过理论知识的讲解能够帮助学生形成系统全面的劳动安全规范知识和意识,学生通过动手实践操作能够将劳动安全规范的意识转化为能力。在实践教学中,教师可引导学生通过动手制作简易洒水器、缝制沙包等劳动活动,反思使用工具的安全性,例如剪刀的正确使用等,延伸对安全劳动的知识拓展,形成安全劳动、保护自身安全的意识。

参考文献

1. 《教育学原理》编写组.教育学原理[M].北京:高等教育出版社,2019.
2. 艾伦·C.奥恩斯坦.课程:基础、原理和问题[M].柯森,译.南京:江苏教育出版社,2002.
3. 艾兴,李佳.新中国中小学劳动教育课程设置:演变、特征与趋势[J].教育科学研究,2020(1):18-24.
4. 巴格托,考夫曼.培养学生的创造力[M].陈菲,周晔晗,李娴,译.上海:华东师范大学出版社,2013.
5. 班建武."新"劳动教育的内涵特征与实践路径[J].教育研究,2019,40(1):20-26.
6. 班建武.信息社会劳动形态的变迁与劳动教育的新课题[J].中国德育,2019(2):36-39.
7. 蔡其勇,向诗丽,谢霁月,等.新时代劳动教育课程的价值与建构[J].当代教育科学,2020(9):42-46,76.
8. 蔡清田.台湾十二年国民基本教育课程改革的核心素养[J].上海教育科研,2015(4):5-9.
9. 蔡亚楠.新时代大学生劳动教育研究[D].河北:河北大学,2020.
10. 曾天山,顾建军.劳动教育论[M].北京:教育科学出版社,2020.
11. 曾天山.我国劳动教育的前世今生[N].人民政协报,2019-05-08(10).
12. 陈林,卢德生.小学劳动教育的路径及保障[J].教学与管理,2019(17):11-13.
13. 陈田.劳动教育的再认识及其实施路径[J].福建教育学院学报,2020(9):8-10.
14. 陈永清,郑芳.高校劳动教育课程体系建构探索[J].福建商学院学报,2020(5):96-100.
15. 陈宇.高职院校"工匠文化"建设策略[J].财富时代,2020(9):96-97.
16. 陈云龙,吴艳玲.新时代劳动教育的内涵、特征与价值[J].人民教育,2020(7):35-38.
17. 成有信.教育与生产劳动相结合理论的新探索[J].北京师范大学学报(社会科学版),1997(3):26-34.
18. 成有信.论教育和生产劳动相结合的实质[J].中国社会科学,1982(1):163-176.
19. 成有信.现代教育论集[M].北京:人民教育出版社,2002.
20. 程德慧.习近平新时代劳动教育观论析[J].职业技术教育,2019,40(6):20-24.
21. 程天君,陈南.中国教育现代化的百年书写[J].教育研究,2020(1):125-135.
22. 褚宏启.21世纪劳动教育要有更高立意和站位[J].中小学管理,2019(9):61.
23. 代云.新时代小学生劳动教育问题及策略研究——以淮南市D小学为例[D].安庆:安庆师范大学,2020.
24. 董晓波,张培.英国劳动教育重视生活技能培养[N].中国社会科学报,2020-08-03(7).
25. 杜萍萍.新时代高校劳动教育课程评价体系完善对策探析[J].才智,2020(21):122-123.

26.杜威.民主主义与教育[M].王承绪,译.北京:人民出版社,1990.

27.杜玉波.把握新常态下的高教发展[N].光明日报,2015-03-02(2).

28.段兆兵.课程资源的内涵与有效开发[J].课程·教材·教法,2003(3):26-30.

29.范蔚.实施综合实践活动对课程资源的开发利用[J].教育科学研究,2002(3):32-34,47.

30.范兆雄.课程资源系统分析[J].西北师范大学学报(社会科学版),2002,39(3):101-105.

31.冯建军.超越"现代性"的中国教育现代化:人的现代化视角[J].南京社会科学,2019(9):133-138,156.

32.冯建军.构建德智体美劳全面培养的教育体系:理据与策略[J].西北师大学报(社会科学版),2020,57(3):5-14.

33.冯契.人的自由和真善美[M].上海:华东师范大学出版社,2015.

34.高臣.中等职业学校德育课程评价研究[D].重庆:西南大学,2016.

35.高伟.自我的寻求:中国教育哲学的自我认同[J].教育研究,2020(5):27-38.

36.顾建军,毕文健.刍议新时代劳动教育课程的一体化设计[J].人民教育,2019(10):11-17.

37.顾明远.苏霍姆林斯基教育思想在中国的传播及其现实意义[J].比较教育研究,2007(4):1-4.

38.国家研究理事会.美国国家科学教育标准[M].戢守志,等译.北京:科学技术文献出版社,1999.

39.海德格尔.存在与时间[M].陈嘉映,王庆节,译.北京:商务印书馆,2019.

40.汉娜·阿伦特.人的境况[M].王寅丽,译.上海:上海人民出版社,2009.

41.何东昌.中华人民共和国重要教育文献(1949-1975)[M].海口:海南教育出版社,1998.

42.何东昌.中华人民共和国重要教育文献(1976-1990)[M].海口:海南教育出版社,1998.

43.何蕊.劳动教育的核心是培养劳动价值观——访北京师范大学公民与道德教育研究中心主任檀传宝教授[J].中国德育,2017(9):24-29.

44.何欣.初中阶段劳动教育的有效落实[J].思想政治课教学,2020,8(8):13-17.

45.侯怀银,刘泽."教育规律"解析[J].大学教育科学,2018(4):4-9,122.

46.胡君进,檀传宝.马克思主义的劳动价值观与劳动教育观——经典文献的研析[J].教育研究,2018(5):9-15,26.

47.胡赟赟.新时代小学劳动教育的实践路径探究[J].教育科学论坛,2020(20):22-24.

48.怀特海.观念的冒险[M].周邦宪,译.北京:人民出版社,2011.

49.黄济.关于劳动教育的认识和建议[J].江苏教育学院学报(社会科学版),2004(5):17-22.

50.黄利秀,张华忠.产业经济学[M].西安:西安电子科技出版社,2018.

51.黄荣怀.第六届全球华人计算机教育应用大会论文集[M].北京:中央广播电视大学出版社,2002.

52.纪德奎,陈璐瑶.劳动素养的内涵、结构体系及培养路径[J].天津师范大学学报(基础教育版),2021,22(2):16-20.

53.景天魁.打开社会奥秘的钥匙——历史唯物主义逻辑结构初探[M].太原:山西人民出版社,1981.

54.康翠萍,龚洪.新时代中小学劳动教育课程的价值旨归[J].教育研究与实验,2019(6):69-74.

55.课程教材研究所.20世纪中国中小学课程标准·教学大纲汇编:课程(教学)计划卷[M].北京:人民教育出版社,1999.

56.拉里·劳丹.进步及其问题——科学增长理论刍议[M].方在庆,译.上海:上海译文出版社,1991.

57.李国强.中央苏区教育史(修订本)[M].江西:江西教育出版社,2001.

58.李红婷.小学生劳动教育的价值定位与实践路径[J].教育理论与实践,2020,40(11):11-13.

59.李洁.用劳动精神培育新时代青年[J].人民论坛,2019(26):122-123.

60.李珂,曲霞.1949年以来劳动教育在党的教育方针中的历史演变与省思[J].教育学报,2018,14(5):63-72.

61.李珂.嬗变与审视:劳动教育的历史逻辑与现实重构[M].北京:社会科学文献出版社,2019.

62.李珂.习近平新时代中国特色社会主义劳动思想探析[J].思想教育研究,2018(1):12-16.

63.李敏,高峰.新时代的劳动教育属于生活[J].人民教育,2019(7):49-52.

64.李伟.新中国成立以来"劳动教育"概念的嬗变[J].上海教育科研,2019(7):15-19.

65.李学农. 德育的全息性与全息的德育[J].教育评论,1996(3):18-20.

66.李雁冰.质性课程评价研究[D].上海:华东师范大学,2000.

67.李雨辰.新时代马克思劳动观的人学意蕴[J].晋中学院学报,2021,38(1):26-30.

68.李玉华,马心竹,罗聪.基于人的全面发展的新时代高校劳动教育研究[J].辽宁大学学报(哲学社会科学版),2020,48(2):178-184.

69.李泽厚.中国现代思想史论[M].北京:生活·读书·新知三联书店,2008.

70.李政涛,文娟."五育融合"与新时代"教育新体系"的构建[J].中国电化教育,2020(3):7-16.

71.廖哲勋.课程学[M].武汉:华中师范大学出版社,1991.

72.林华开.立德树人背景下高职学生劳动教育的内生逻辑与实践路径[J].教育与职业,2020(24):20-25.

73.林克松,熊晴.走向跨界融合:新时代劳动教育课程建设的价值、认识与实践[J].湖南师范大学教育科学学报,2020,19(2):57-63.

74.刘次林.劳动作为一种素养[J].教育发展研究,2019,38(10):3.

75.刘冠军,任洲鸿.价值创造视域中科技劳动与生产劳动的融合及其理论意义——一种马克思主义经济哲学的考察[J].烟台大学学报(哲学社会科学版),2010,23(2):1-10.

76.刘家访,余文森,洪明.现代课程论基础教程[M].长春:东北师范大学出版社,2007.

77.刘琨.中小学劳动教育实施方式与课程资源开发路径探索——以广州市荔湾区为例[J].教育观察,2020,9(15):44-45.

78.刘向兵.新时代高校劳动教育的新内涵与新要求——基于习近平关于劳动的重要论述的探析[J].中国高教研究,2018(11):17-21.

79.刘志军.论发展性课程评价的基本理念[J].学科教育,2003(1):6-10,21.

80.柳夕浪.全面准确地把握劳动教育内涵[J].教育研究与实验,2019(4):9-13.

81.卢丽华,于明业.基于新时代构建中小学劳动教育课程[J].中国德育,2020(2):7-10.

82.卢晓东.劳动,在人工智能时代意味着什么?[J].中国高等教育,2018(21):7-9.

83.卢晓东.劳动教育与创新:从工具视角开敞的意蕴[J].华东师范大学学报(教育科学版),2021,39(1):94-106.

84. 鲁满新.论新时代弘扬劳动精神的重大意义与实践路径[J].思想理论教育导刊,2019(4):134-137.

85. 马力.大数据环境下人文社会科学评价创新的研究[D].湖北:武汉大学,2016.

86. 毛礼锐,沈灌群.中国教育通史(第五卷)[M].山东:山东教育出版社,1988.

87. 宁本涛,孙会平,吴海萍.我国中小学劳动教育的认知差异及协同对策——基于六省市的实证分析[J].教育科学,2020年,36(5):11-18.

88. 宁本涛,孙会平.以"五育融合"之眼看大学生劳动教育[J].劳动教育评论,2020(3):58-69.

89. 帕特里克·格里芬,巴里·麦克高,埃斯特·凯尔.21世纪技能的教学与评价[M].张紫屏,译.上海:华东师范大学出版社,2020.

90. 潘希武.劳动教育的时代价值、内容设计及其课程共建[J].教育导刊,2020(15):5-10.

91. 潘希武.劳动教育的时代价值、内容设计及其课程共建[J].教育导刊,2020(15):5-10.

92. 庞景安.科学计量研究方法论[M].北京:科学技术文献出版社,1999.

93. 庞茗萱,高维,程亚楠.天津市小学生劳动教育现状调查研究[J].上海教育科研,2017(8):46-50.

94. 彭康华.高职院校"三位一体"劳动实践课程资源开发研究与应用——以广东工程职业技术学院为例[J].工程技术研究,2020,5(16):233-234,240.

95. 祁占勇.新中国成立70年来我国劳动教育政策的价值选择及其变迁[J].国家教育行政学院学报,2019(6):18-26.

96. 秦玮苡,马云天.耕读文化传承:意义、困境与策略——基于学校文化发展的研究[J].教育观察,2020,9(44):138-140.

97. 邱均平,王碧云,汤建民.教育评价学:理论·方法·实践[M].北京:科学出版社,2016.

98. 瞿葆奎.劳动教育应与体育、智育、德育、美育并列?[J].华东师范大学学报(教育科学版),2005(3):1-8.

99. 人民教育出版社.毛泽东论教育(第三版)[M].北京:人民教育出版社,2007.

100. 任平,贺阳.从"劳作学校"到"普职融合":德国劳动教育课程建设的价值嬗变、特征与启示[J].全球教育展望,2020,49(10):114-128.

101. 任平,贺阳.当代德国学校劳动教育课程构建的经验与启示[J].中国教育学刊,2020(8):24-30.

102. 任平,贺阳.连通学校与现代社会生活的桥梁——德国中小学劳动教育实施路径及启示[J].外国中小学教育,2019(8):28-36.

103. 上海师范大学教育系.马克思恩格斯论教育[M].北京:人民教育出版社,1979.

104. 施良方.课程理论:课程的基础、原理与问题[M].北京:教育科学出版社,1996.

105. 宋振韶.学校课程资源开发与利用的原则与途径[J].中小学管理,2004(12):9-11.

106. 苏霍姆林斯基.给教师的一百条建议[M].周蕖,王义高,等译.天津:天津人民出版社,1981.

107. 苏霍姆林斯基.教育的艺术[M].肖勇,译.长沙:湖南教育出版社,1983.

108. 孙万国,刘苹苹.哲学视域中的发展性课程评价理念[J].教学与管理,2009(21):58-59.

109. 孙巍,徐邵军.要素流动、产业结构调整与区域经济分化[J].科学学研究,2021,39(11):1947-1959.

110.孙喜亭.教育原理[M].北京:北京师范大学出版社,2003.

111.孙晓艳,李爱华.马克思生态教育思想与中国当代生态文明观教育[J].教育探索,2016(02):90-94.

112.檀传宝.何谓"教育与生产劳动相结合"——经典论述的时代诠释[J].课程·教材·教法,2020(1):4-10.

113.檀传宝.加强和改进劳动教育是当务之急——当前我国劳动教育存在的问题、原因及对策[J].人民教育,2018(20):30-31.

114.檀传宝.劳动教育的本质在于培养劳动价值观[J].人民教育,2017(9):45-48.

115.檀传宝.劳动教育的概念理解——如何认识劳动教育概念的基本内涵与基本特征[J].中国教育学刊,2019(2):82-84.

116.汤祖军,刘文婷.寓劳动教育于初中物理教学[J].中国现代教育装备,2020(18):14-15,18.

117.陶行知.中国教育改造[M].北京:商务印书馆,2017.

118.田鹏颖,李雨珊.劳动教育的本体地位、本体价值及实践创新[J].中国劳动关系学院学报,2021,35(1):33-40.

119.王海亮.当代中国劳模精神研究[D].哈尔滨:哈尔滨理工大学,2019.

120.王鉴,姜纪垚."立德树人"知识体系的百年演进及其经验总结[J].东北师大学报(哲学社会科学版),2020(6):10-21.

121.王连照.论劳动教育的特征与实施[J].中国教育学刊,2016(7):89-94.

122.王禧婷,李如密.现代教学时间观:意蕴、问题及应对策略[J].教育理论与实践,2018,38(31):53-56.

123.王小锋.浅谈如何在语文学科中渗透劳动教育[J].考试周刊,2020(92):47-48.

124.王智.关系思维与关系属性[J].东岳论丛,2005(5):153-157.

125.文新华.论劳动、劳动素质与劳动教育[J].教育研究,1995(5):9-15.

126.文学国.马克思恩格斯列宁斯大林论教育[M].北京:中国社会科学出版社,2016.

127.吴刚平,樊莹.课程资源建设中的几个认识问题[J].教育理论与实践,2001,21(7):40-42.

128.吴刚平.课程资源的开发与利用[J].全球教育展望,2001(8):24-30.

129.吴刚平.中小学课程资源开发和利用的若干问题探讨[J].全球教育展望,2009(3):19-24.

130.吴庆国,张效宇.多元视角下的基础教育[M].长春:吉林大学出版社,2017.

131.夏正江.科学与人文:课程价值取向的两歧及启示[J].中国人民大学教育学刊,2015(4):24-25.

132.肖绍明,扈中平.新时代劳动教育何以必要和可能[J].教育研究,2019,40(8):42-50.

133.徐趁丽,石林,佘林芳.新时代大学生劳动教育教程[M].北京:中国书籍出版社,2021.10.

134.徐海娇,柳海民.遮蔽与祛蔽:劳动的教育意蕴——基于马克思劳动概念的价值澄明[J].湖北社会科学,2017(6):13-18.

135.徐海娇.劳动教育的价值危机及其出路探析[J].国家教育行政学院学报,2018(10):22-28.

136.徐海娇.危机与重构:劳动教育价值研究[D].长春:东北师范大学,2017.

137.徐继存,段兆兵,陈琼.论课程资源及其开发与利用[J].学科教育,2002(2):1-5,26.

138. 徐长发.新时代劳动教育再发展的逻辑[J].教育研究,2018(11):12-17.

139. 闫红敏,范蔚.刍议课程资源及其有效开发[J].教育理论与实践,2006,26(2):38-40.

140. 晏辉.现代性的哲学面孔[J].现代哲学,2020(2):8-15.

141. 杨天平,黄宝春.中国共产党教育方针90年发展研究[M].重庆:重庆大学出版社,2015.

142. 杨兆山,陈煌.马克思主义教育同生产劳动相结合思想的几个基本问题[J].社会科学线,2021(01):218-229.

143. 姚凤,王晓.发达地区小学劳动教育的养成路径探寻[J].福建教育学院学报,2020,21(10):20-23.

144. 于光远.马克思论生产劳动和非生产劳动(读书笔记)[J].中国经济问题,1981(3):23-36.

145. 余文森,殷世东.新时代中小学劳动教育的内涵、类型与实施策略[J].全球教育展望,2020,49(10):92-101.

146. 袁振国.教育规律与教育规律研究[J].华东师范大学学报(教育科学版),2020,38(9):1-15.

147. 约翰·杜威.民主主义与教育[M].王承绪,译.北京:人民教育出版社,1990.

148. 翟艳.学校课程资源开发制度建设:一个亟待解决的问题[J].天津市教科院学报,2009(4):26-28.

149. 张萃萍.敬业精神:社会发展的内在精神动力[J].社会科学,2002(6):58-61,34.

150. 张健.马克思主义教育思想研究[M].北京:教育科学出版社,1989.

151. 张荣晋.新时代小学劳动教育课程化的原因、价值意蕴与实践路径[J].教育观察,2020,9(35):43-45.

152. 张向飞.上海"互联网+"现代农业建设与实践[M].上海:上海科学技术出版社,2018.

153. 张勇,徐文彬.论新时代和谐劳动课程的内涵、意义与建构[J].中国教育科学,2020,3(6):58-65.

154. 章乐.从割裂到融合:论当代劳动教育的时代转向[J].教育发展研究,2020,40(24):21-27.

155. 赵娅倩.新时代中小学生劳动教育的实践探析[D].长春:吉林大学,2020.

156. 赵洋洋.中小学劳动教育的实践困境与出路研究[D].重庆:西南大学,2019.

157. 中共中央马克思恩格斯列宁斯大林著作编译局.马克思恩格斯文集(第八卷)[M].北京:人民出版社,2009.

158. 中共中央马克思恩格斯列宁斯大林著作编译局.马克思恩格斯文集(第一卷)[M].北京:人民出版社,2009.

159. 中国劳动关系学院劳动教育中心.劳动教育评论(第1辑)[M].北京:社会科学文献出版社,2020.

160. 朱德全,熊晴.我国劳动教育课程的演进逻辑与重建理路[J].教师教育学报,2020,7(6):7-15.

161. 朱水萍.课程资源开发的认识误区及变革策略[J].教育理论与实践,2006,26(2):41-43.

162. 朱永新,杨再勇.新教育的人学使命:培养"完整的人"[J].国家教育行政学院学报,2014(12):3-9.